中国国家高新区开放创新发展报告

2020

科学技术部火炬高技术产业开发中心 编

科学技术文献出版社
SCIENTIFIC AND TECHNICAL DOCUMENTATION PRESS

·北京·

图书在版编目（CIP）数据

中国国家高新区开放创新发展报告. 2020 / 科学技术部火炬高技术产业开发中心编. —北京：科学技术文献出版社，2021.4

ISBN 978-7-5189-7112-1

Ⅰ.①中… Ⅱ.①科… Ⅲ.①高技术产业区—产业发展—研究报告—中国—2020 Ⅳ.① F127.9

中国版本图书馆 CIP 数据核字（2020）第 167783 号

中国国家高新区开放创新发展报告2020

策划编辑：丁芳宇　　　责任编辑：赵　斌　　　责任校对：张永霞　　　责任出版：张志平

出 版 者	科学技术文献出版社
地 址	北京市复兴路15号　邮编 100038
编 务 部	（010）58882938，58882087（传真）
发 行 部	（010）58882868，58882870（传真）
邮 购 部	（010）58882873
官 方 网 址	www.stdp.com.cn
发 行 者	科学技术文献出版社发行　全国各地新华书店经销
印 刷 者	北京时尚印佳彩色印刷有限公司
版 次	2021 年 4 月第 1 版　2021 年 4 月第 1 次印刷
开 本	889×1194　1/16
字 数	262千
印 张	13.25
书 号	ISBN 978-7-5189-7112-1
定 价	128.00元

引　言

　　建设国家高新区是中国政府为推进改革开放和社会主义现代化建设、加快经济体制和科技体制改革做出的重大战略部署。1988年5月10日，经国务院批准，中国设立第一个国家高新区——北京市新技术产业开发试验区，即中关村科技园区的前身，经过30多年的发展，目前国家高新区总数已达169家。30多年来，中国国家高新区始终高举"发展高科技，实现产业化"的旗帜，为中国促进经济结构调整、经济发展方式转变做出了重要贡献，成为贯彻新发展理念和创新驱动发展战略的主阵地，成为我国发展新经济、培育新动能、发展高新技术产业的重要载体，成为推动高质量发展的重要力量。

　　党的十九届五中全会提出："坚定不移贯彻创新、协调、绿色、开放、共享的新发展理念。"其中，开放、创新两个关键词具有非常丰富的内涵，包括政策、科技、产业和企业等诸多层面的内容。习近平总书记在讲话中指出："在全球化、信息化、网络化深入发展的条件下，创新要素更具有开放性、流动性，不能关起门来搞创新。要坚持'引进来'和'走出去'相结合，积极融入全球创新网络，全面提高我国科技创新的国际合作水平。"这也意味着，对于国家高新区而言，开放创新的核心是做好创新创业的国际合作，关注研发创新、人力资源、创业抚育、产业提升等层面的国际创新合作，积极融入全球创新网络，在开放合作中，不断提升我国科技创新能力。

国家高新区自诞生之初就带着国际化合作的基因，通过不断探索开放式创新，推动创新创业的国际交流、产业发展的国际交互，走出了一条开放创新带动高质量发展之路。回首 30 多年的开放创新发展历程，国家高新区在我国吸引和利用外资、加速本土企业走出去、促进国际交流合作等方面，发挥了关键的先行、示范和引领作用，是中国创新创业融入全球创新网络的前沿阵地，是中国高新技术产业参与世界产业分工治理的关键平台，是中国科技创新不断提升全球影响力的动力源头。

习近平总书记在参加全国政协经济界委员联组会时指出，当前中国处于近代以来最好的发展时期，世界处于百年未有之大变局，两者同步交织、相互激荡。我们要站在历史正确的一边，坚持多边主义和国际关系民主化，以开放、合作、共赢胸怀谋划发展，坚定不移推动经济全球化朝着开放、包容、普惠、平衡、共赢的方向发展，推动建设开放型世界经济。

国家高新区作为我国参与全球创新合作和竞争的主阵地，经过 30 多年的发展，正在进入产品和服务国际化、组织国际化、要素国际化并存的开放发展新阶段。在以国内大循环为主体、国内国际双循环相互促进的新发展格局引领下，我国国家高新区开放创新发展面临新的机遇，也面临新的挑战。面向未来发展和国际市场竞争，在符合国际规则和通行惯例的前提下，国家高新区要持续加强与国际创新产业高地联动，加快引进集聚国际高端创新资源，支持企业"走出去"，开展多种形式的国际园区合作，加强人才交流、技术交流和跨境协作，深度融合国际产业链、供应链、价值链，在我国新时期开放创新发展中做出更大贡献。

C目录
Contents

中国国家高新区开放创新发展报告2020

开放创新

第一章

发展总论

一、引领中国经济高质量发展

推动我国经济规模持续壮大。国家高新区秉承"发展高科技，实现产业化"的历史使命，成为国家整体经济的重要战略支撑。2001 年国家高新区实现 GDP 为 2855.4 亿元，占国内生产总值的 2.6%。2019 年，全国 169 家国家高新区 GDP 总和达到 12.2 万亿元，占我国国内生产总值的比重达到 12.3%，经济规模较 2001 年增长 40 多倍，占国内生产总值的比重提高近 10 个百分点。2019 年，国家高新区入统企业累计实现工业增加值 67 089 亿元，占全国工业增加值（386 165 亿元）的 17.4%，较上年提高 1.4 个百分点。1991 年国家高新区设立之初，企业营业总收入仅有 87.3 亿元；2019 年，企业营业总收入达到 385 549.4 亿元，增长了 4400 多倍。2019 年，国家高新区企业累计上缴税额 18 594.3 亿元，贡献了全国近 12% 的税收收入。

带动我国经济质效稳步提高。国家高新区在推动产业升级方面成效显著，成为全国经济高质量发展的先行区。创新主体不断扩大，2019 年国家高新区拥有经认定的国家高新技术企业 79 579 家，占全国高新技术企业总数的 35.4%；科技型中小企业 5.1 万家，占全国的 1/3。产业结构持续优化，2019 年国家高新区高技术产业企业达 73 679 家，同比增长 22.9%，占国家高新区入统企业的半壁江山，实现营业收入 127 604.0 亿元，占国家高新区总营业收入的 1/3。产业质量不断提升，2019 年国家高新区企业劳动生产率 30.3 万元／人，是全国全员劳动生产率（11.5 万元／人）的 2.6 倍，高质高效发展特征凸显。

二、助力创新型国家建设提速

创新投入和产出不断迈向更高水平。从创新投资来看，2019 年国家高新区企业 R&D 经费内部支出达到 8259.2 亿元，占全国企业整体投入的 50%；R&D 经费投入强度达到 6.8%，是全国平均水平的 3.1 倍。从创新人才来看，国家高新区每万名从业人员中有 800 多名研发人员，是全国平均水平的 13.8 倍；2019 年，国家高新区企业 R&D 人员全时当量 182 万人年，占全国企业 R&D 人员全时当量的一半以上。从创新产出看，2019 年国家高新区企业当年发明专利授权数 16.6 万件，占全国企业发明专利授权量的 64%；每万名从业人员拥有有效发明专利达到全国平均水平的 10 倍以上；当年企业认定登记的技术合同 22.3 万项，占全国的近一半；技术合同成交额 6783.9 亿元，占全国的三成多。

多元融合的创新创业生态不断完善。国家高新区成为全国集聚创新资源和开展创新创业活动的主阵地。截至 2019 年年底，国家高新区内各类国家级研发创新平台稳步发展，省级及以上各类研发机构突破 2 万家；新型产业技术研发机构数量突破 2000 家，呈现爆发式增长。截至 2019 年年底，国家高新区共有省级及以上科技企业孵化器 1356 家，其中，国家级 639 家；拥有 3295 家众创空间，占全国众创空间总数的近四成，其中，经科技部备案的众创空间达到 912 家；在孵企业数量突破 15 万家，平均每家国家高新区拥有在孵企业 889 家，国家高新区成为全国创业孵化高质量发展的核心区。截至 2019 年年底，国家高新区内有创业风险投资机构 5113 家，企业当年获得风险投资总计突破千亿元大关。

三、加快集聚全球创新要素

全国利用外资主平台地位持续增强。利用外商直接投资是发展中国家有效组合全球生产、服务和创新要素，实现经济跨越发展的主要方式。外商投资为中国的科技进步和产业升级做出了重大的贡献，30 多年来，外资科技型企业在国家高新区获得了高速发展，在技术、知识、管理、人才等方面发挥了重要的外溢效应，对于推动我国产业转型升级，实施双向开放战略产生积极作用。30 多年来，国家高新区实际利用外资规模不断扩大，2019 年当年实际利用外资金额达到 3827.6 亿元，占当年全国实际利用外资金额的比重超过四成，成为我国吸收利用外资的主平台。

国际化多元创新人才不断汇集。人才是国家高新区高质量发展的第一动力，推动全球创新人才的流动与配置是国家高新区发展的重要路径。30 多年来，国家高新区始终致力于营造全球创新人才落地、创业发展的良好环境，引进和使用创新型人才取得良好成效。截至 2019 年年底，国家高新区分别拥有外籍常驻人员 7.8 万人、留学归国人员 17.1 万人，引进外籍专家 1.6 万人，共计 26.5 万人，占到国家高新区从业人员总数的 1.2%，其中，留学归国人员 2015—2019 年年均增速达到 10.2%。国家高新区高新技术产业集群对全球创新人才形成了强大的吸引力，为人才成长和事业发展提供了广阔空间。

全球创新创业资源高地加快构筑。国家高新区是国内国际一流研发机构、创新创业载体成长壮大的苗圃，是全球科技型企业发现新机遇、创造新价值的舞台。外资研发机构持续涌向国家高新区，截至 2019 年年底，国家高新区拥有外资研发机构 4242 家，同比增长 16.3%，有 10 家国家高新区外资研发机构数量超过 100 家。外资孵化机构落地 117 家，Plug&Play、YC、SBC 等国际知名孵化机构纷至沓来，丰富了国家高新区创业资源，活跃了创业氛围，为双边孵化、项目合作、技术转移、人才交流提供了有力支撑。国家高新区一直是我国外资企业的集聚高地，外资企业也始终是国家高新区发展不可或缺的重要力量。

四、主动融入全球创新网络

国际技术创新成果持续涌现。国家高新区积极推进全球知识产权的利用与保护，国际专利大量涌现。国家高新区企业欧美日专利申请量、授权量和拥有量持续高速增长。2015—2019 年年均增速分别高达 30.0%、52.7% 和 64.1%。2019 年，国家高新区企业申请 PCT 国际专利 2.7 万件，同比增长 16.7%，占全国 PCT 国际专利申请受理量的近 45%，其中，深圳高新区和中关村已成为全球 PCT 国际专利产出的引领区域。截至 2019 年年底，国家高新区企业拥有境外授权专利突破 15 万件，呈现持续快速增长态势，其中，发明专利占比高达近八成。本土企业国际创新成果占比超过八成，成为国家高新区推进国际化创新的主要力量。

企业境外投资不断拓展。国家高新区积极引导企业开展境外投资，在全球分享知识创新与产业发展的成果，培育国际化发展品牌。2019 年，国家高新区企业对境外直接投资额 1549.1 亿元，同比增长近 20%，占全国对外非金融类直接投资额的 20.3%，成为我国企业走出去的重要策源地。在全国对外直接投资同比下降的大环境下，国家高新区企业对境外直接投资实现逆势上扬，为全球经济增添了新的动力。截至 2019 年年底，国家高新区企业共设立境外分支机构突破 9000 个，达到 2015 年的 1.8 倍。其中，当年国家高新区企业在境外新设立分支机构 1749 个，占期末拥有量的近 1/5，发展势头迅猛。

多元创新交流合作深入展开。30 多年来，国家高新区鼓励企业在全球范围内开展创新交流与合作，主动融入全球创新网络，深度参与全球创新要素大循环。2019 年，国家高新区企业委托境外开展研发活动费用支出总额突破 200 亿元，同比实现翻倍增长，达到 2015 年的 3.5 倍。其中，当年支出累计超过 10 亿元的国家高新区有 5 家，支出合计占到总支出的七成。国家高新区企业引进境外技术经费支出 420.3 亿元，其中有 9 家国家高新区当年引进境外技术经费支出超过 10 亿元。截至 2019 年年底，国家高新区企业共设立境外技术研发机构 1842 家，是 2015 年的近 3 倍，其中，本土企业设立境外技术研发机构占比近七成。国家高新区在境外设立孵化机构累计达到 271 家，成都高新区以 45 家高居榜首。

五、加速对外贸易转型升级

拉动我国外贸发展质量和效益提升。深度融入国际贸易体系是国家高新区提升自身产业实力和经济发展水平的重要方式。国家高新区鼓励企业开展高附加值的技术产品和技术服务贸易，对我国贸易转型升级起到了重要的示范引领作用。从总量来看，2019 年国家高新区进出口总额达到 71 435.9 亿元，占全国进出口总额的近 1/5，其中，进口额占全国进口额的 16.9%，出口额占全国出口额的比重超过 20%，成为我国外贸发展的重要动力源。从结构来看，国家高新区企业高新技术产品出口占全国同类产品出口总额的近一半，占国家高新区出口总额的近六成，是全国平均水平（30.1%）的近 2 倍；技术服务出口占全国同类出口的比重从 2015 年的 6.6% 攀升到 2019 年的 13%，成为我国技术服务出口的重要源头。

外贸发展的内生增长动力显著增强。在国家高新区各类型企业出口规模结构中，内资控股企业成为出口外贸主体，中小型企业进出口份额持续扩大。2019 年，内资控股企业进出口额突破 3 万亿元，占国家高新区进出口总额的 42.2%；实现出口额近 2 万亿元，占国家高新区出口总额的比重提高到近 47%。中型和小型企业对外贸易地位稳步提高，2019 年两类企业进出口额合计占到国家高新区进出口总额的近 1/3，出口额合计占到国家高新区出口总额的 1/3 强，且比重持续上升，大型企业进出口占比则下降到约 2/3，但仍是国家高新区对外贸易的主导力量。

六、率先创新政府治理机制

面向市场不断深化体制机制改革。国家高新区始终站在国家发展的改革潮头，探索一系列重大改革举措，开辟了科技创新和经济发展相结合、园区创新与城市发展相融合的新路子。一是探索园区创新与城市升级的协同治理模式，不断推动产城融合迈向新阶段。经过 30 多年的探索，国家高新区历经了工业园区、科技园区、创新型园区等多个发展阶段，正在步入产城融合创新的新阶段，城市日益成为园区创新的试验场和加速器。二是不断深化"小政府，大服务"的理念，创新管理体制，通过制度安排，构建了统一高效的管理机构，形成了良好的管理和服务模式。三是通过推进"放管服"和简政放权改革，密切了政企和政民关系，简化创业企业注册手续，持续优化大众创业、万众创新的制度环境，提高了创新创业服务效率。四是持续开展政策创新与先行先试。作为第一家国家高新区和自主创新示范区（简称"自创区"），中关村陆续推出"1+6""新四条""新新四条"等一系列创新政策措施，提供了一批全国可复制、可推广的"中关村经验"。

成为中国新一轮对外开放政策高地。"一带一路"倡议、自主创新示范区、自由贸易试验区（简称"自贸区"）、综合保税区建设等系列措施，正在把国家高新区推向国家开放战略的最前沿。开放型经济是国家高新区经济的重要支撑，在国家扩大对内对外开放新格局中把握机遇、增创优势，是国家高新区发展面临的重大课题。为充分发挥开放平台优势，国家高新区正在不断探索负面清单管理模式，积极参与自由贸易试验区等一系列制度创新，推进投资贸易便利化、国际化、法制化，优化创新创业服务新机制，以全面实现产业升级和开放发展，成为所在城市展示对外开放的重要窗口。同时，国家高新区不断深化营商环境改革，出台了一系列简化通关手续，构建起更加高效便捷的服务、监管和治理体系，成为所在城市发展软环境的形象代表。

中国国家高新区开放创新发展报告2020

研发创新的

第二章

开放合作

一、研发创新总体情况

（一）研发投入情况

1.科技活动经费内部支出持续高速增长

从科技活动经费支出看，2019年国家高新区企业科技活动经费内部支出达到16 115.7亿元，较2018年增长27.1%，支出规模达到2015年的2.1倍。从2015—2019年变化看，企业科技活动经费内部支出呈现持续较快增长，创新主动性和创新活力显著增强（图2-1）。

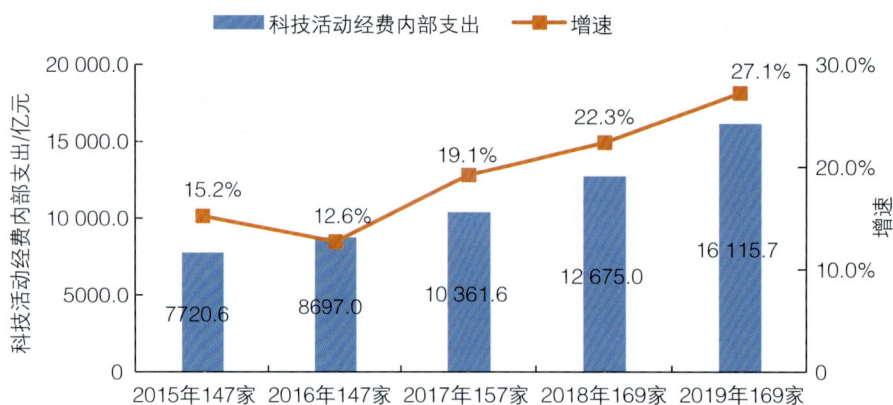

图 2-1　2015—2019 年国家高新区企业科技活动经费内部支出情况

2.R&D 经费内部支出占全国企业一半

从 R&D 经费支出看，2019年国家高新区企业 R&D 经费内部支出达到 8259.2亿元，较2018年增长10.8%，规模达到2015年的1.8倍，呈现企业创新高投入的发展态势。2015—2019年，国家高新区企业 R&D 经费内部支出占全国 R&D 经费内部支出的比重持续攀升，2019年达到38.0%；占全国企业 R&D 经费内部支出的比重也持续增加，2019年达到50.0%，较2015年提升7.2个百分点，国家高新区在全国企业研发创新格局中的主平台地位进一步巩固（图2-2）。

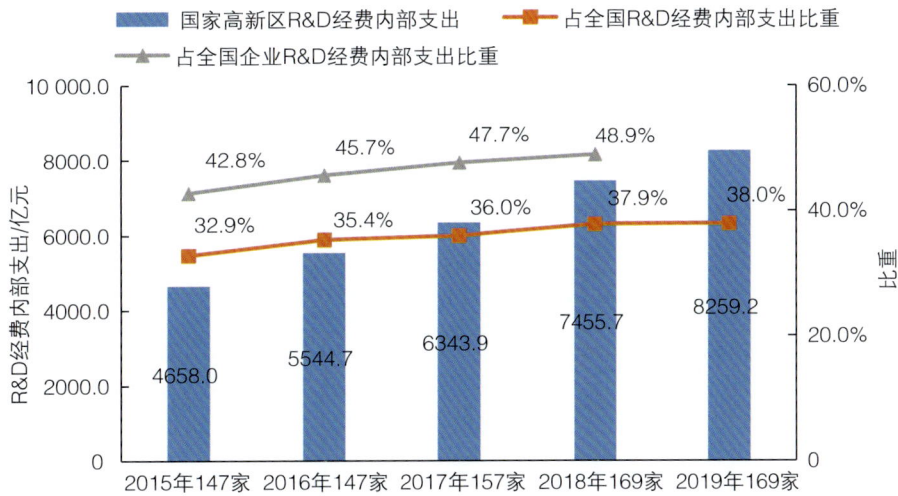

图 2-2　2015—2019 年国家高新区企业 R&D 经费内部支出情况

从 R&D 经费投入强度看，国家高新区企业 R&D 经费投入强度（国家高新区企业 R&D 经费内部支出／国家高新区 GDP）持续提高，2019 年达到 6.8%，较 2018 年提高 0.1 个百分点，较 2015 年提高 1.0 个百分点。与全国 R&D 经费投入强度（全国 R&D 经费投入总量／全国 GDP）相比，国家高新区企业 R&D 经费投入强度远高于全国整体水平，2019 年达到全国整体水平的 3.1 倍（图 2-3）。

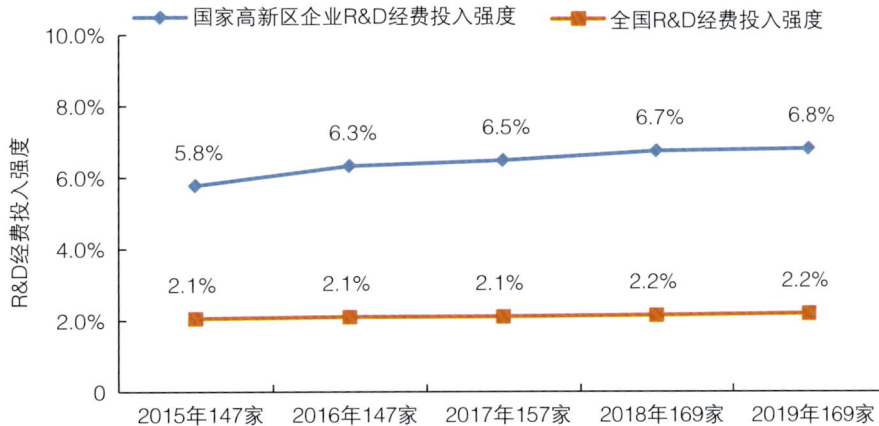

图 2-3　2015—2019 年国家高新区企业 R&D 经费内部投入强度情况

（二）研发产出情况

1. 发明专利授权量占全国企业超六成

从专利申请情况来看，国家高新区企业专利申请量、发明专利申请量均实现较快增长，2019 年专利申请量达 77.9 万件，较 2018 年增长 15.6%，其中，发明专利申请量 41.1 万件，较 2018

年增长 13.5%，占专利总申请量的 52.8%。2015—2019 年，国家高新区企业专利申请量、发明专利申请量占全国企业相关申请量的比重总体均呈现上升趋势，2019 年占比分别达到 25.9% 和 42.5%，发明专利申请量占比远高于专利申请量占比，体现了国家高新区企业的创新实力（图 2-4）。

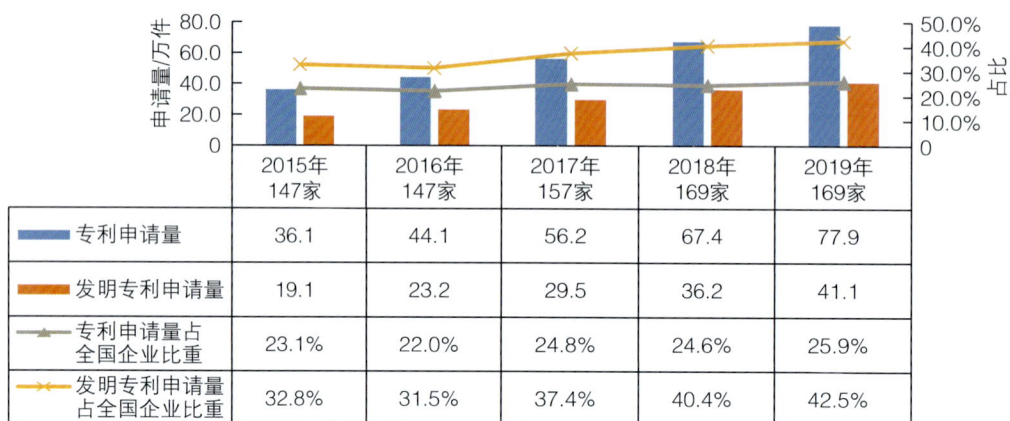

	2015年 147家	2016年 147家	2017年 157家	2018年 169家	2019年 169家
专利申请量	36.1	44.1	56.2	67.4	77.9
发明专利申请量	19.1	23.2	29.5	36.2	41.1
专利申请量占全国企业比重	23.1%	22.0%	24.8%	24.6%	25.9%
发明专利申请量占全国企业比重	32.8%	31.5%	37.4%	40.4%	42.5%

图 2-4 2015—2019 年国家高新区企业专利申请情况

从专利授权情况来看，国家高新区企业专利授权量、发明专利授权量均实现较快增长，2019 年专利授权量达 47.6 万件，较 2018 年增长 17.7%，其中，发明专利授权量 16.6 万件，较 2018 年增长 15.8%，占专利总授权量的 34.8%。2015—2019 年，国家高新区企业专利授权量占全国企业专利授权量的比重呈现小幅波动，2019 年占比为 26.2%；发明专利授权量占全国企业发明专利授权量的比重先快速增长后趋于稳定，2019 年占比达到 64.0%，国家高新区成为全国企业创新成果的主要策源地（图 2-5）。

	2015年 147家	2016年 147家	2017年 157家	2018年 169家	2019年 169家
专利授权量	22.2	26.2	31.4	40.4	47.6
发明专利授权量	7.4	9.3	11.5	14.3	16.6
专利授权量占全国企业比重	22.5%	25.4%	27.6%	24.4%	26.2%
发明专利授权量占全国企业比重	46.7%	49.1%	57.3%	64.3%	64.0%

图 2-5 2015—2019 年国家高新区企业专利授权情况

从期末有效专利情况来看，国家高新区企业 2019 年年底拥有有效专利 330.3 万件，较 2018 年增长 71.9%。其中，拥有有效发明专利 85.8 万件，较 2018 年增长 17.4%，占国家高新区拥有专利总量的 26.0%。2015—2019 年，国家高新区企业期末有效专利、有效发明专利拥有量占全国拥有量的比重均呈现持续上升趋势，2019 年占比分别达到 34.0% 和 32.1%（图 2-6）。

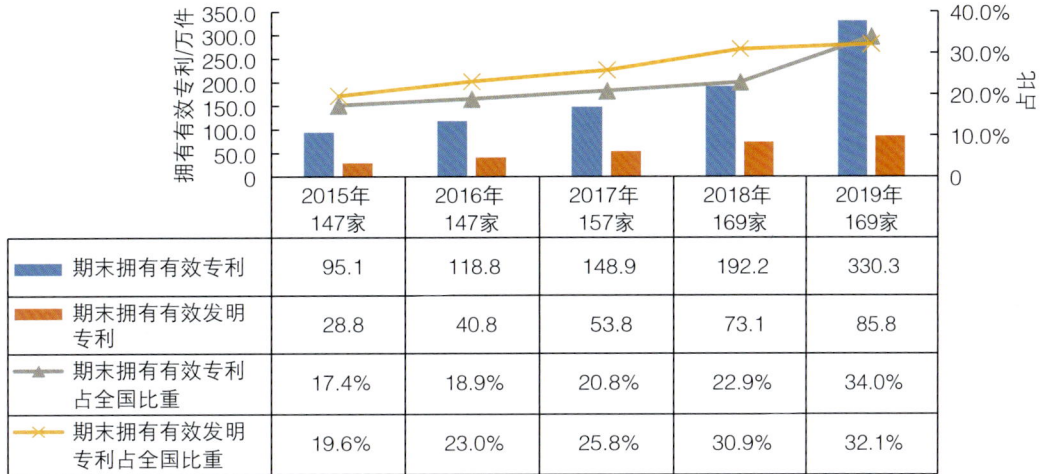

	2015年 147家	2016年 147家	2017年 157家	2018年 169家	2019年 169家
期末拥有有效专利	95.1	118.8	148.9	192.2	330.3
期末拥有有效发明专利	28.8	40.8	53.8	73.1	85.8
期末拥有有效专利占全国比重	17.4%	18.9%	20.8%	22.9%	34.0%
期末拥有有效发明专利占全国比重	19.6%	23.0%	25.8%	30.9%	32.1%

图 2-6　2015—2018 年国家高新区企业期末拥有有效专利情况

2. 发明专利产出效率达全国平均水平 10 倍以上

从万人发明专利授权量看，国家高新区企业万人发明专利授权量（国家高新区发明专利授权量／国家高新区从业人员）实现持续较快增长，2019 年达到 74.8 件，较 2018 年增加 9.4%。与全国万人发明专利授权量（全国发明专利授权量／全国就业人口）对比来看，国家高新区企业万人发明专利授权量远远高出全国平均水平，2019 年达到全国平均水平的 12.8 倍（图 2-7）。

图 2-7　2015—2019 年国家高新区企业和全国万人发明专利授权量对比

从万人发明专利拥有量来看，国家高新区企业万人发明专利拥有量（国家高新区发明专利拥有量／国家高新区从业人员）保持较快增长，2019 年达到 387.6 件，较 2018 年增加 10.9%。与全国万人发明专利拥有量（全国发明专利拥有量／全国就业人口）对比来看，国家高新区企业万人发明专利拥有量远远高于全国平均水平，2019 年达到全国平均水平的 11.2 倍（图 2-8）。

图 2-8 2015—2019 年国家高新区企业和全国万人发明专利拥有量对比

3. 完成全国近一半的技术交易合同

从技术交易情况来看，2019 年国家高新区企业认定登记的技术合同 22.3 万项，较 2018 年增长 12.6%，达到 2015 年的 2.1 倍，技术交易日趋活跃。2015—2019 年国家高新区技术交易合同数占全国的比重总体呈现先增长后稳定趋势，2019 年占比为 46.1%，较 2015 年提高 11.5 个百分点（图 2-9）。

图 2-9 2015—2019 年国家高新区企业技术合同情况

从技术交易成交额来看，2019 年国家高新区技术交易成交额达到 6783.9 亿元，较 2018 年增长 42.2%，达到 2015 年的 2.6 倍。2015—2019 年国家高新区技术交易成交额占全国的比重呈现明显波动，2017年达到近年峰值，2019年占比为30.3%，较2018年提高3.3个百分点（图2-10）。

图 2-10 2015—2019 年国家高新区企业技术交易成交额情况

二、面向全球的研发创新

（一）研发投入的国际化

1. 委托境外开展研发活动总费用实现翻倍增长

国家高新区持续鼓励企业在全球范围内开展创新交流与合作，2015 年以来，国家高新区企业委托境外开展研发活动费用支出总体保持快速增长态势，2019 年支出达到 229.0 亿元，较 2018 年实现翻倍增长，是 2015 年的 3.5 倍（图 2-11）。

图 2-11 2015—2019 年国家高新区企业委托境外开展研发活动费用支出情况

从区域情况来看，2019 年东部地区国家高新区企业委托境外开展研发活动费用支出最高，达到 193.0 亿元，占国家高新区总体的 84.2%；其后为东北地区和中部地区，西部地区最少，占比仅为 1.2%（图 2-12）。从各省（区、市）看，广东省国家高新区以 114.8 亿元高居第一，占国家高新区总体的一半，其后为上海、江苏和吉林，分别为 22.1 亿元、17.7 亿元和 17.2 亿元。

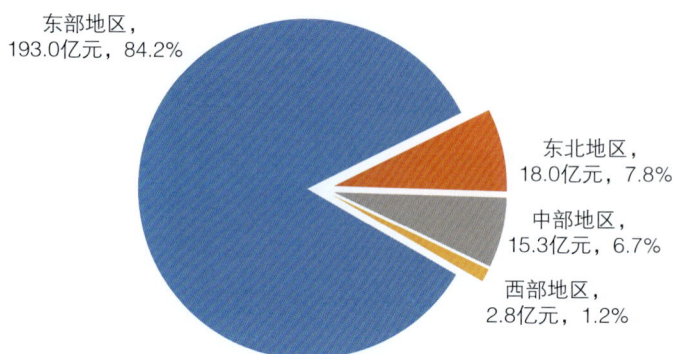

图 2-12　2019 年各地区国家高新区企业委托境外开展研发活动费用支出情况

从不同类别国家高新区看，2019 年世界一流高科技园区企业委托境外开展研发活动费用支出 128.4 亿元，占国家高新区总体的比重超过一半；创新型科技园区和其他园区费用支出分别为 47.8 亿元和 35.5 亿元；创新型特色园区费用支出 17.5 亿元，占比仅为 7.6%。平均每家世界一流高科技园区委托境外开展研发活动费用支出 12.8 亿元，分别为创新型科技园区、创新型特色园区、其他园区的 4.8 倍、20.5 倍和 40.9 倍，是国家高新区开展境外研发活动的绝对主体（图 2-13）。

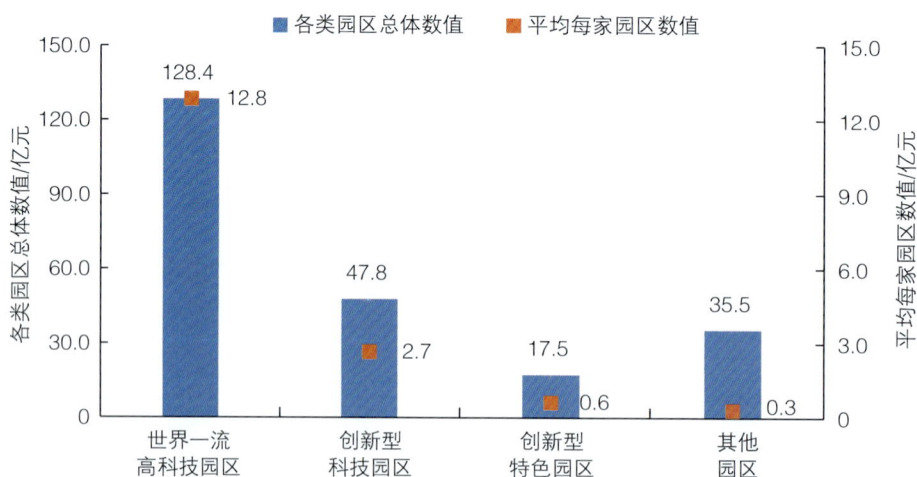

图 2-13　2019 年不同类别国家高新区企业委托境外开展研发活动费用支出情况

从具体园区看，2019 年企业委托境外开展研发活动费用支出超过 10 亿元的国家高新区有 5 家，共计 160.9 亿元, 占国家高新区总体的 70.3%。其中, 深圳以 80.0 亿元高居榜首, 占国家高新区总体的 35.0%; 东莞高新区和上海张江分列第二、第三, 均超过 20 亿元, 分别占国家高新区总体的 12.8% 和 9.7%（图 2-14）。

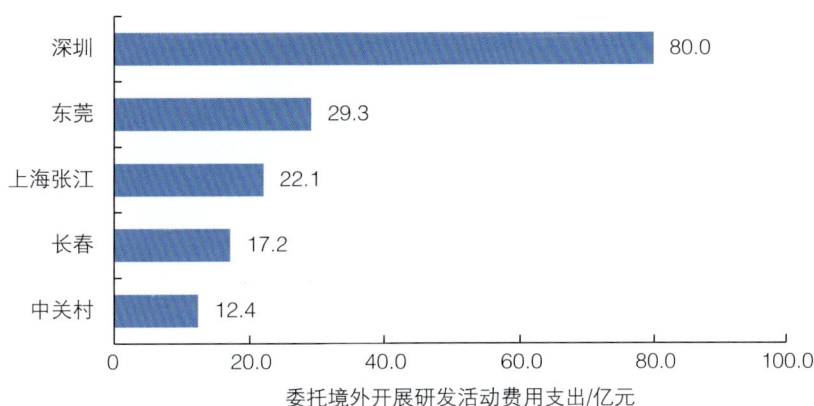

图 2-14 2019 年企业委托境外开展研发活动费用支出超过 10 亿元的国家高新区

2. 9 家国家高新区引进境外技术经费支出超过 10 亿元

2019 年, 国家高新区企业引进境外技术经费支出共计 420.3 亿元, 较 2018 年减少 14.4%。2015—2019 年, 国家高新区企业引进境外技术经费支出呈现先快速增长后小幅下降趋势, 其中, 2018 年经费支出最高, 达到 491.2 亿元, 是 2015 年的 2.2 倍（图 2-15）。

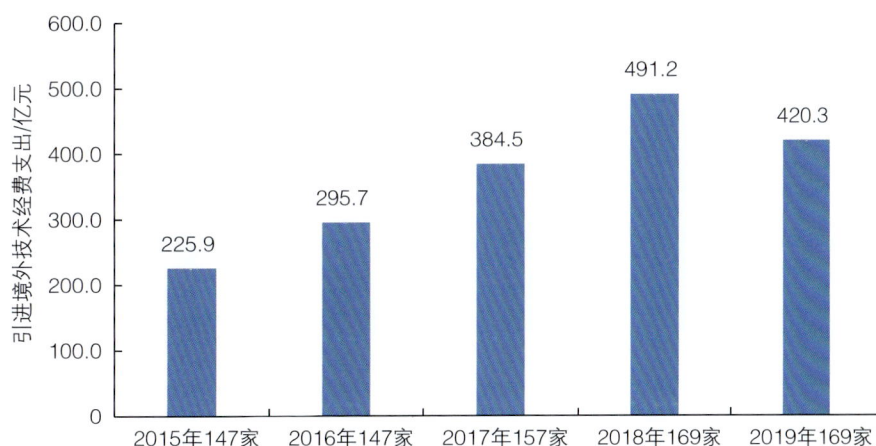

图 2-15 2015—2019 年国家高新区企业引进境外技术经费支出情况

从地区分布来看, 2019 年东部地区国家高新区企业引进境外技术经费支出最多, 为 278.9 亿元, 占国家高新区总体的 66.4%; 西部地区、东北地区和中部地区国家高新区相差不大, 均未超过 50 亿元（图 2-16）。从各省（区、市）来看, 广东省国家高新区企业引进境外技术经费支出最多,为 151.5 亿元，占国家高新区总体的 36.1%；其后为上海和吉林，分别为 73.3 亿元和 46.5 亿元。

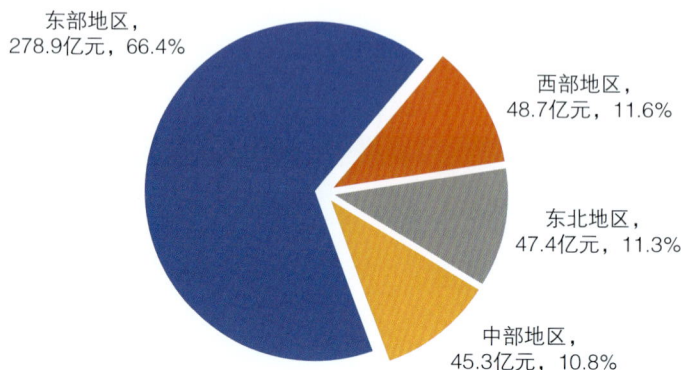

图 2-16　2019 年各地区国家高新区企业引进境外技术经费支出情况

从不同类别国家高新区来看，世界一流高科技园区企业引进境外技术经费支出 211 亿元，占国家高新区总体的约一半；创新型科技园区和其他园区经费支出均在 80 亿元左右，占比分别为 18.9% 和 20.7%；创新型特色园区经费支出不到 50 亿元，占比仅为 10.1%。平均每家世界一流高科技园区引进境外技术经费支出 21.1 亿元，分别达到创新型科技园区、创新型特色园区、其他园区平均数值的 4.8 倍、13.9 倍和 27.4 倍（图 2-17）。

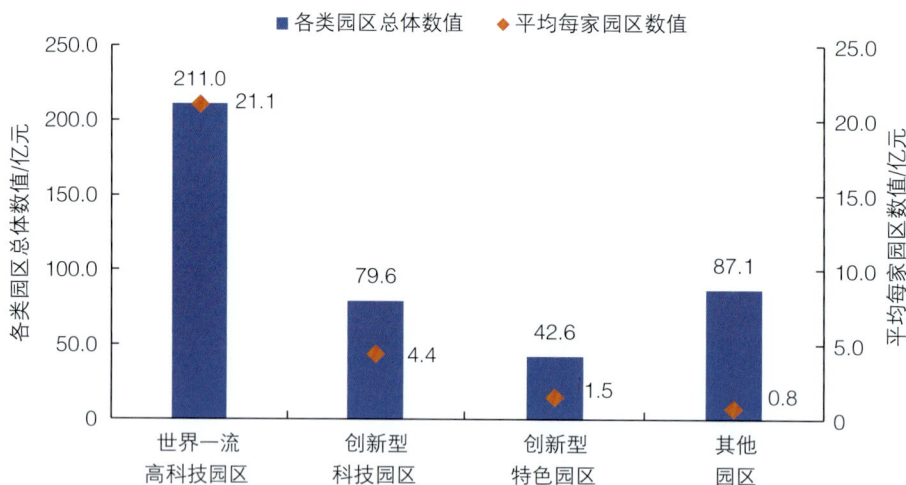

图 2-17　2019 年不同类别国家高新区企业引进境外技术经费支出情况

从具体园区来看，2019 年企业引进境外技术经费支出超过 10 亿元的国家高新区有 9 家，合计 326.7 亿元，占国家高新区总体的 77.8%。其中，上海张江和东莞高新区位居前两位，分别为 73.3 亿元和 66.8 亿元，二者合计占国家高新区总体的 33.4%；其后为广州高新区和长春高新区，支出均超过了 40 亿元（图 2-18）。

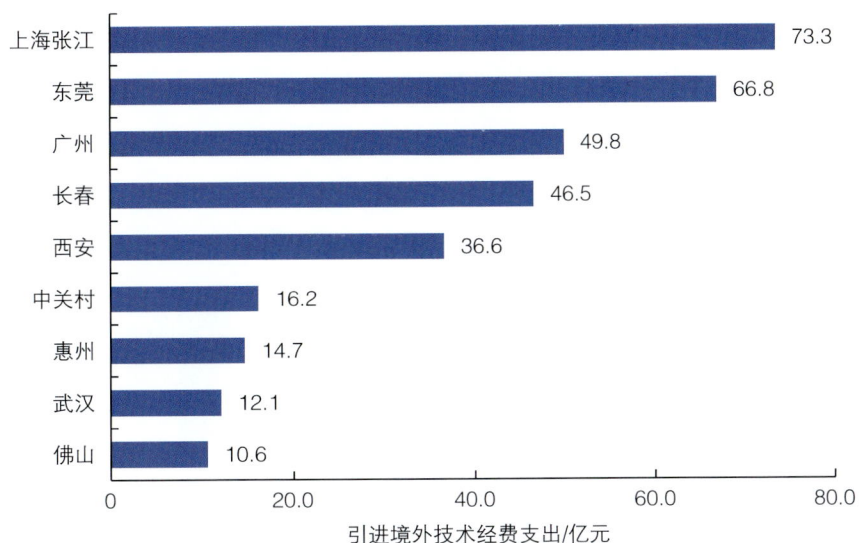

图 2-18 2019 年企业引进境外技术经费支出超过 10 亿元的国家高新区

（二）研发成果的国际化

1. 国际专利申请量和授权量持续快速增长

从欧美日专利申请、授权和拥有量来看，2019 年国家高新区企业申请欧美日专利 2.6 万件，较 2018 年增长 15.6%，2015—2019 年年均增速达 30.0%；获得授权欧美日专利 2.2 万件，较 2018 年增长 28.0%，2015—2019 年年均增速高达 52.7%。从拥有情况来看，截至 2019 年年底，国家高新区企业拥有欧美日专利 9.9 万件，较 2018 年增长 38.0%，2015—2019 年年均增速达到 64.1%（图 2-19）。可以看出，近年来国家高新区企业开始高度重视欧美日专利申请，持续加大投入，取得重大进展。

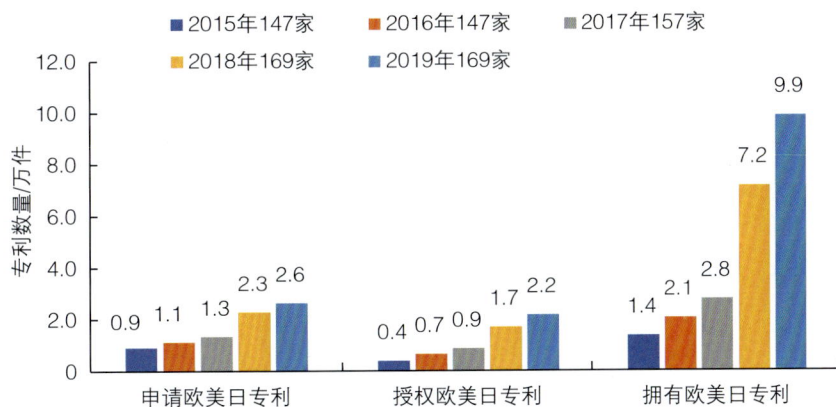

图 2-19 2015—2019 年国家高新区企业欧美日专利情况

从 PCT 国际专利申请来看，2019 年国家高新区企业申请 PCT 国际专利 2.7 万件，较 2018

年增长 16.7%，达到 2016 年的 2.3 倍。2016—2019 年，国家高新区企业申请 PCT 国际专利数量及占全国比重均快速增长，2019 年占比达到 44.6%，3 年提高了 17.2 个百分点，显示出国家高新区企业活跃的国际创新能力（图 2-20）。

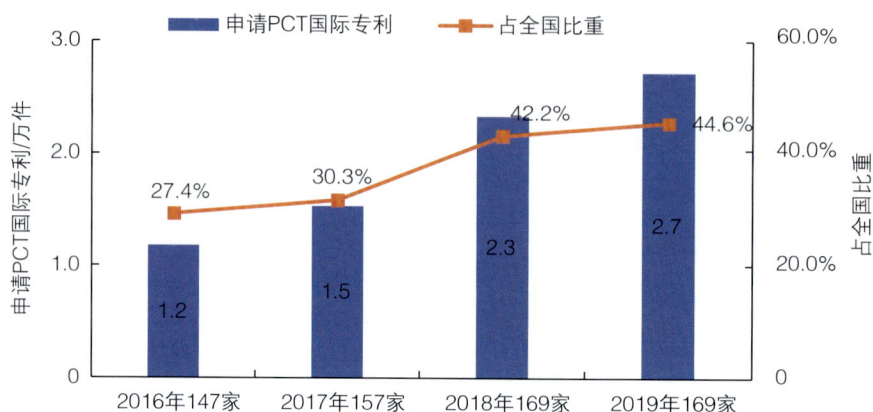

图 2-20 2016—2019 年国家高新区企业申请 PCT 国际专利情况

从拥有境外授权专利来看，截至 2019 年年底，国家高新区企业拥有境外授权专利 15.3 万件，较 2018 年增长 50.6%，其中，拥有境外授权发明专利 11.8 万件，较 2018 年增长 39.9%。2015—2019 年，国家高新区企业境外授权专利和境外授权发明专利数量均持续快速增长，年均增速分别达到 61.8% 和 61.6%。从境外授权发明专利占境外授权专利的比重来看，2015—2019 年基本维持在 80% 左右，2019 年占比为 77.3%（图 2-21）。表明国家高新区企业普遍重视境外发明专利的创制，国际市场竞争力增强。

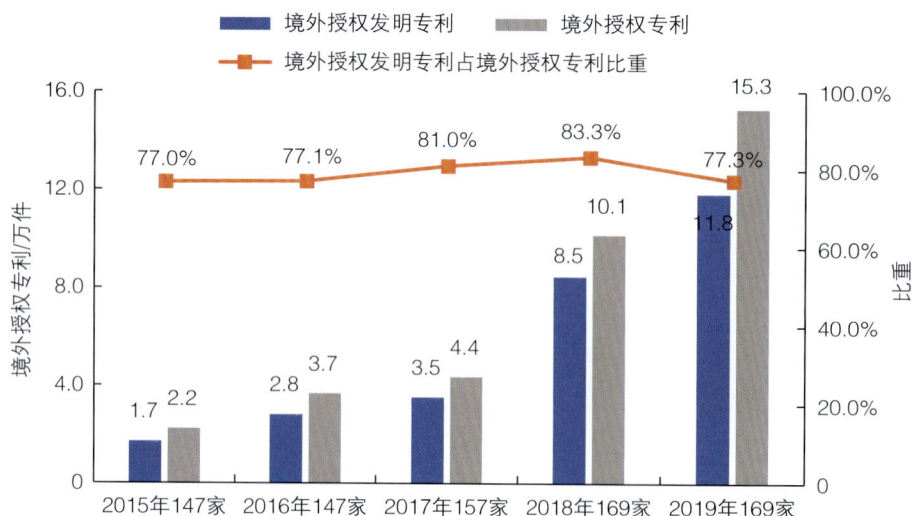

图 2-21 2015—2019 年国家高新区企业拥有境外授权专利情况

从境外注册商标情况来看，2019 年国家高新区企业取得境外注册商标 10.8 万件，较 2018 年增长 21.2%，是 2015 年的 2.2 倍。截至 2019 年年底，国家高新区企业拥有境外注册商标 84.0 万件，较 2018 年增长 32.5%，达到 2015 年的 2.9 倍，2015—2019 年年均增速达 29.9%（图 2-22）。表明国家高新区企业通过境外注册商标，维权和市场拓展意识显著增强，并取得积极成效。

图 2-22 2015—2019 年国家高新区企业境外注册商标情况

2. 本土企业拥有超八成的国际专利成果

从本土企业创制国际专利来看，2019 年国家高新区内资控股企业申请欧美日专利 2.1 万件，占国家高新区企业申请欧美日专利总量的 80.0%，较 2015 年提高 6.2 个百分点；授权欧美日专利 1.9 万件，占国家高新区企业欧美日专利授权总量的 88.1%，较 2015 年提高 23.6 个百分点（图 2-23）；拥有欧美日专利 8.2 万件，占国家高新区企业拥有欧美日专利总量的 83.3%，较 2015 年提高 29.2 个百分点。由此可以看出，国家高新区本土企业在创新能力上的成长及在国际创新竞争力上的升级。

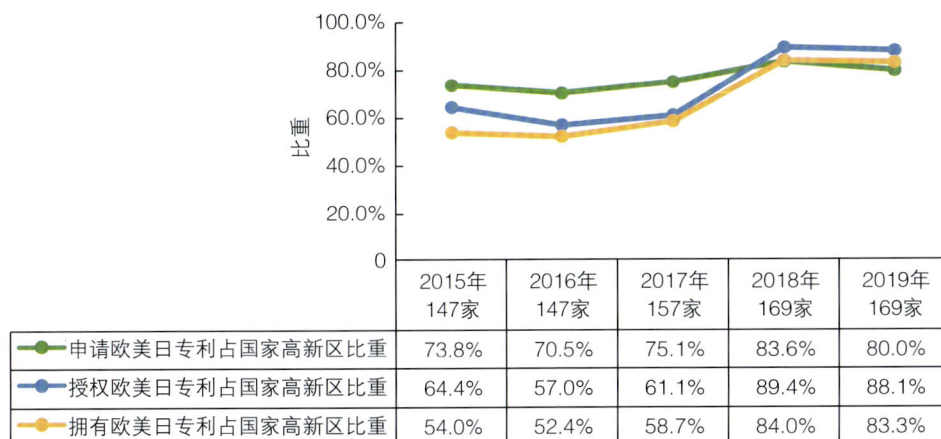

	2015年 147家	2016年 147家	2017年 157家	2018年 169家	2019年 169家
申请欧美日专利占国家高新区比重	73.8%	70.5%	75.1%	83.6%	80.0%
授权欧美日专利占国家高新区比重	64.4%	57.0%	61.1%	89.4%	88.1%
拥有欧美日专利占国家高新区比重	54.0%	52.4%	58.7%	84.0%	83.3%

图 2-23 2015—2019 年国家高新区内资控股企业欧美日专利占国家高新区全部企业比重

2019 年，国家高新区内资控股企业申请 PCT 国际专利 2.1 万件，占国家高新区企业申请 PCT 国际专利总数的 78.1%，较 2016 年下降 6.0 个百分点。2019 年，国家高新区内资控股企业拥有境外授权专利 12.6 万件，占国家高新区企业拥有境外授权专利总数的 82.4%，较 2015 年提高 22.9 个百分点；其中，拥有境外授权发明专利 9.9 万件，占国家高新区企业拥有境外授权发明专利的 83.7%，较 2015 年提高 22.3 个百分点（图 2-24）。

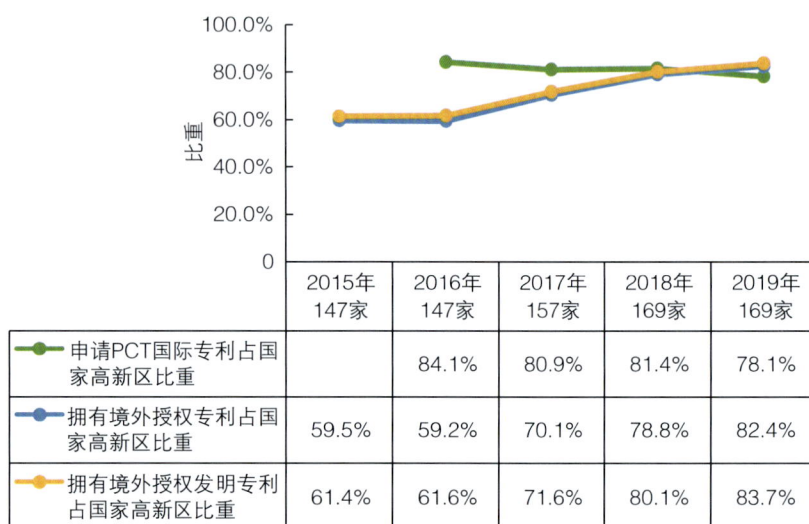

| | 2015年
147家 | 2016年
147家 | 2017年
157家 | 2018年
169家 | 2019年
169家 |
|---|---|---|---|---|---|
| 申请PCT国际专利占国家高新区比重 | | 84.1% | 80.9% | 81.4% | 78.1% |
| 拥有境外授权专利占国家高新区比重 | 59.5% | 59.2% | 70.1% | 78.8% | 82.4% |
| 拥有境外授权发明专利占国家高新区比重 | 61.4% | 61.6% | 71.6% | 80.1% | 83.7% |

图 2-24　2015—2019 年国家高新区内资控股企业国际专利占国家高新区全部企业比重

3. 深圳高新区国际专利产出独占鳌头

从具体的国家高新区欧美日专利拥有量来看，截至 2019 年年底拥有欧美日专利数量最多的是深圳高新区，达到 52 441 件，占国家高新区总体的 53.1%，其次为中关村，拥有 15 366 件，占国家高新区总体的 15.6%，二者合计占国家高新区总体的近七成。上海张江拥有 6608 件，占国家高新区总体的 6.7%，位居第三（图 2-25）。

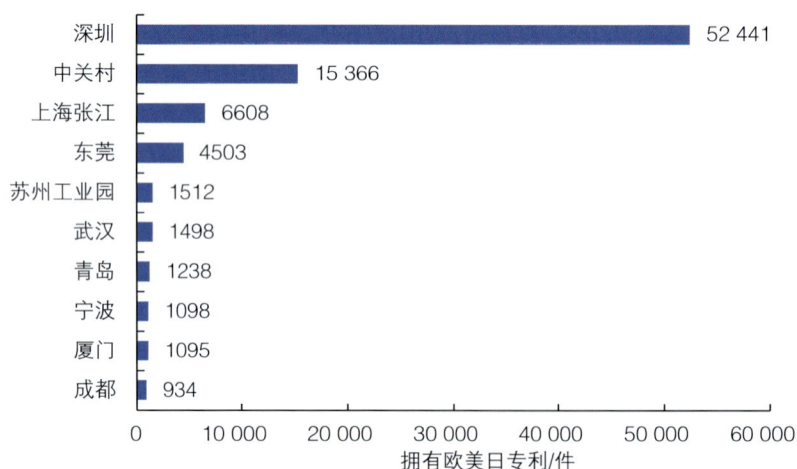

图 2-25　截至 2019 年年底拥有欧美日专利数量排名前十的国家高新区

从具体的国家高新区 PCT 国际专利申请来看，2019 年申请 PCT 国际专利数量最多的是深圳高新区，达到 10 617 件，占国家高新区总体的近四成，其次为中关村，申请 4963 件，占国家高新区总体的近两成，二者合计占比近六成。武汉高新区申请 1830 件，占国家高新区总体的 6.7%，位居第三（图 2–26）。

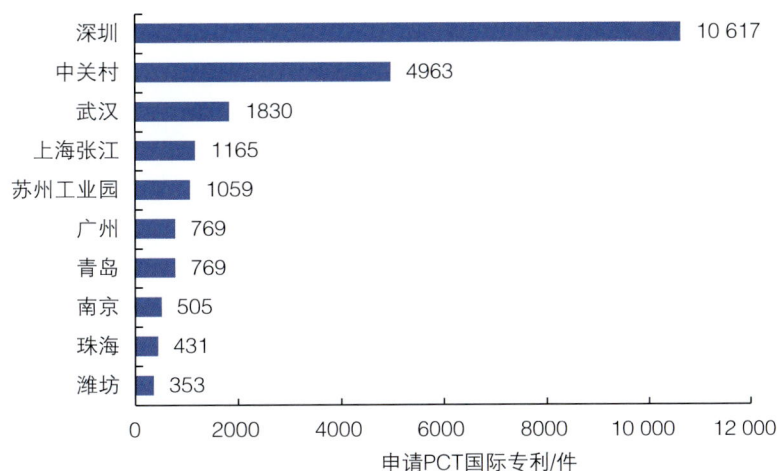

图 2–26　2019 年申请 PCT 国际专利数量排名前十的国家高新区

从具体的国家高新区国际专利产出效率看，2019 年深圳高新区万人拥有欧美日专利数量最多，高达 522 件，远高于其他的国家高新区；其次为东莞高新区，为 355 件；青岛高新区、中关村、上海张江和苏州工业园万人拥有欧美日专利数量也都达到或超过了 50 件，高于国家高新区平均水平（45 件）（图 2–27）。

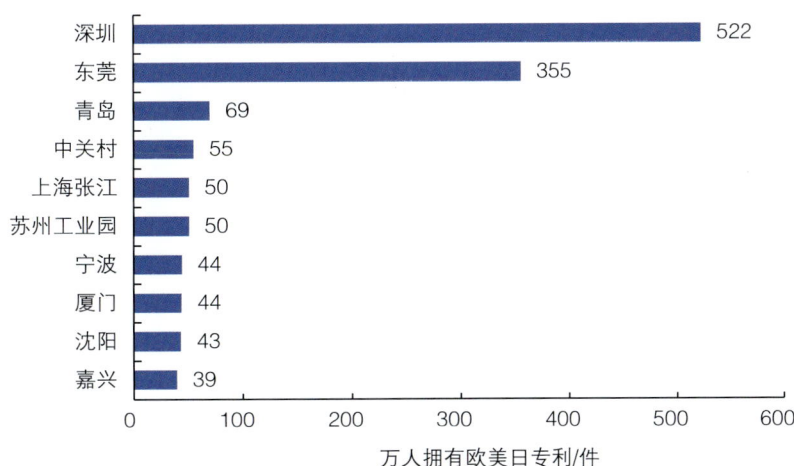

图 2–27　2019 年万人拥有欧美日专利数量排名前十的国家高新区

4.国际标准创制数量增长稳中趋缓

从国际标准创制的总体情况看，受国际创新环境的影响，2019 年国家高新区企业共创制 466 项国际标准，较 2018 年下降 19.5%；国际标准占国家高新区较高级别标准（包括国际标准、国家标准和行业标准）创制数量的 5.1%，较 2018 年下降 0.7 个百分点（图 2-28）。2015—2019 年，国家高新区国际标准创制数量呈现先平稳后下降的态势，占国家高新区较高级别标准创制数量的比重呈现下降态势。

图 2-28　2015—2019 年国家高新区国际标准创制情况

从分地区来看，2019 年，东部地区国家高新区企业创制国际标准数量最多，达到 344 项，占国家高新区总体的 73.8%；其次为中部地区国家高新区，创制 93 项，占比 20.0%；西部地区和东北地区国家高新区较少，占比均不足 5%。从各省（区、市）看，2019 年北京地区以 131 项国际标准创制数量位居首位，其后为江苏、广东和浙江，数量分别为 74 项、40 项和 37 项（图 2-29）。

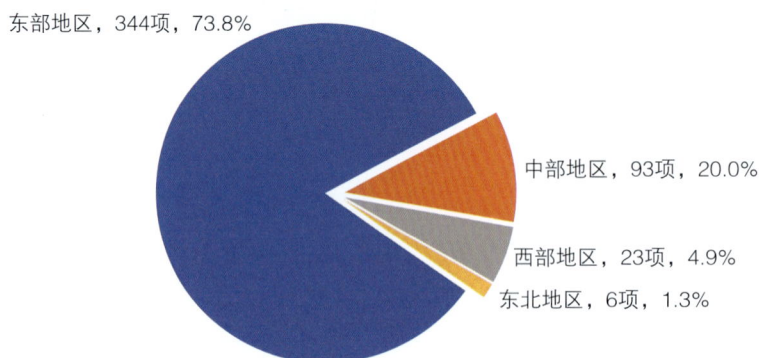

图 2-29　2019 年国家高新区国际标准创制数量地区分布情况

从不同类别国家高新区来看，2019 年世界一流高科技园区企业共创制国际标准 273 项，占国家高新区总体的 58.6%；创新型科技园区创制国际标准 57 项，创新型特色园区创制国际标准 64 项。从平均情况看，平均每家世界一流高科技园区创制国际标准 27.3 项，分别是创新型科技园区和创新型特色园区的 8.6 倍和 11.9 倍，国际创新能力显著领先（图 2-30）。

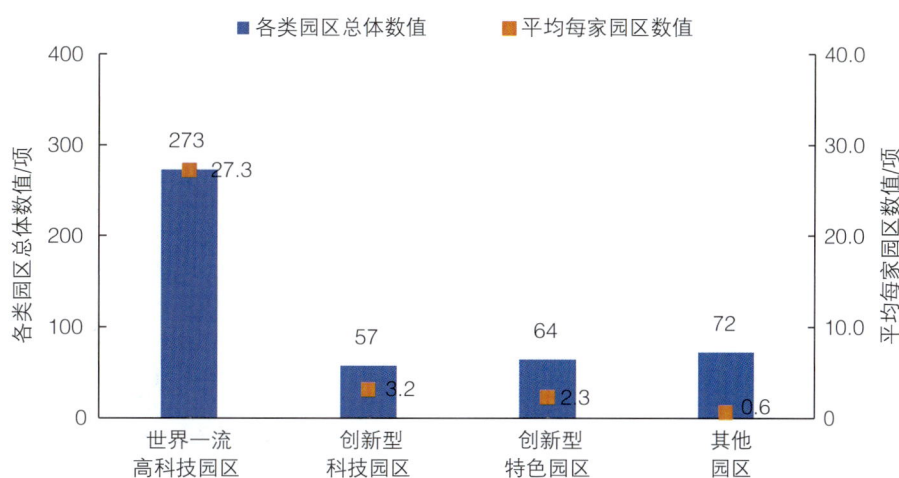

图 2-30 2019 年不同类别国家高新区国际标准创制情况

从具体园区来看，2019 年企业创制国际标准超过 10 项的国家高新区有 11 家，共创制国际标准 321 项，占国家高新区总体的 68.9%。其中，中关村以 131 项国际标准遥遥领先；其后为苏州工业园和上海张江，均超过 30 项；株洲、温州等高新区国际标准创制数量超过了部分世界一流高科技园区（图 2-31）。

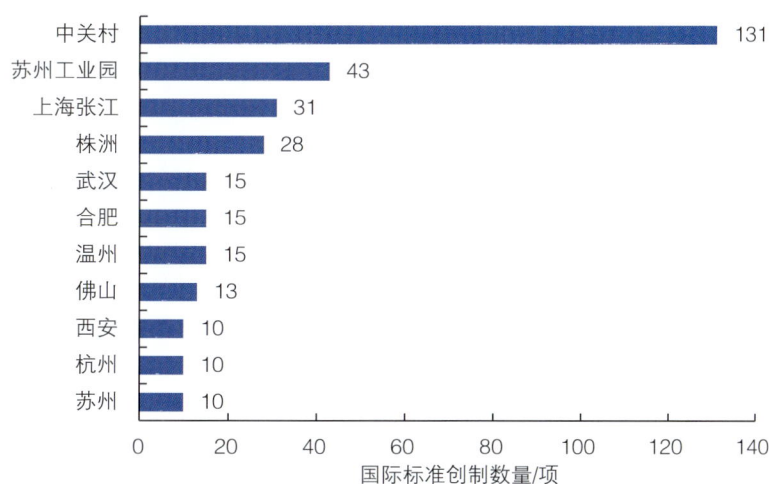

图 2-31 2019 年国际标准创制数量超过 10 项的国家高新区

中国国家高新区开放创新发展报告2020

人力资源的

第三章

开放融合

一、人力资源总体情况

（一）就业人员情况

1. 国家高新区从业人员规模持续增长

截至 2019 年年底，国家高新区年末从业人员数量达到 2213.5 万人，较 2018 年增长 5.8%，达到 2015 年的 1.3 倍。2015—2019 年国家高新区从业人员占全国就业人员的比重稳步提高，2019 年占比达到 2.9%，较 2015 年提高 0.7 个百分点（图 3-1）。

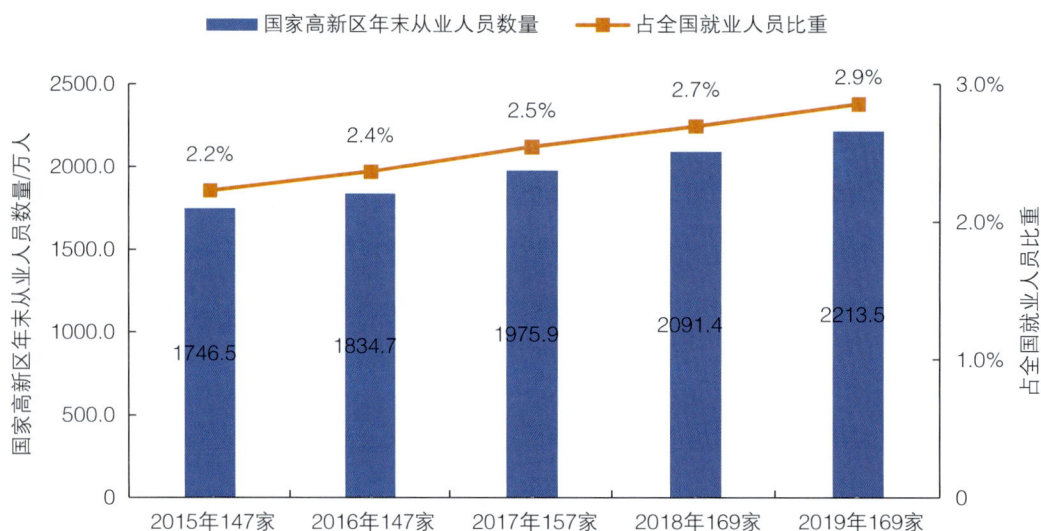

图 3-1　2015—2019 年国家高新区年末从业人员情况

2. 大专以上学历人员占比近六成

国家高新区大专以上学历从业人员数量不断增多，2019 年达到 1306.9 万人，比 2015 年增加 382.7 万人，增长超 40%。大专以上学历从业人员占国家高新区从业人员比重稳步提高，由 2015 年的 52.9% 提高到 2019 年的 59.0%，提高 6.1 个百分点（图 3-2）。可以发现，国家高新区从业人员结构不断优化，就业群体质量不断提高。

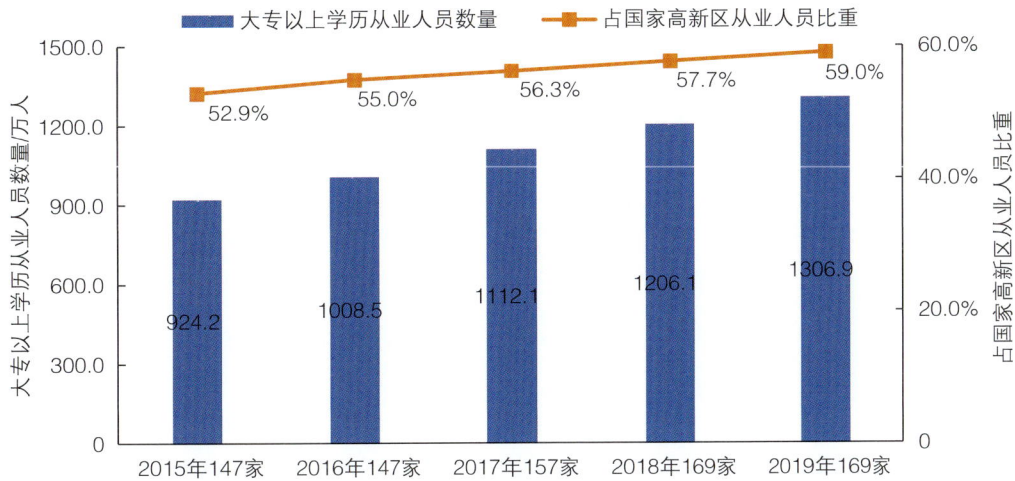

图 3-2　2015—2019 年国家高新区大专以上学历从业人员情况

3. 吸纳了全国近 1/10 高校毕业生

2015—2019 年，国家高新区吸纳当年全国高校毕业生数量逐年递增，2019 年吸纳高校毕业生 68.4 万人，达到 2015 年的 1.3 倍。当年吸纳高校毕业生占全国当年高校毕业生的比重由 2015 年的 7.5% 提至 2019 年的 9.0%，上升 1.5 个百分点。当年吸纳高校毕业生占国家高新区从业人员的比重基本稳定在 3% 左右，2019 年占比为 3.1%，较 2015 年提高 0.2 个百分点（图 3-3）。

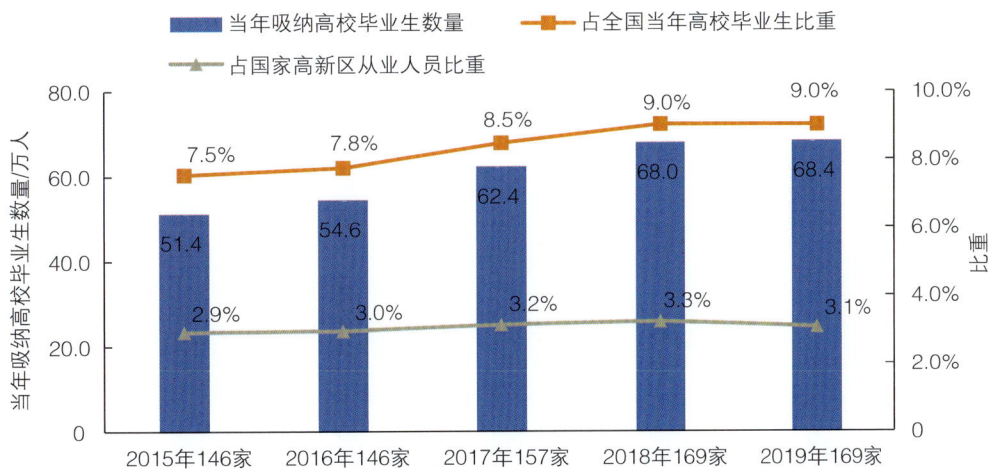

图 3-3　2015—2019 年国家高新区当年吸纳高校毕业生情况

（二）创新型人员情况

1. 科技活动人员占从业人员比重超 1/5

2015—2019 年，国家高新区科技活动人员数量实现较快增长，2019 年科技活动人员规模达到 465.9 万人，较 2018 年增长 8.8%，达到 2015 年的 1.5 倍。科技活动人员占国家高新区从业人员的比重也不断提高，2019 年达到 21.1%，较 2015 年提高 2.9 个百分点（图 3-4）。

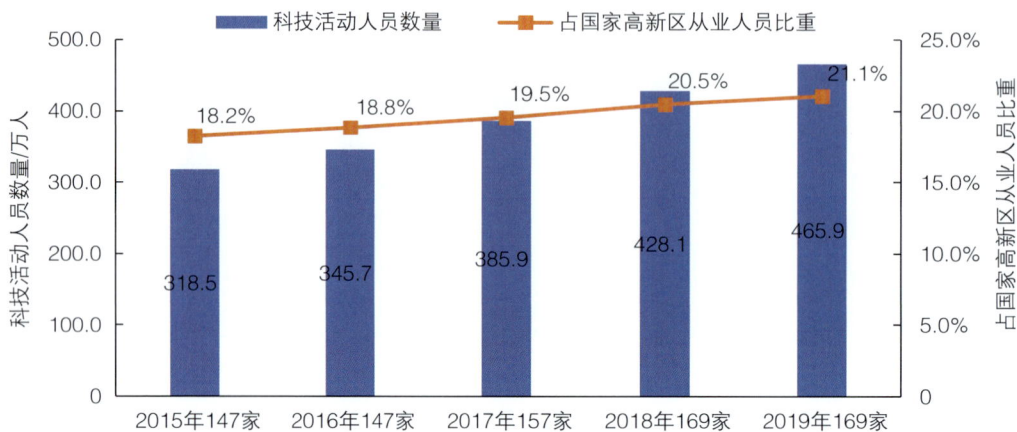

图 3-4　2015—2019 年国家高新区科技活动人员情况

2.R&D 人员总体规模持续较快增长

2019 年，国家高新区企业 R&D 人员数量达到 264.1 万人，较 2018 年增长 2.2%，达到 2015 年的 1.5 倍，占国家高新区科技活动人员的比重达到 56.7%，成为科技活动人员的主体。国家高新区企业 R&D 人员占国家高新区从业人员的比重总体保持稳定，2019 年为 11.9%，较 2015 年提高 1.5 个百分点（图 3-5）。

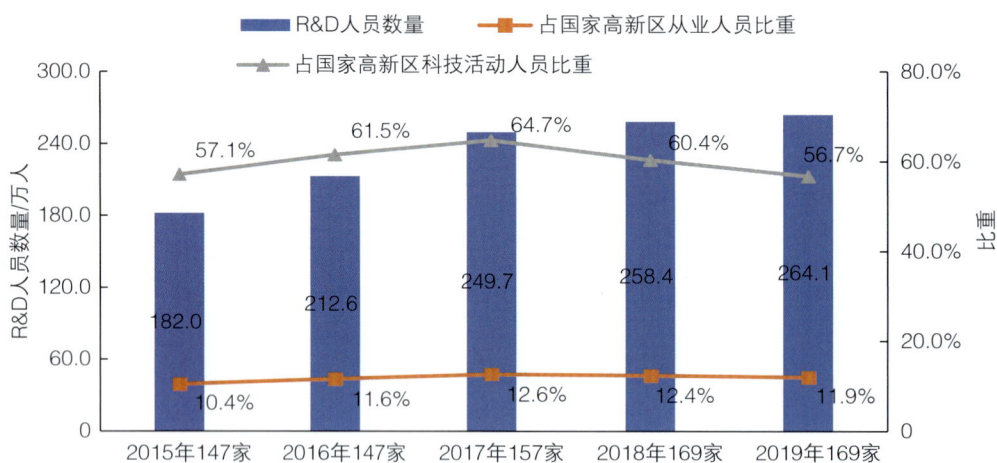

图 3-5　2015—2019 年国家高新区企业 R&D 人员情况

3.R&D 人员全时当量占全国企业超一半

2015—2019 年，国家高新区企业 R&D 人员全时当量持续增加，2019 年达到 182.0 万人年，较 2018 年增长 2.7%，占全国企业 R&D 人员全时当量的比重由 2015 年的 40.2% 增至 2018 年的 51.7%，提高 11.5 个百分点；占全国 R&D 人员全时当量的比重由 2015 年的 31.1% 增至 2019 年的 39.5%，提高 8.4 个百分点（图 3-6）。

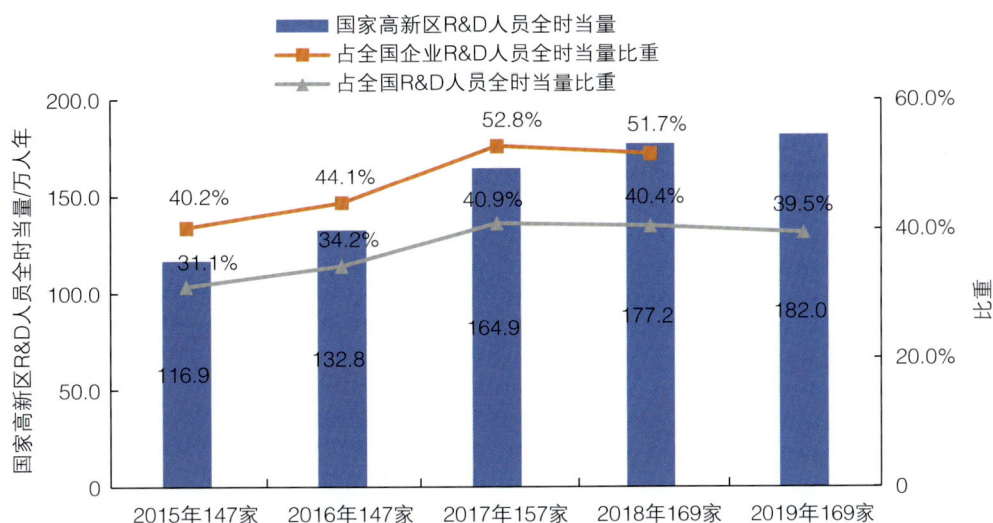

图 3-6 2015—2019 年国家高新区企业 R&D 人员全时当量情况

二、人力资源的全球化

（一）留学归国人员

1. 国家高新区留学归国人员数量保持较快增长

截至 2019 年年底，国家高新区企业从业人员中共有留学归国人员 17.1 万人，较 2018 年增长 4.9%。2015—2019 年，留学归国人员数量持续增长，年均增速达到 10.2%，占国家高新区从业人员的比重稳中有升，2019 年占比达到 0.77%，较 2015 年提高 0.11 个百分点（图 3-7）。

图 3-7 2015—2019 年国家高新区留学归国人员情况

2. 内资企业成为吸纳国家高新区留学归国人员的绝对主体

从不同性质企业看，2019 年国家高新区内资企业拥有留学归国人员 12.3 万人，较 2015 年增加 63.5%，占国家高新区留学归国人员总数的比重由 2015 年的 67.1% 提高到 71.8%；外商投资企业拥有 2.9 万人，较 2015 年增加 1.8%，吸纳留学归国人员占比由 24.1% 下降到 16.7%；港澳台投资企业拥有 2.0 万人，较 2015 年增加 91.9%，吸纳留学归国人员占比由 8.8% 提高到 11.5%（图 3-8）。

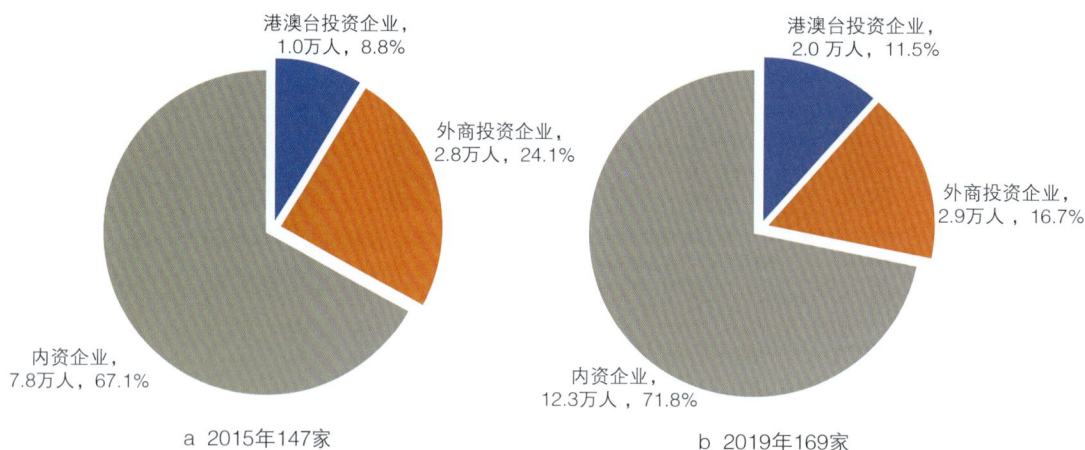

图 3-8 2015 年和 2019 年国家高新区不同性质企业留学归国人员情况

从不同规模企业看，2019 年国家高新区大型企业拥有留学归国人员 9.1 万人，较 2016 年增长 48.9%；中型企业和小型企业分别拥有 4.3 万人和 3.0 万人，较 2016 年分别增长 44.9% 和 30.6%；微型企业拥有 0.6 万人，较 2016 年增长 72.8%。从 2019 年各类企业留学归国人员占国家高新区留学归国人员总数的比重来看，大型企业较 2016 年提高 1.4 个百分点，达到 53.2%；中型企业保持 25.5% 不变，小型企业下降 1.9 个百分点，微型企业提高 0.6 个百分点（图 3-9）。可以发现，大型企业的规模、实力和创新平台是吸纳留学归国人员的主要因素。

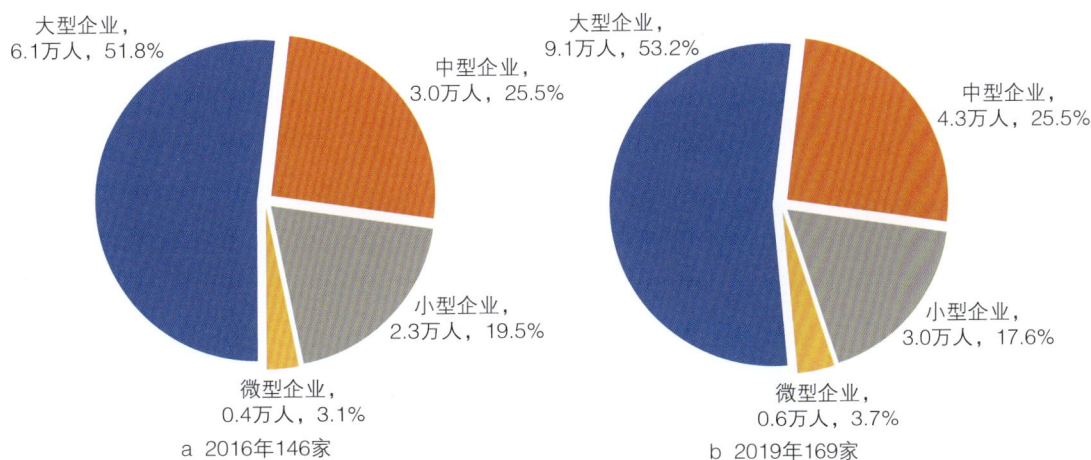

大型企业,
6.1万人,51.8%

中型企业,
3.0万人,25.5%

小型企业,
2.3万人,19.5%

微型企业,
0.4万人,3.1%

a 2016年146家

大型企业,
9.1万人,53.2%

中型企业,
4.3万人,25.5%

小型企业,
3.0万人,17.6%

微型企业,
0.6万人,3.7%

b 2019年169家

图 3-9 2016 年和 2019 年国家高新区不同规模企业留学归国人员情况

3. 东部地区国家高新区集中了超七成留学归国人员

从地区分布看,2019 年东部地区国家高新区企业中留学归国人员数量最多,达到 12.5 万人,占国家高新区留学归国人员的 73.1%。其次为中部地区国家高新区,拥有留学归国人员 2.6 万人,占比 15.2%;西部地区国家高新区 1.3 万人,占比 7.6%;东北地区 0.7 万人,占比 4.1%(图 3-10)。从各省(区、市)分布看,2019 年国家高新区留学归国人员数量最多的是北京,拥有 4.7 万人,占国家高新区总体的 27.8%,其后为江苏、广东和上海,均为 2 万余人,四省市合计占国家高新区留学归国人员总量的 64%。

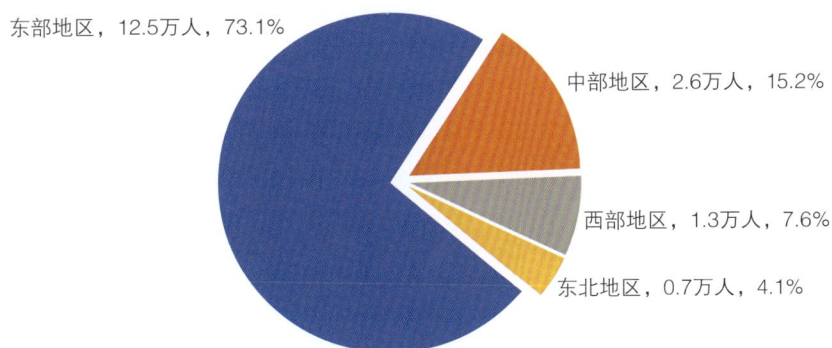

东部地区,12.5万人,73.1%

中部地区,2.6万人,15.2%

西部地区,1.3万人,7.6%

东北地区,0.7万人,4.1%

图 3-10 2019 年国家高新区留学归国人员地区分布情况

4. 中关村集中了超过 1/4 的国家高新区留学归国人员

从不同类别国家高新区看,2019 年世界一流高科技园区拥有留学归国人员 123 194 人,占国家高新区留学归国人员总数的 72.1%;创新型科技园区、创新型特色园区和其他园区的留学归国人员均不到 2 万人,合计占比仅 27.9%。从平均每家园区拥有留学归国人员数量看,世界一流高科技园区为 12 319 人,达到国家高新区平均值(1010 人)的 12.2 倍,分别是创新型科技园区、创新型特色园区和其他园区的 13.5 倍、22.2 倍和 89.3 倍（图 3-11）。

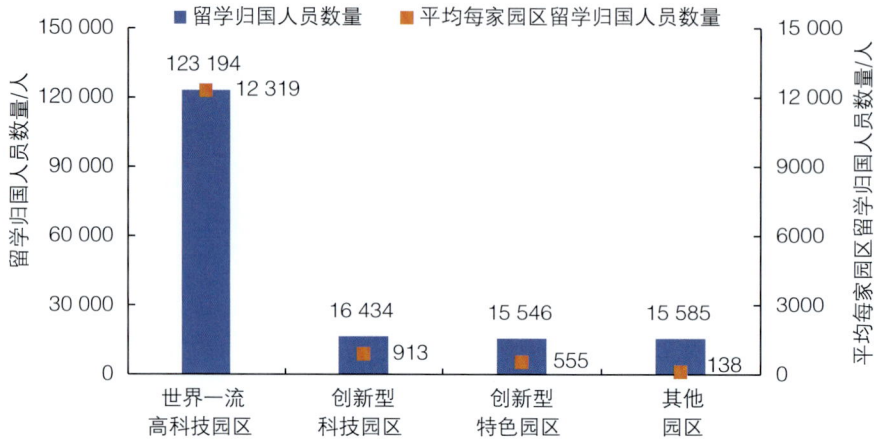

图 3-11　2019 年不同类别国家高新区企业留学归国人员情况

从具体园区看，2019 年吸纳留学归国人员最多的是中关村，达到 47 452 人，占国家高新区总体的 27.8%，远远领先其他国家高新区；上海张江位居第二，留学归国人员接近 2 万人，占国家高新区总体的 11.3%；深圳高新区、苏州工业园和合肥高新区均在 1 万人左右，武汉和西安高新区的留学归国人员数量在 5000 人以上，也是国内吸纳留学归国人员较为集中的区域（图 3-12）。

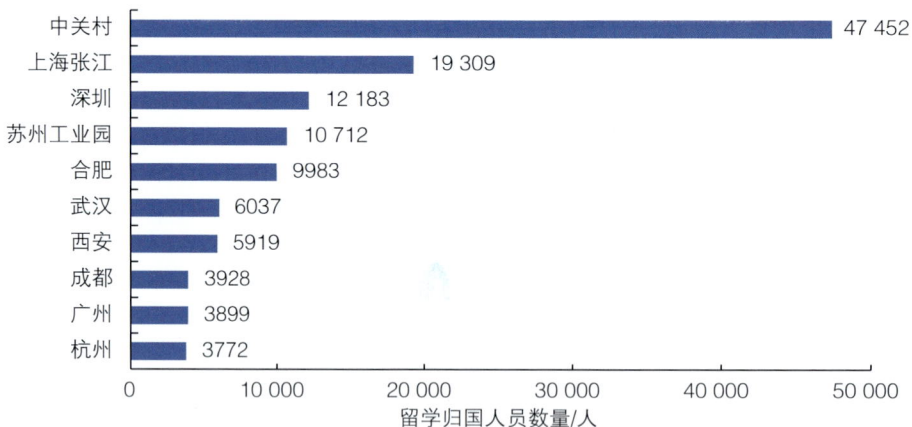

图 3-12　2019 年留学归国人员数量排名前十的国家高新区

（二）外籍常驻人员

1. 国家高新区外籍常驻人员规模整体平稳增长

截至 2019 年年底，国家高新区企业从业人员中共有外籍常驻人员 7.8 万人，较 2018 年增长

6.8%。2015—2019 年外籍常驻人员数量总体呈平缓增长趋势，年均增速约为 5.1%。2015—2019 年外籍常驻人员数量占国家高新区从业人员总数的比重变化不大，在 0.35% ~ 0.37% 区间内波动（图 3-13）。

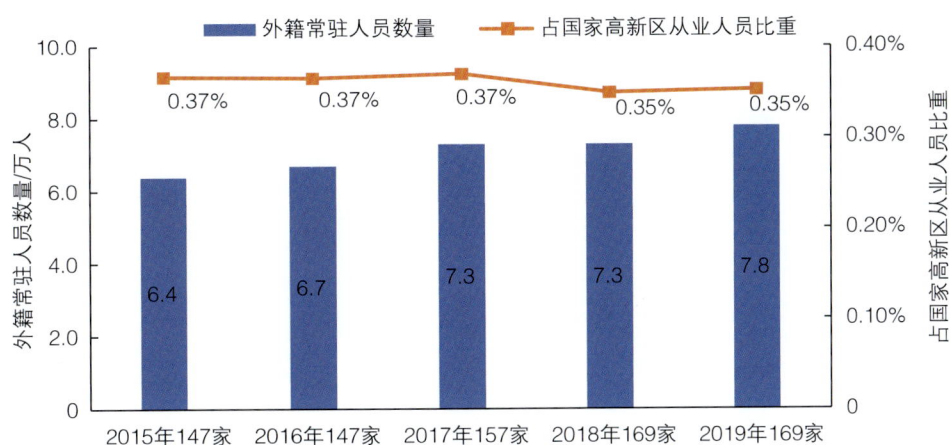

图 3-13　2015—2019 年国家高新区外籍常驻人员情况

2. 国家高新区内资企业外籍常驻人员占比上升

从不同性质企业看，2019 年国家高新区内资企业拥有外籍常驻人员 3.6 万人，较 2015 年增长 34.1%，占国家高新区外籍常驻人员总数的 45.6%，较 2015 年提高 4.2 个百分点；外商投资企业拥有 3.1 万人，较 2015 年增长 6.0%，占比为 40.4%，较 2015 年下降 6.1 个百分点；港澳台投资企业拥有 1.1 万人，较 2015 年增长 41.1%，占比 14.0%，较 2015 年增长 1.9 个百分点（图 3-14）。内资企业外籍常驻人员数量逐步超过外商投资企业，对外籍人员的吸引力不断增强。

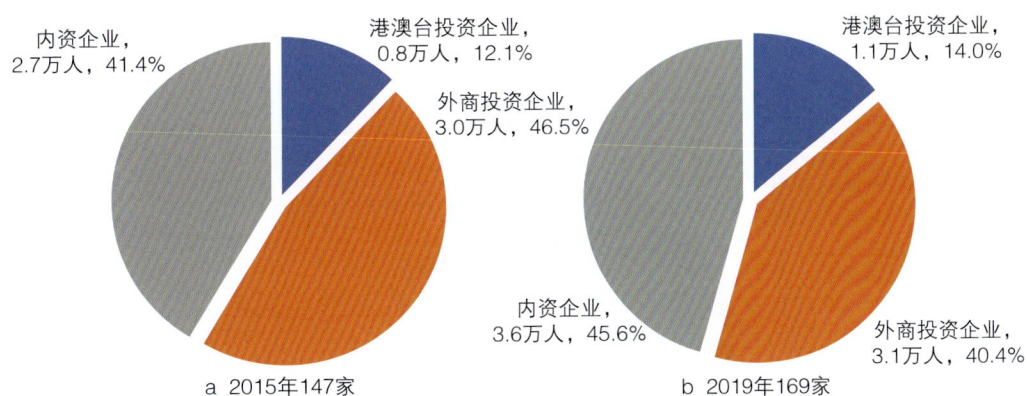

图 3-14　2015 年、2019 年国家高新区不同性质企业外籍常驻人员情况

从不同规模企业看，2019 年国家高新区中大型企业拥有 4.2 万人，较 2016 年增长 39.1%；

中型企业和小型企业分别拥有 1.9 万人和 1.5 万人，较 2016 年分别增长 36.1% 和 17.5%；微型企业拥有 0.2 万人，较 2016 年增长 84.9%。从各类企业外籍常驻人员占国家高新区外籍常驻人员总体的比重情况来看，与 2016 年相比，2019 年 4 类企业占比变化幅度均在 3 个百分点以内（图 3-15）。

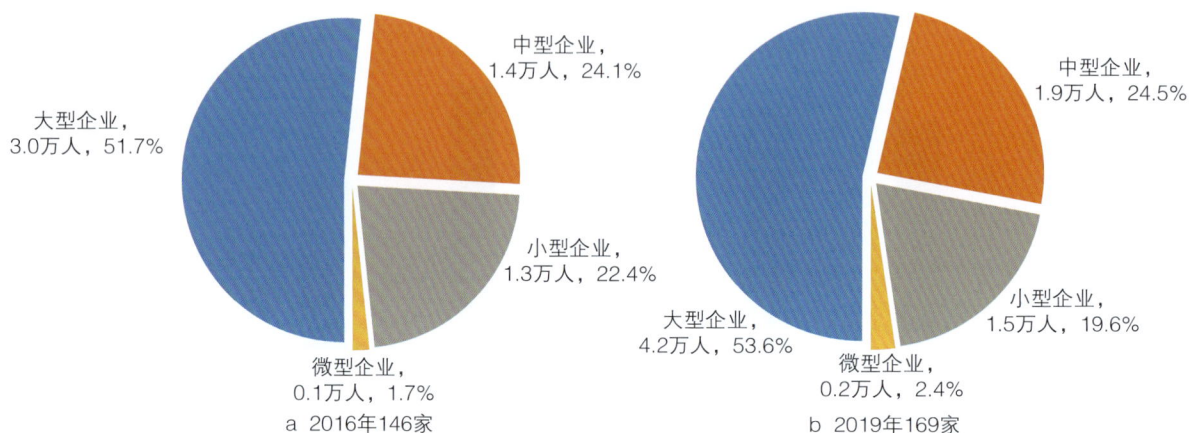

图 3-15　2016 年、2019 年国家高新区不同规模企业外籍常驻人员情况

3. 江苏省国家高新区集聚近 2 万名外籍常驻人员

从地区分布看，2019 年东部地区国家高新区企业外籍常驻人员数量最多，达到 5.2 万人，占国家高新区外籍常驻人员总量的 66.8%；其次为中部地区国家高新区，拥有外籍常驻人员 1.4 万人，占国家高新区外籍常驻人员总量的 18.0%；西部地区与东北地区外籍常驻人员数量较少，分别占国家高新区外籍常驻人员总量的 12.6% 和 2.6%（图 3-16）。从各省（区、市）情况来看，2019 年拥有外籍常驻人员最多的是江苏省国家高新区，数量近 2 万人，占国家高新区外籍常驻人员总量的 24.3%；其后为广东和上海，均超过 9000 人，苏粤沪 3 个省市国家高新区集中了国家高新区外籍常驻人员的一半。

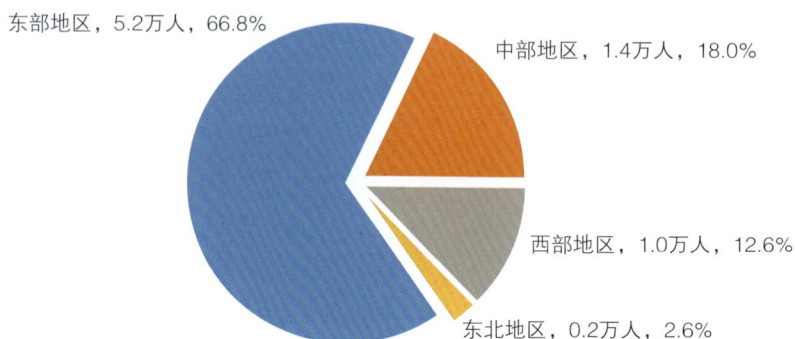

图 3-16　2019 年国家高新区外籍常驻人员地区分布情况

4. 苏州工业园外籍常驻人员接近 1 万人

从不同类别国家高新区看，2019 年世界一流高科技园区拥有外籍常驻人员 45 983 人，占国家高新区外籍常驻人员总量的 59.0%；创新型科技园区和创新型特色园区分别拥有外籍常驻人员 12 974 人和 10 724 人，分别占国家高新区外籍常驻人员总量的 16.7% 和 13.8%；其他园区的外籍常驻人员不到 1 万人。2019 年，世界一流高科技园区平均每家园区外籍常驻人员数量分别是创新型科技园区、创新型特色园区、其他园区的 6.4 倍、12.0 倍和 63.0 倍（图 3-17）。

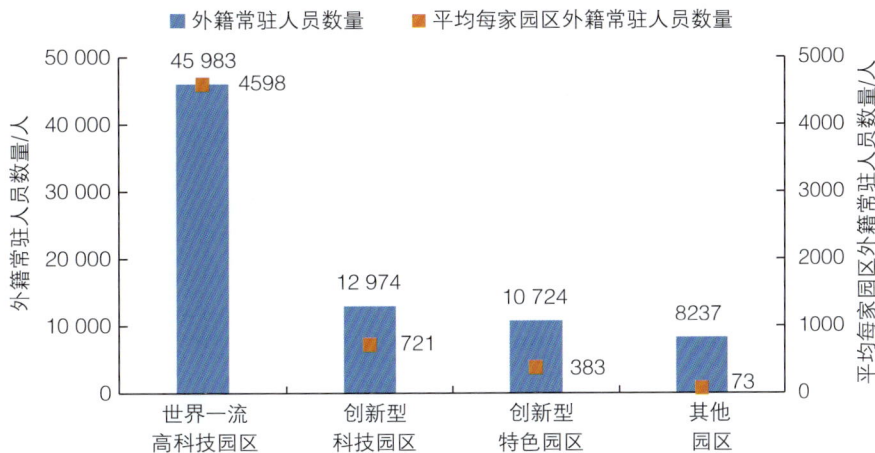

图 3-17　2019 年不同类别国家高新区企业外籍常驻人员情况

从具体园区看，2019 年拥有外籍常驻人员最多的是苏州工业园，接近 1 万人，占国家高新区外籍常驻人员总量的 12.8%；其次为上海张江，拥有 8824 人，占国家高新区外籍常驻人员总量的 11.3%；西安高新区、中关村均在 5000 人以上，武汉高新区接近 5000 人，占国家高新区外籍常驻人员总量的比重均超过 6%（图 3-18）。

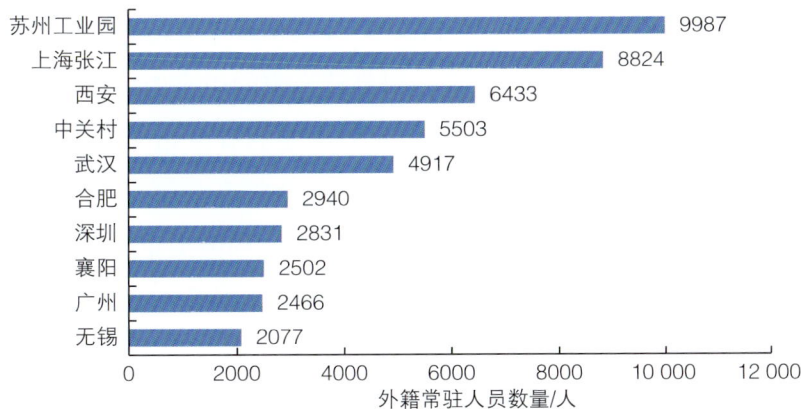

图 3-18　2019 年外籍常驻人员数量排名前十的国家高新区

（三）引进外籍专家

1. 国家高新区外籍专家数量基本保持稳定

截至 2019 年年底，国家高新区共有外籍专家 1.6 万人，较 2018 年略有下降。从 2015—2019 年外籍专家数量变化情况来看，自 2016 年出现较大幅度增长后，外籍专家基本稳定在 1.6 万～1.8 万人。从外籍专家数量占国家高新区从业人员的比重来看，2015—2019 年呈现先上升后略有下降趋势，2019 年占比为 0.07%（图 3-19）。

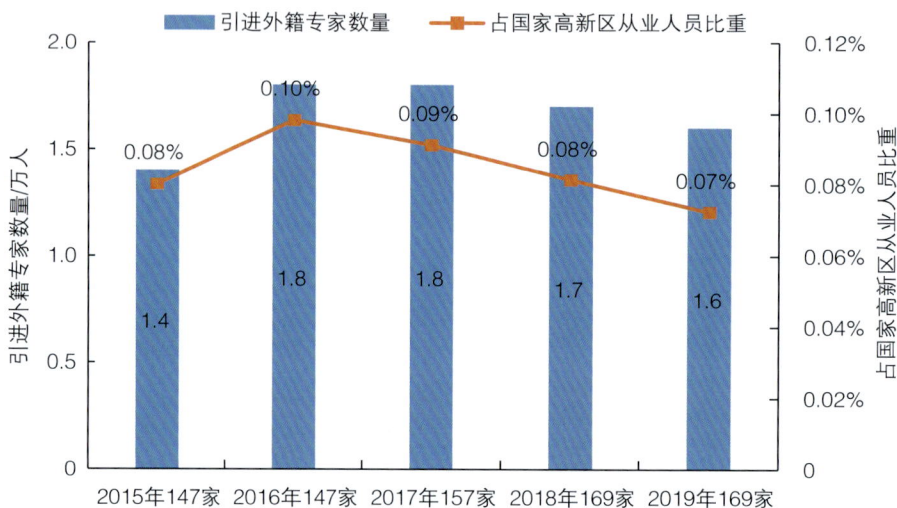

图 3-19　2015—2019 年国家高新区引进外籍专家情况

2. 内资企业拥有国家高新区超一半的外籍专家

从不同性质企业看，2019 年国家高新区内资企业拥有外籍专家 0.9 万人，较 2015 年增长 33.8%，占国家高新区外籍专家总量的 54.6%，较 2015 年提高 7.3 个百分点；外商投资企业拥有 0.6 万人，较 2015 年减少 14.7%，占比为 33.8%，较 2015 年下降 12.1 个百分点；港澳台投资企业拥有 0.2 万人，较 2015 年增长一倍，占比 11.6%，较 2015 年增长 4.9 个百分点（图 3-20）。内资企业外籍专家数量逐步超过外商投资企业，对外籍专家的引进力度不断加大。

从不同规模企业来看，2019 年国家高新区大型企业拥有外籍专家 1.0 万人，较 2017 年减少 9.1%，占国家高新区外籍专家总量的 60.8%；中型企业拥有外籍专家 0.3 万人，较 2017 年减少 31.8%，占国家高新区外籍专家总量的 16.6%；小型企业和微型企业分别拥有外籍专家 0.3 万人、0.06 万人，较 2017 年分别增加 2.4% 和 5.5%，比重分别上升 2.6 个百分点和 0.7 个百分点（图 3-21）。

港澳台投资企业，
0.1万人，6.7%

内资企业，
0.9万人，54.6%

内资企业，
0.7万人，47.3%

外商投资企业，
0.7万人，45.9%

a　2015年147家

港澳台企业投资，
0.2万人，11.6%

外商投资企业，
0.6万人，33.8%

b　2019年169家

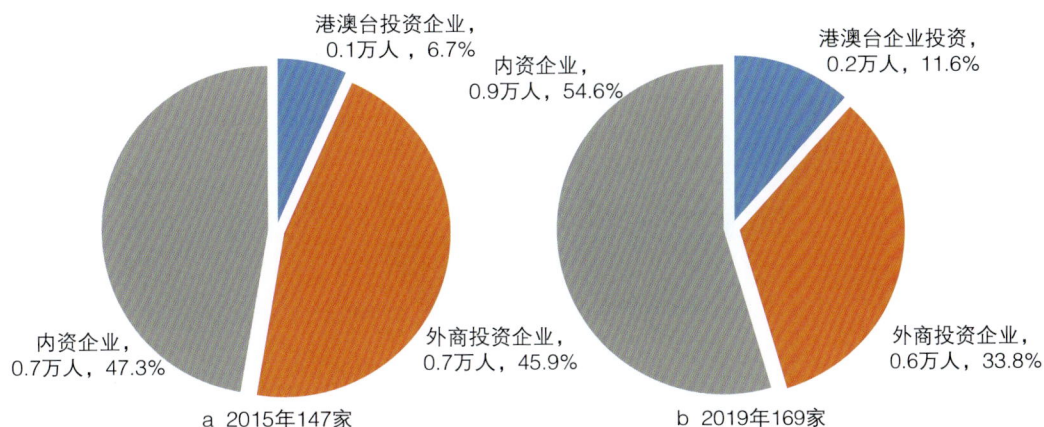

图 3-20　2015 年、2019 年国家高新区不同性质企业外籍专家情况

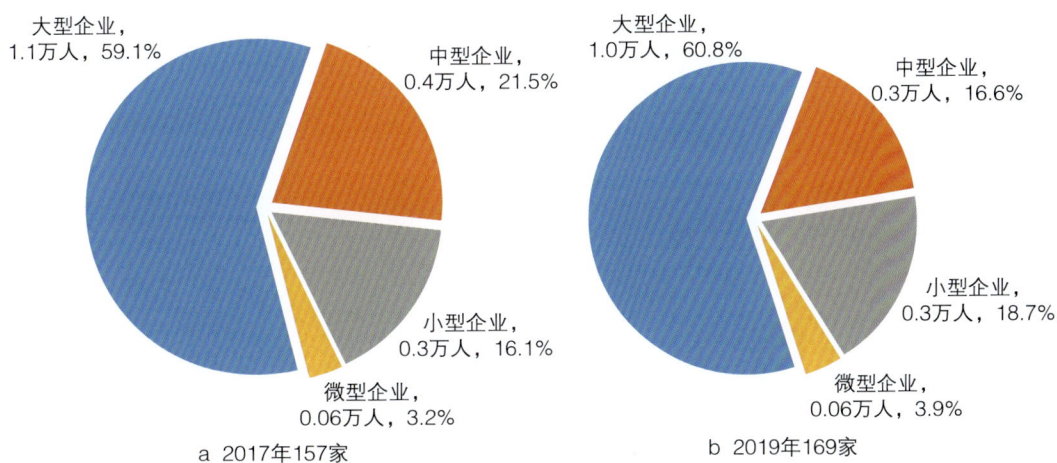

大型企业，
1.1万人，59.1%

中型企业，
0.4万人，21.5%

小型企业，
0.3万人，16.1%

微型企业，
0.06万人，3.2%

a　2017年157家

大型企业，
1.0万人，60.8%

中型企业，
0.3万人，16.6%

小型企业，
0.3万人，18.7%

微型企业，
0.06万人，3.9%

b　2019年169家

图 3-21　2017 年、2019 年国家高新区不同规模企业外籍专家情况

3. 东部地区国家高新区外籍专家超过 1 万人

从地区分布来看，2019 年东部地区国家高新区企业拥有外籍专家约 1 万人，占国家高新区外籍专家总量的 61.0%；其次为西部地区国家高新区，拥有外籍专家 0.4 万人，占比 24.4%；中部地区拥有 0.2 万人，占比 12.2%；东北地区拥有 0.04 万人，占比 2.4%（图 3-22）。从各省（区、市）情况来看，2019 年国家高新区外籍专家数量最多的是江苏，拥有 2862 人，占国家高新区外籍专家总量的 17.4%，其后为陕西、广东和上海，这 4 个省市国家高新区拥有外籍专家合计占国家高新区外籍专家总量的近六成。

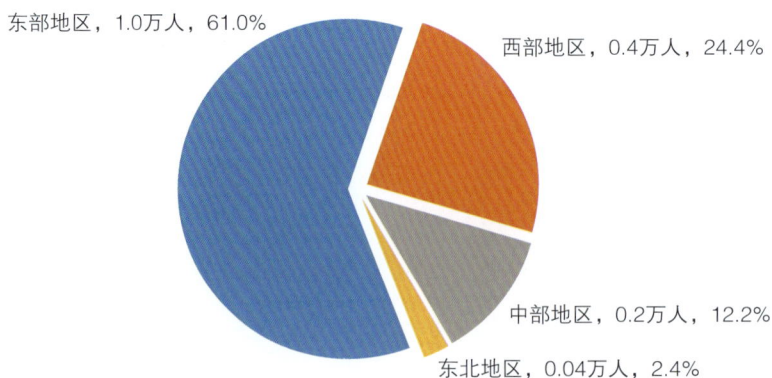

东部地区，1.0万人，61.0%

西部地区，0.4万人，24.4%

中部地区，0.2万人，12.2%

东北地区，0.04万人，2.4%

图 3-22 2019 年国家高新区外籍专家地区分布情况

4. 西安高新区外籍专家数量大幅领先

从不同类别国家高新区来看，2019 年世界一流高科技园区拥有外籍专家 9202 人，占国家高新区外籍专家总量的 56.0%；创新型科技园区、创新型特色园区和其他园区的外籍专家均不到 3000 人。平均每家世界一流高科技园区外籍专家是国家高新区平均值（97 人）的 9.5 倍，创新型科技园区略高于国家高新区平均值，创新型特色园区和其他园区均低于国家高新区平均值（图 3-23）。

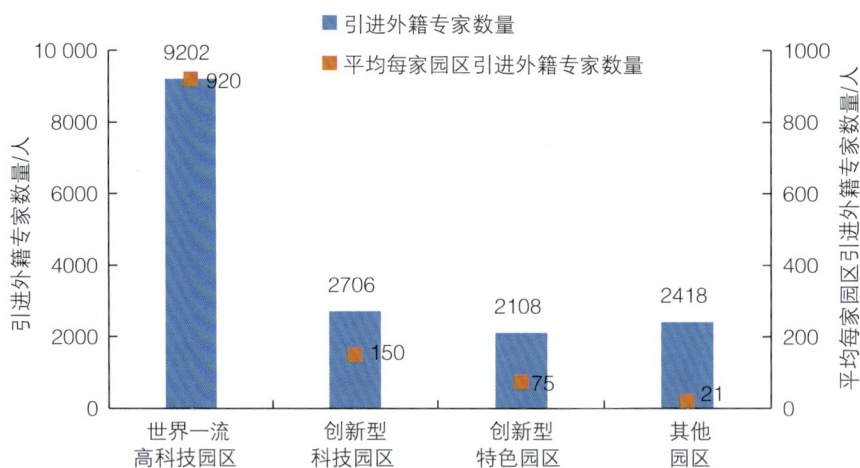

图 3-23 2019 年不同类别国家高新区企业外籍专家情况

从具体园区看，2019 年西安高新区拥有外籍专家 2654 人，位居第一，占国家高新区外籍专家总量的 16.1%；上海张江、中关村、深圳高新区和苏州工业园的外籍专家数量均在 1000 人以上；长沙、佛山等非世界一流高科技园区的外籍专家数量也跻身前十行列（图 3-24）。

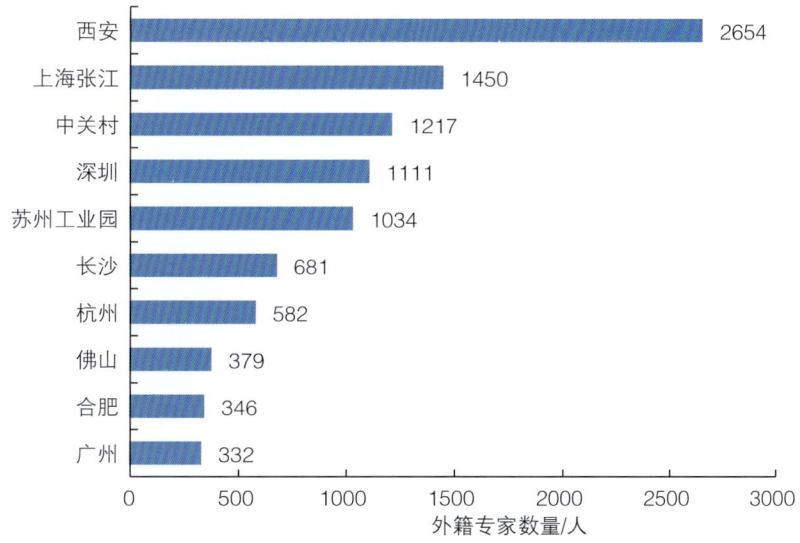

图 3-24 2019 年外籍专家数量排名前十的国家高新区

中国国家高新区开放创新发展报告2020

创新创业

第四章

服务的开放协同

一、创新创业载体总体情况

（一）创新平台

1. 国家级研发创新平台持续稳步发展

从国家级研发机构看，截至 2019 年年底，国家高新区共计建设国家重点实验室 384 家、国家工程研究中心 111 家（包含分中心）、国家工程技术研究中心 260 家、国家工程实验室 169 家、国家地方联合工程研究中心（工程实验室）436 家、国家认定的企业技术中心 790 家（图 4-1）。

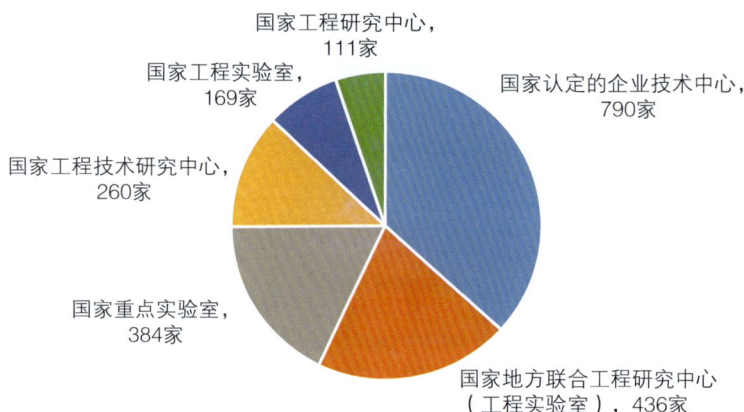

图 4-1　2019 年国家高新区各类国家级研究机构数量情况

从国家重点实验室数量来看，2015—2019 年，国家高新区国家重点实验室数量总体稳健增长，由 2015 年的 318 家增长到 2019 年的 384 家，共增加了 20.8%。从增速来看，2019 年国家重点实验室数量同比增长 7.9%，2018 年增长 4.4%，2016 年和 2015 年也实现了较快增长（图 4-2）。

从国家认定的企业技术中心来看，2015—2019 年，国家高新区中国家认定的企业技术中心数量稳定增长，由 506 家增长到 790 家，增加了 56.1%。从增速来看，2015 年，国家认定的企业技术中心数量增速历年最高，达到 28.8%，此后仍保持 9% 以上的较快增长态势（图 4-3）。

图 4-2　2015—2019 年国家高新区国家重点实验室情况

图 4-3　2015—2019 年国家高新区国家认定的企业技术中心情况

2. 省级及以上各类研发机构突破 2 万家

从省级及以上各类研发机构看，国家高新区培育和集聚了众多的研究开发机构，以增强知识和技术的源头供给。2015—2019 年，国家高新区省级及以上各类研发机构[①]数量持续快速增长，2019 年达到 21 637 家，较 2018 年增长 14.0%。2019 年，平均每个国家高新区拥有省级及以上各类研发机构 128 家，较上年增加 16 家（图 4-4）。

---

① 　省级及以上各类研发机构：国家或行业归口研究院所、省级及以上重点实验室、省级及以上企业技术中心、省级及以上博士后科研工作站、国家工程研究中心、省级及以上工程技术研究中心、国家工程实验室、国家地方联合工程研究中心（工程实验室）、省级及以上新型产业技术研发机构、其他国家级研发机构 10 个指标之和。

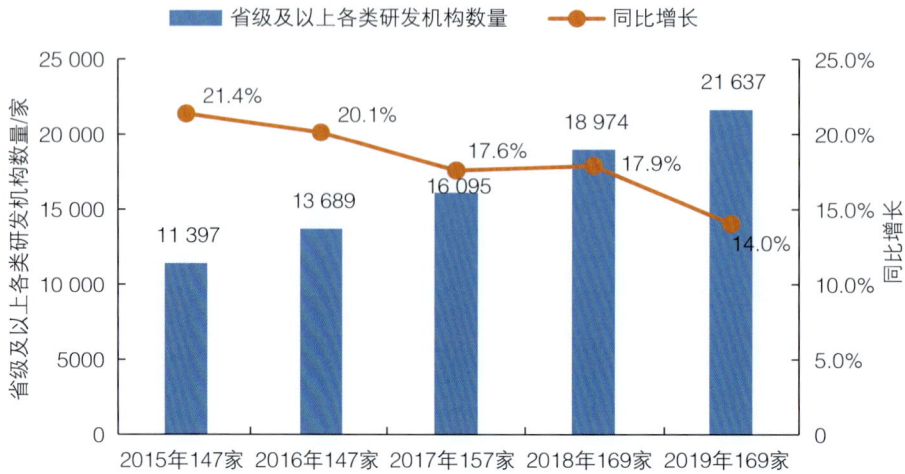

图4-4　2015—2019年国家高新区省级及以上各类研发机构情况

从地区分布看，东部地区国家高新区的省级及以上研发机构数量达到11 569家，占国家高新区总体的53.5%；其次是中部地区国家高新区，数量为5265家，占国家高新区总体的24.3%；西部地区国家高新区有3553家，占国家高新区总体的16.4%；东北地区国家高新区数量最少，为1250家，仅占比5.8%（图4-5）。

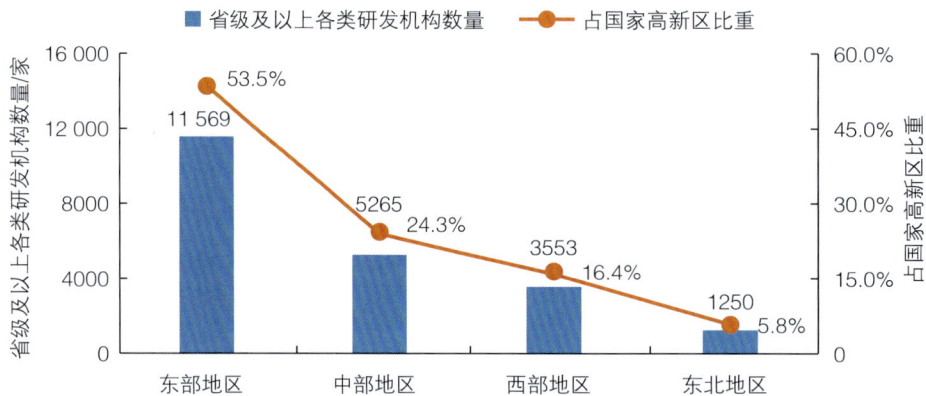

图4-5　2019年不同地区国家高新区拥有省级及以上各类研发机构情况

从省（区、市）分布看，2019年国家高新区省级及以上各类研发机构数量超过1000家的省（区、市）共有7个，分别为广东、江苏、湖北、浙江、河南、山东和湖南，这7个省（区、市）集聚了国家高新区近六成的省级及以上研发机构。其中，广东、江苏分别拥有3196家、3050家，占比分别达到14.8%和14.1%，远超其他省（区、市）（图4-6）。

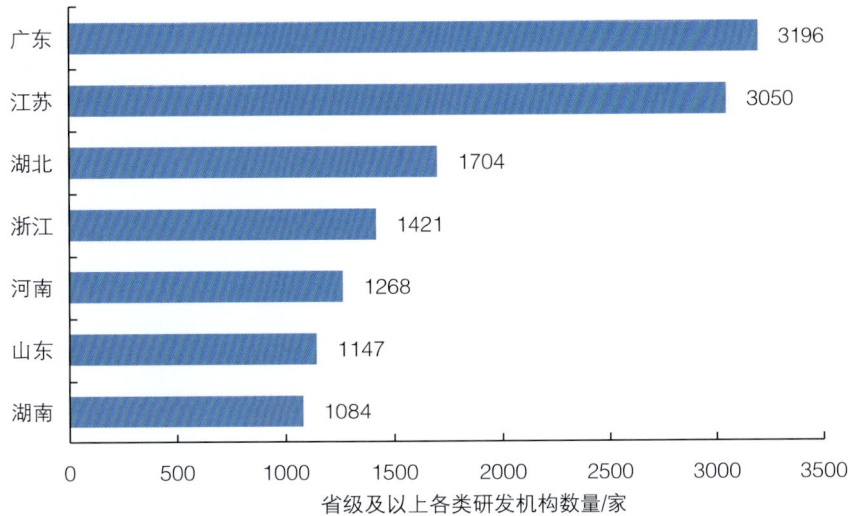

图 4-6 2019 年国家高新区拥有省级及以上各类研发机构超过 1000 家的省（区、市）情况

从不同类别国家高新区看，平均每家世界一流高科技园区、创新型科技园区、创新型特色园区拥有的省级及以上各类研发机构数分别为 614 家、252 家和 138 家，均高于国家高新区均值（128 家），远高于其他园区的均值。尤其是世界一流高科技园区达到国家高新区均值的 4.8 倍，研发机构资源相对密集（图 4-7）。

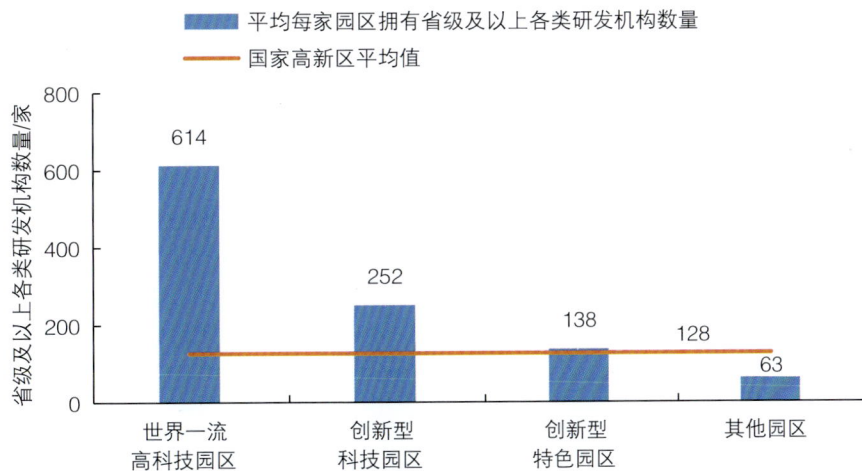

图 4-7 2019 年不同类别国家高新区拥有省级及以上各类研发机构情况

3. 新型产业技术研发机构数量突破 2000 家

从各类新型产业技术研发机构看，2016—2019 年，国家高新区新型产业技术研发机构数量呈现爆发式增长，截至 2019 年年底，国家高新区拥有各类新型产业技术研发机构 2088 家。其中，省级及以上新型产业技术研发机构 1085 家，占比 52.0%（图 4-8）。新型产业技术研发机构因

为具有较强竞争优势而在国家高新区迅速发展，通过发展新型产业技术研发机构，能够进一步优化科研力量布局，强化产业技术供给，促进科技成果转移转化，推动科技创新和经济社会发展深度融合。

图 4-8　2016—2019 年国家高新区新型产业技术研发机构情况

从地区分布看，国家高新区新型产业技术研发机构主要集中在东部地区国家高新区，数量达到 1213 家，其中省级及以上新型产业技术研发机构 645 家；其次为西部地区国家高新区，数量 423 家，其中省级及以上新型产业技术研发机构 141 家；中部地区国家高新区 376 家，其中省级及以上新型产业技术研发机构 260 家；东北地区国家高新区 76 家，其中省级及以上新型产业技术研发机构 39 家（图 4-9）。从各省（区、市）看，国家高新区新型产业技术研发机构以江苏、广东、浙江等省（区、市）最集中；湖北省新型产业技术研发机构占到中部地区国家高新区的一半以上；西部地区国家高新区的新型产业技术研发机构主要集中在陕西省和四川省。

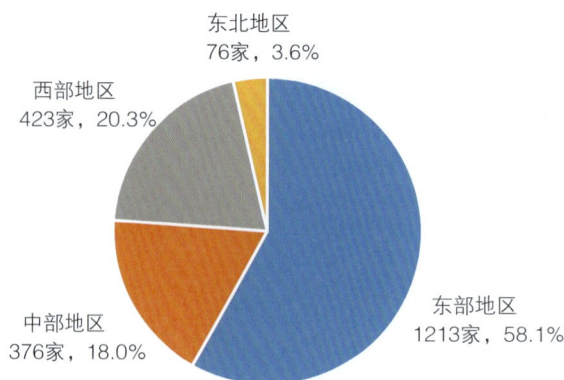

图 4-9　2019 年不同地区国家高新区新型产业技术研发机构情况

（二）创业载体

随着"大众创业、万众创新"的深入推进，国家高新区加大了创业孵化载体的建设力度，构建了"众创空间—孵化器—加速器"的孵化体系，创新创业环境不断优化。

1. 众创空间数量占全国近四成

从众创空间数量看，2015—2019 年，国家高新区众创空间数量整体呈快速发展，截至 2019 年年底，国家高新区内共有众创空间 3295 家，占全国众创空间总量的 37.2%，其中经科技部备案的众创空间数量达到 912 家（图 4-10）。众创空间的快速发展，助力国家高新区进一步激发双创活力、集聚双创资源，赋能中小微企业创新发展。

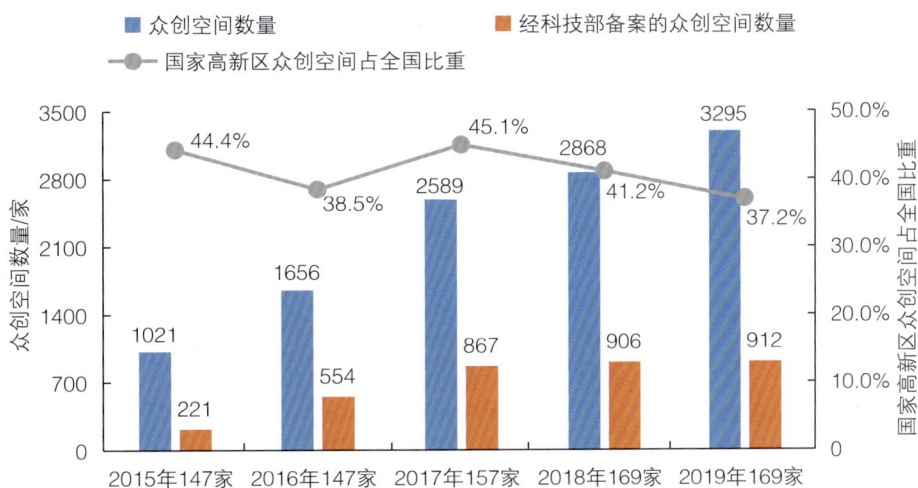

图 4-10 2015—2019 年国家高新区众创空间情况

从具体园区看，2019 年，共有 16 家国家高新区的众创空间数量达到 50 家及以上，排名前 3 位的中关村科技园区、南京高新区、深圳高新区众创空间数量分别达到 213 家、142 家和 129 家。其中，中关村科技园区有 148 家众创空间已经科技部备案，武汉东湖高新区、深圳高新区拥有的经科技部备案的众创空间数也分别达到 52 家和 51 家（图 4-11）。

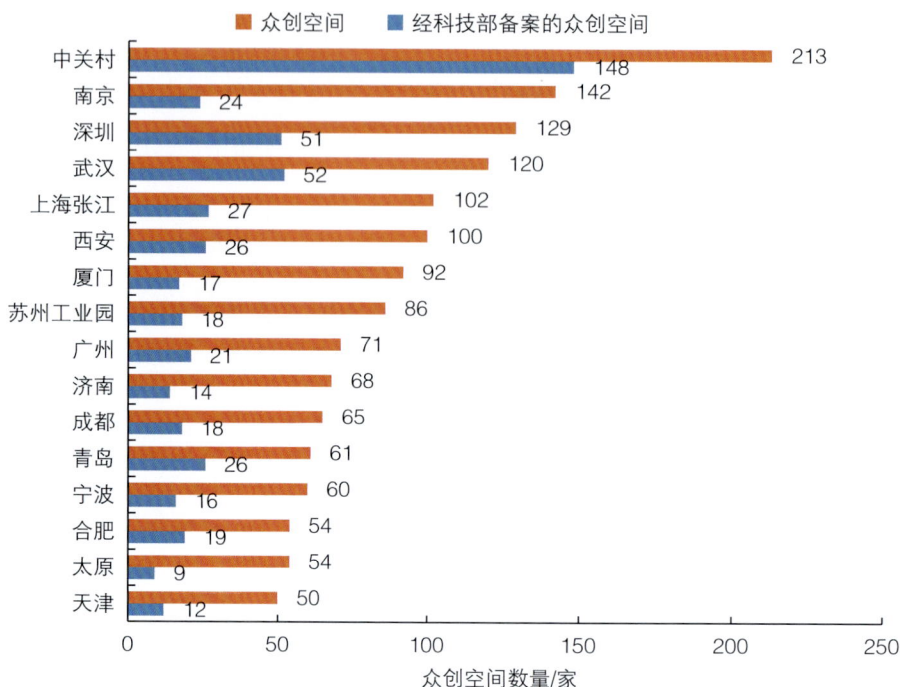

图 4-11　2019 年众创空间数达到 50 家及以上的国家高新区情况

2. 企业孵化器与加速器蓬勃发展

国家高新区双创工作中最显著的是创业孵化，突出表现在科技企业孵化器和加速器的建设上。截至 2019 年年底，国家高新区内共有科技企业孵化器 2742 家，其中省级及以上 1356 家、国家级 639 家；国家高新区内共有科技企业加速器 775 家，同比增长 9.8%（图 4-12）。国家高新区成为全国创业孵化高质量发展的核心区。

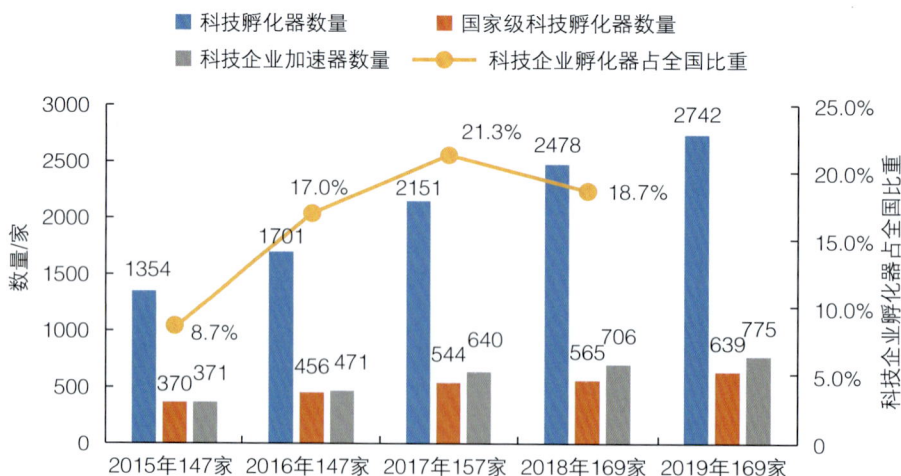

图 4-12　2015—2019 年国家高新区科技孵化器与加速器情况

从单个园区的科技企业孵化器情况来看，2019 年科技企业孵化器数超过 40 家的国家高新区共有 13 家，排名前 3 位的中关村、广州高新区和成都高新区的科技企业孵化器数分别达到 227 家、139 家和 105 家。其中，中关村拥有国家级科技企业孵化器达到 44 家，排名第一；其次是武汉高新区，国家级科技企业孵化器达到 34 家（图 4-13）。

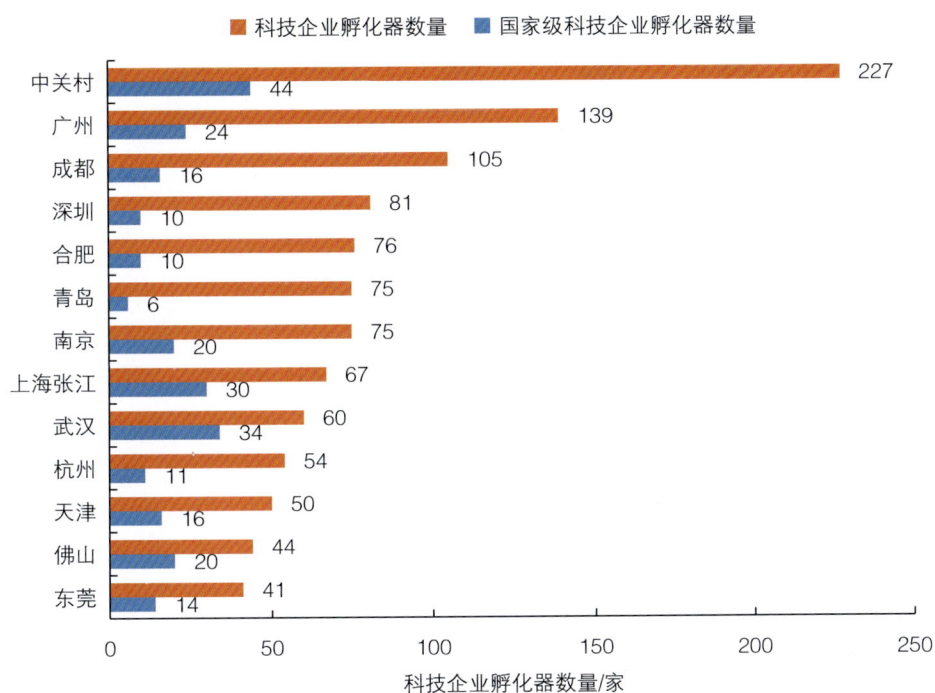

图 4-13　2019 年科技企业孵化器数超过 40 家的国家高新区

3. 在孵企业数量突破 15 万家

随着孵化载体建设工作的推进及创业服务体系的逐步完善，国家高新区的孵化企业数量持续增长。2015—2019 年，国家高新区年末在孵企业数增长迅速，2018 年突破 10 万家（106 806 家），2019 年达到 150 321 家，同比增长 40.7%；平均每家国家高新区拥有在孵化企业 889 家，较 2018 年均值增加 257 家（图 4-14）。

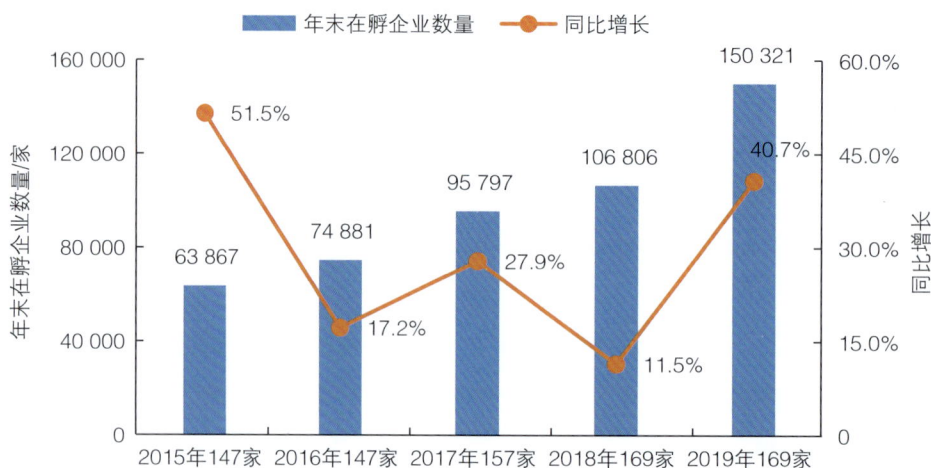

图 4-14 2015—2019 年国家高新区年末在孵企业数量情况

分地区来看，2019 年东部地区国家高新区在孵企业数达到 90 946 家，占国家高新区整体的 60.5%；中部和西部地区国家高新区在孵企业数分别为 24 624 家、24 720 家，均占 16.4%；东北地区国家高新区在孵企业 10 031 家，占比最低，仅为 6.7%（图 4-15）。分省（区、市）来看，2019 年有 7 个省（区、市）的国家高新区年末在孵企业数超过 5000 家，分别是北京、广东、江苏、四川、浙江、山东和湖北。其中，北京 25 865 家、广东 17 919 家、江苏 16 214 家，占国家高新区整体在孵企业数量的比重均在 10% 以上。

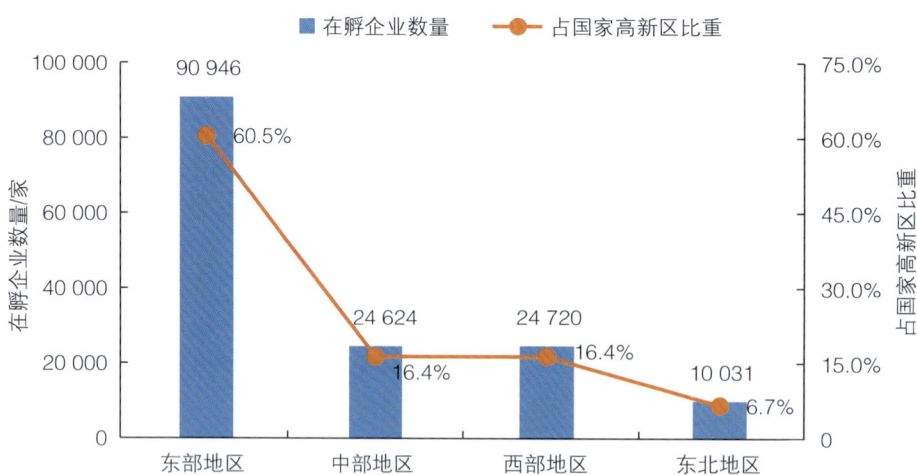

图 4-15 2019 年国家高新区在孵企业地区分布情况

从不同类别国家高新区来看，2019 年世界一流高科技园区、创新型科技园区、创新型特色园区年末在孵企业数分别为 56 585 家、23 125 家、23 133 家，均高于国家高新区均值，尤其世界一流高科技园区是国家高新区均值的 63.7 倍（图 4-16）。

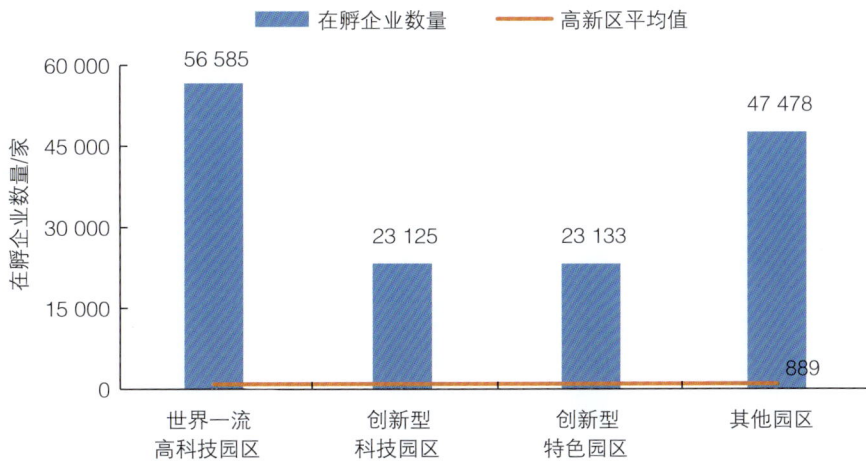

图 4-16 2019年不同类型国家高新区在孵企业数量分布情况

具体到园区层面，2019年年末在孵企业数超过1000家的有36家国家高新区，合计为107 371家，占国家高新区整体的71.4%。其中，在孵企业数3000家以上的有8家国家高新区，中关村科技园区表现最为突出，年末在孵企业数达到25 865家，占国家高新区整体的17.2%（图4-17）。

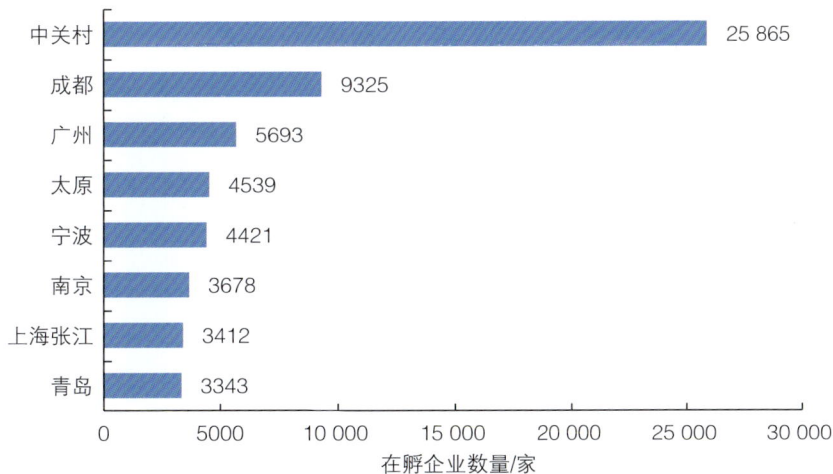

图 4-17 2019年年末在孵企业数超过3000家的国家高新区

4. 风险投资规模破千亿元大关

风险投资行业对创新创业的支撑作用不断增强，国家高新区是创新创业的高地，也是风险投资的热地。截至2019年年底，国家高新区内共有创业风险投资机构5113家，与2015年相比增长22.6%。从机构数量看，2017年国家高新区创业风险投资机构为历年最多，达5344家；从增长速度看，2015年国家高新区创业风险投资机构同比增速最高，达37.7%（图4-18）。

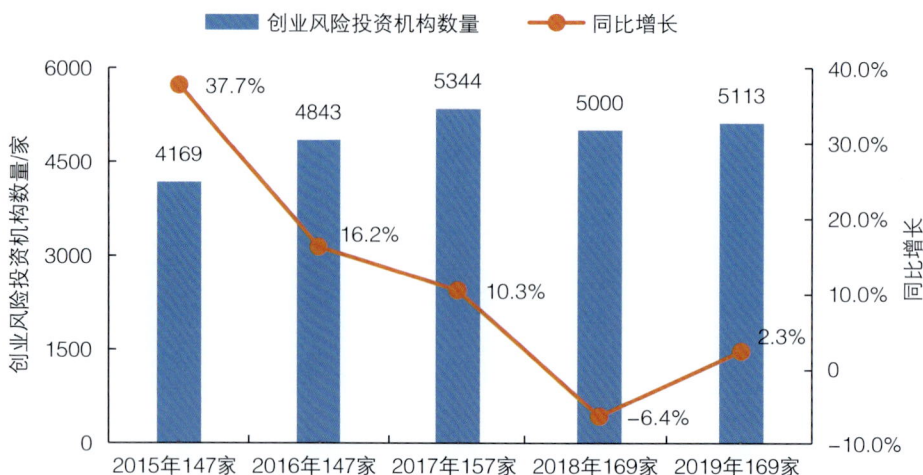

图 4-18 2015—2019 年国家高新区创业风险投资机构数量情况

从国家高新区企业获得风险投资情况看，2018 年国家高新区企业当年获得创业风险投资出现爆发式增长，达到 957.4 亿元，同比增长 156.1%；2019 年，国家高新区内共 141 147 家企业当年获得风险投资，是 2015 年的 1.7 倍，总计获得创业风险投资金额 1013.1 亿元，是 2015 年的 5.0 倍，风险投资对科技创新的支撑作用加快释放（图 4-19）。

图 4-19 2015—2019 年国家高新区企业当年获得创业风险投资情况

分地区来看，2019 年，东部地区国家高新区有 90 458 家企业获得风险投资，合计金额 793.7 亿元，占国家高新区整体的 78.3%；中部地区、西部地区、东北地区国家高新区企业获得风险投资额分别为 144.0 亿元、70.8 亿元和 4.6 亿元，占比分别为 14.2%、7.0% 和 0.5%（图 4-20）。分省（区、市）来看，2019 年创投机构当年对国家高新区企业的风险投资总额达到 100 亿元以上的省（区、市）有 4 个，分别为北京、上海、广东和江苏，合计获得风险投资额占国家高新区整体的 71.3%。

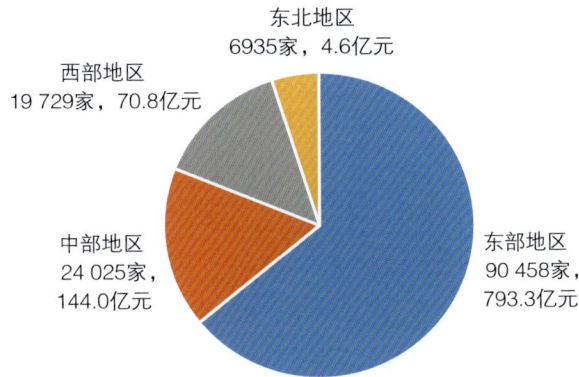

图 4-20　2019 年不同地区国家高新区企业当年获得风险投资情况

　　分不同类别国家高新区来看，2019 年，平均每家世界一流高科技园区当年吸纳风险投资额达到 6314.1 亿元，远高于创新型科技园区、创新型特色园区和其他园区，是国家高新区平均值的 7.6 倍（图 4-21）。世界一流高科技园区作为中国国家高新区的领头雁，其风险投资规模远超其他各类园区，是国内创新创业生态的高地。

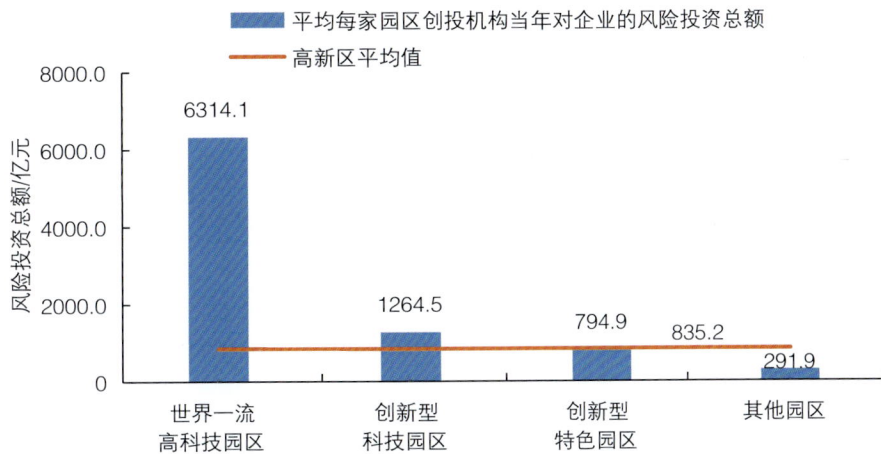

图 4-21　2019 年不同类别国家高新区企业当年获得风险投资情况

　　具体到单个园区来看，2019 年创投机构当年对企业的风险投资总额超过 10 亿元的国家高新区共有 17 家。中关村最多，获得风险投资总额达到 281.7 亿元，占国家高新区整体的 27.8%；上海张江紧随其后，风险投资总额 170.0 亿元，占到国家高新区整体的 16.8%；此外，广州、深圳、苏州工业园、成都、南京等高新区的风险投资额也均在 40 亿元以上（图 4-22）。

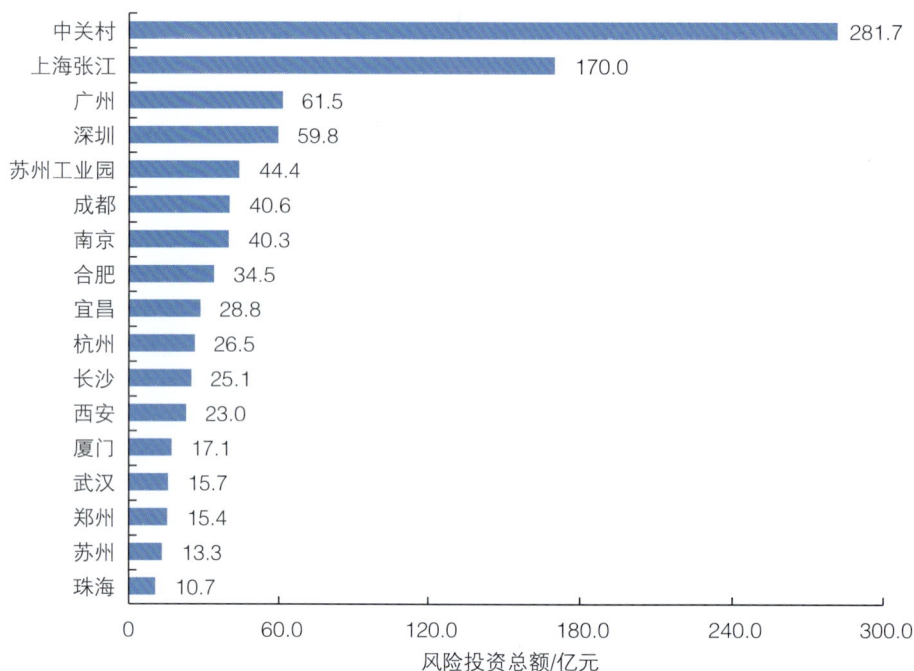

图 4-22　2019 年创投机构当年对企业风险投资总额超过 10 亿元的国家高新区情况

二、面向全球的创新创业机构

（一）外资研发机构

1. 国家高新区外资研发机构总量超 4200 家

国家高新区积极吸引和集聚全球创新要素，通过鼓励境外企业设立研发机构来加强外资研发机构的技术溢出，推动本地科技产业发展水平提高。截至 2019 年年底，国家高新区内共有外资研发机构 4242 家，较 2018 年增长 16.3%，达到 2015 年的 1.7 倍，外资研发机构始终是国家高新区链接国际创新要素的重要途径（图 4-23）。

图 4-23 2015—2019 年国家高新区外资研发机构情况

2. 江苏广东集中了国家高新区一半以上的外资研发机构

从地区分布来看，2019 年，东部地区国家高新区共有外资研发机构 3616 家，占国家高新区外资研发机构总数的 85.2%；中部地区国家高新区设立有外资研发机构 404 家，占国家高新区总体的 9.5%；西部地区国家高新区设立有外资研发机构 179 家，东北地区国家高新区仅设立有 43 家外资研发机构（图 4-24）。

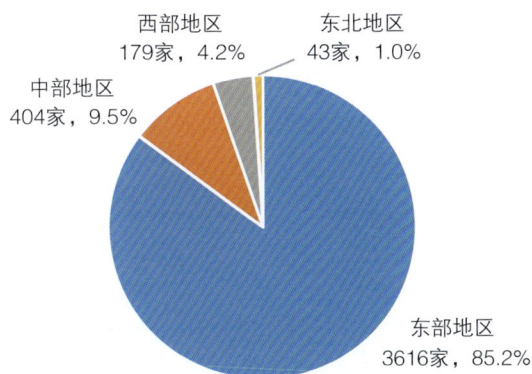

图 4-24 2019 年不同地区国家高新区外资研发机构情况

从各省（区、市）情况来看，2019 年，江苏和广东地区国家高新区外资研发机构数量居前两位，分别为 1254 家、1100 家，合计占国家高新区总体的比重达到 55.5%；其次为浙江和北京，外资研发机构数量均超过 300 家；上海、湖北、福建、山东外资研发机构数量均超过 100 家（图 4-25）。

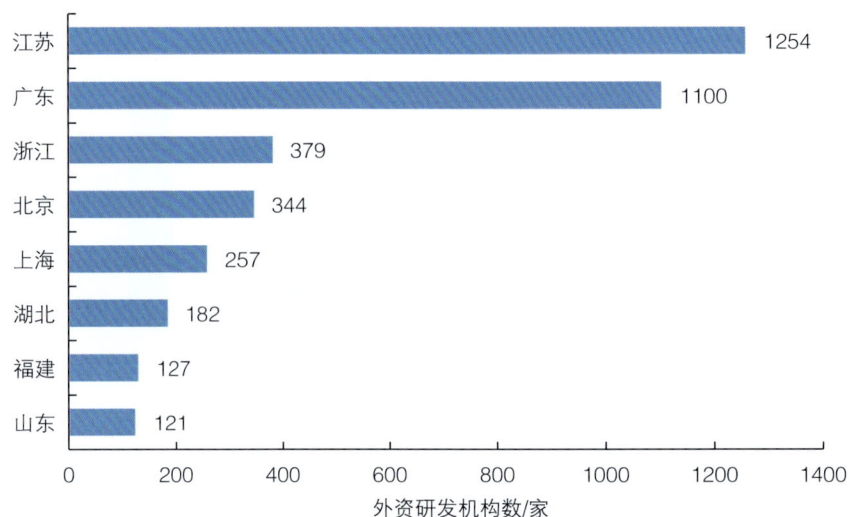

图 4-25　2019 年外资研发机构数超过 100 家的国家高新区情况

3. 10 家国家高新区外资研发机构数量超百家

从不同类别国家高新区外资研发机构数量来看，世界一流高科技园区设立有外资研发机构 2375 家，占国家高新区总体的 56.0%；创新型科技园区、创新型特色园区和其他园区的外资研发机构均在 800 家以下，合计占国家高新区总体的 44.0%。平均每家世界一流高科技园区外资研发机构数量高达 238 家，比国家高新区平均值（26 家）高出 212 家，分别是创新型科技园区、创新型特色园区平均值的 7.2 倍、9.2 倍（图 4-26）。

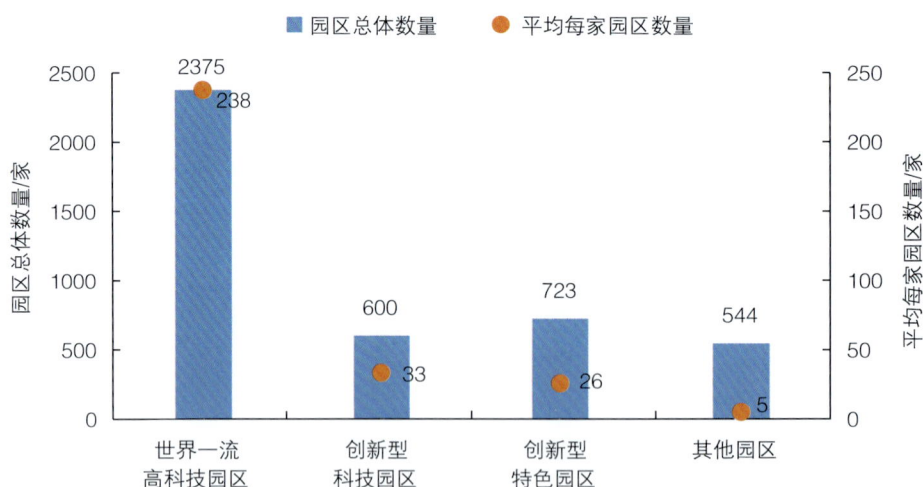

图 4-26　2019 年不同类别国家高新区外资研发机构情况

从具体园区来看，2019 年，外资研发机构数量超过 100 家的国家高新区有 10 家，共计拥有 2726 家外资研发机构，占国家高新区总体的 64.3%。其中，数量最多的是苏州工业园，外资研发机构数达 608 家，占国家高新区总体的 14.3%；其后为广州、中关村和深圳 3 个高新区，外资研发机构数量均超过 300 家；上海张江和杭州两个高新区外资研发机构数量均超过 200 家（图 4-27）。

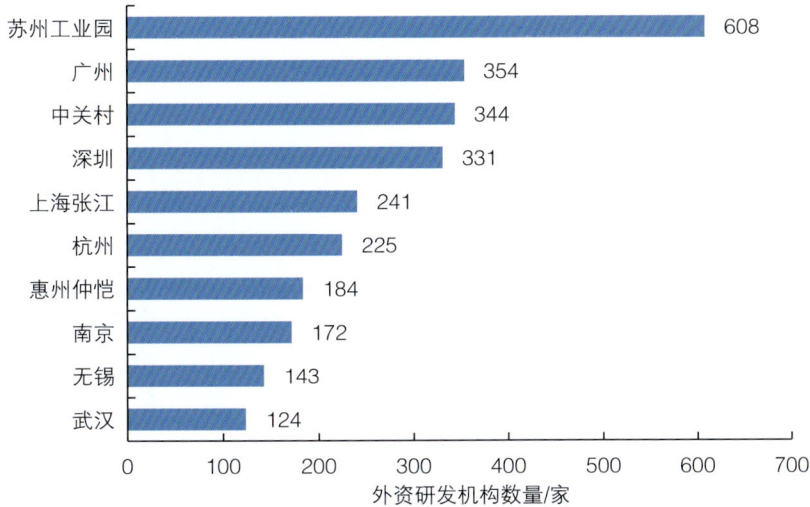

图 4-27　2019 年外资研发机构数量超过 100 家的国家高新区情况

（二）境外研发机构

1. 国家高新区企业设立境外研发机构数量 3 年实现翻番

国家高新区以高水平改革开放推动创新国际化发展，不断鼓励企业通过建立境外技术研发机构等方式积极主动利用全球创新资源。2019 年，国家高新区企业共设有境外技术研发机构 1842 家，同比 2018 年增长 34.1%，数量达到 2015 年的 2.9 倍（图 4-28）。

图 4-28　2015—2019 年国家高新区企业拥有境外技术研发机构情况

从本土企业情况来看，国家高新区内资控股企业积极在境外设立研发机构，将价值链中的研发环节延伸到境外，利用当地创新资源。2015—2019 年，国家高新区内资控股企业境外研发机构数量增长迅速，2019 年达到 1260 家，是 2015 年的 3.0 倍。同时，内资控股企业境外研发机构数量占国家高新区企业总体比重稳定提升，2019 年达到 68.4%，表明内资控股企业在境外布局研发机构的意愿逐步增强（图 4-29）。

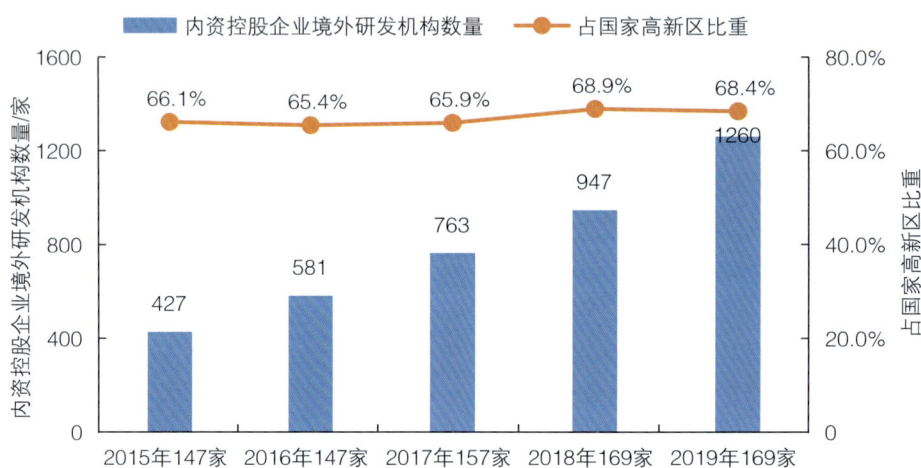

图 4-29　2015—2019 年国家高新区内资控股企业拥有境外技术研发机构情况

2. 东部地区国家高新区企业境外研发机构占比超 2/3

从不同地区来看，2019 年，东部地区国家高新区企业拥有境外研发机构数量保持领先，达到 1240 家，占国家高新区总体的 67.3%；其后为中部和西部地区国家高新区，分别为 407 家和 147 家，占比分别为 22.1% 和 8.0%；东北地区国家高新区拥有境外研发机构仅 49 家，仅占国家高新区总体的 2.6%（图 4-30）。与 2018 年相比，东部和中部地区增长幅度较大，分别增长 48.3% 和 13.7%。

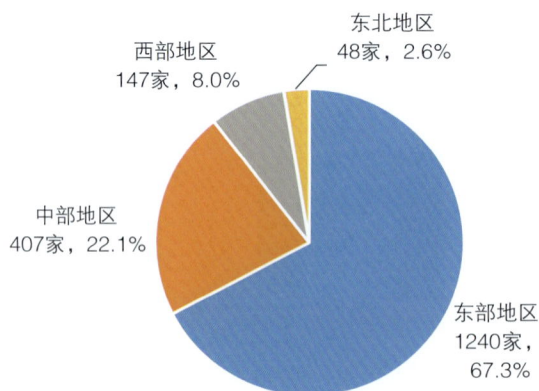

图 4-30　2019 年不同地区国家高新区企业拥有境外技术研发机构情况

从不同省（区、市）来看，2019年国家高新区企业拥有境外研发机构数量超过100家的省（区、市）共有6个，分别为江苏、广东、上海、湖北、山东和安徽，合计占国家高新区总体的70.3%（图4-31）；浙江、陕西、湖南、江西、河南、河北、福建和北京等地次之，其企业拥有境外研发机构均超过30家。

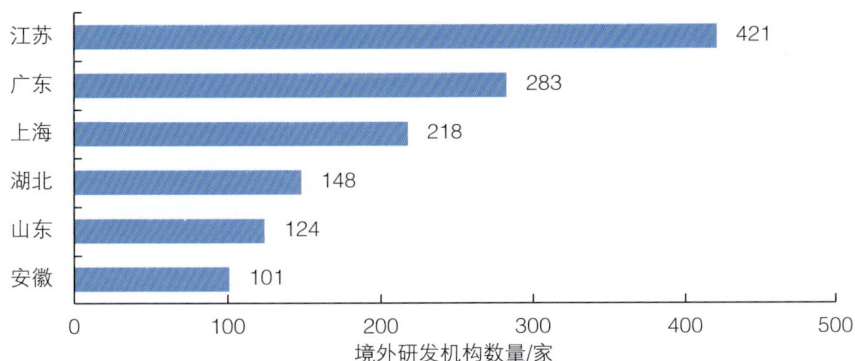

图4-31 2019年国家高新区企业拥有境外技术研发机构超过100家的省（区、市）情况

3. 世界一流高科技园区集中国家高新区一半多境外研发机构

从不同类别国家高新区来看，2019年，世界一流高科技园区企业拥有境外研发机构达到934家，占国家高新区总体的50.7%；创新型科技园区、创新型特色园区和其他园区企业的境外研发机构分别为306家、290家和312家，合计占国家高新区总体的49.3%。平均每家世界一流高科技园区企业拥有境外研发机构93家，是国家高新区平均值（10.9家）的8.5倍以上；平均每家创新型科技园区拥有境外研发机构数是国家高新区平均值的1.6倍；平均每家创新型特色园区拥有境外研发机构数与国家高新区平均值相当（图4-32）。

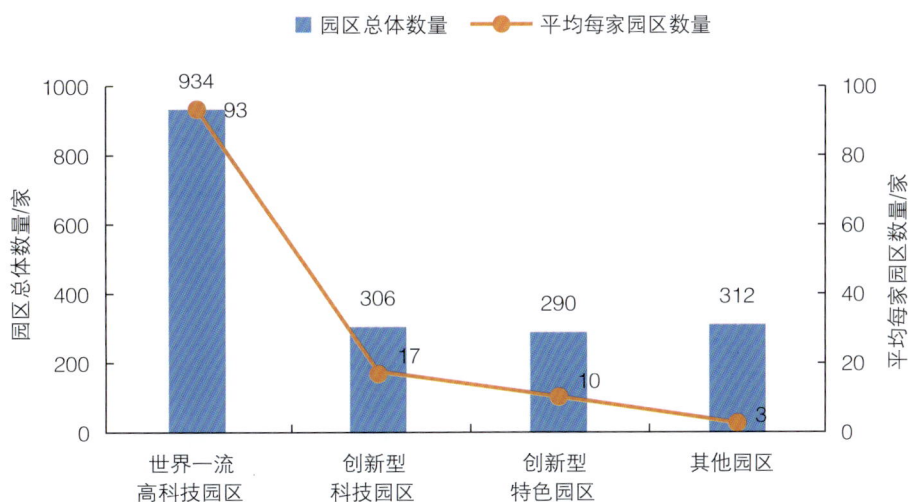

图4-32 2019年不同类型国家高新区境外研发机构情况

从具体园区来看，2019年，苏州工业园企业拥有境外研发机构数量最多，达242家，明显高于其他国家高新区，占国家高新区总体的13.1%；此外，上海张江、深圳高新区、武汉高新区、合肥高新区、西安高新区和广州高新区企业境外研发机构数量均在50家（含）以上（图4-33）。

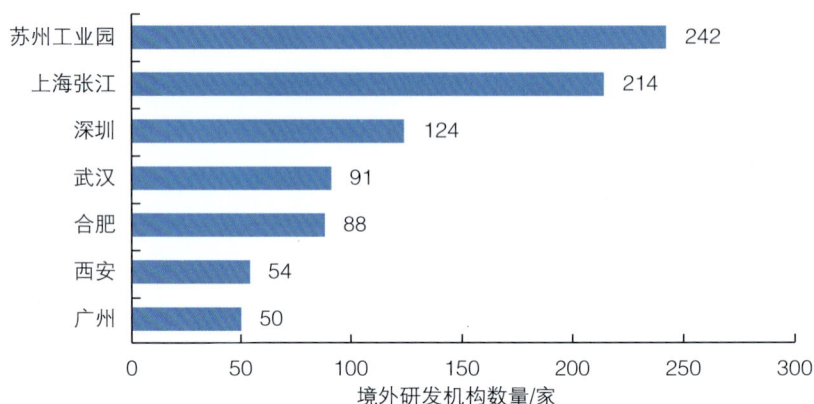

图 4-33 2019 年企业设立境外研发机构数量超 50 家的国家高新区

（三）国际化创业孵化机构

1. 粤苏京国家高新区集中了超一半的外资孵化机构

截至2019年年底，境外机构在国家高新区内设立的孵化机构（即外资孵化机构）共有117个，国外知名孵化器Plug&Play、YC、SBC、WeWork、RocketSpace等均来华建立孵化器或与国内机构合作，开展双边孵化、项目合作、技术转移、人才交流等方面的服务。从各省（区、市）情况来看，有19个省（区、市）拥有外资孵化机构，广东、江苏和北京居前3位，共有64个，占国家高新区总体的54.7%（图4-34）。

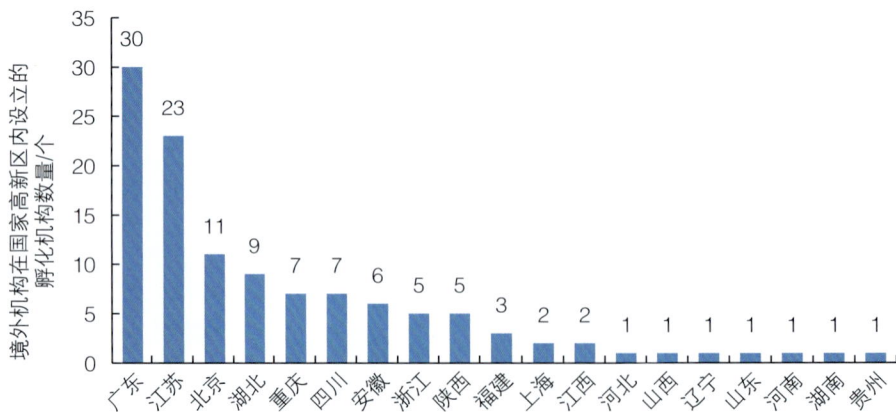

图 4-34 2019 年国家高新区外资孵化机构的省（区、市）分布情况

从不同类别国家高新区来看，2019 年，世界一流高科技园区拥有外资孵化机构 53 个，占国家高新区总体的 45.2%；创新型科技园区、创新型特色园区和其他园区的外资孵化机构分别为 12 个、31 个和 21 个。平均每家世界一流高科技园区外资孵化机构数量是国家高新区平均值（0.69 个）的 7.7 倍；平均每家创新型科技园区外资孵化机构数与国家高新区平均值基本持平；平均每家创新型特色园区外资孵化机构数略高于国家高新区平均值（图 4-35）。

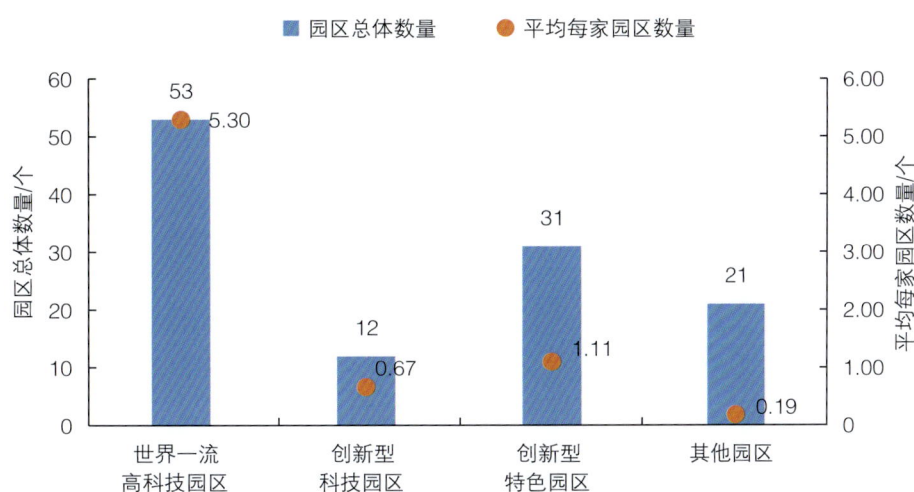

图 4-35　2019 年不同类别国家高新区外资孵化机构情况

从具体园区来看，2019 年，设立外资孵化机构超过 5 个的国家高新区共有 8 家，这 8 家国家高新区集中了国家高新区超过一半的外资孵化机构。其中，广州高新区有 15 个外资孵化机构，居第 1 位，占国家高新区总体的 12.8%；其后为中关村和南京高新区，分别有 11 个和 10 个外资孵化机构，3 者合计占国家高新区总体的比重超过三成（图 4-36）。

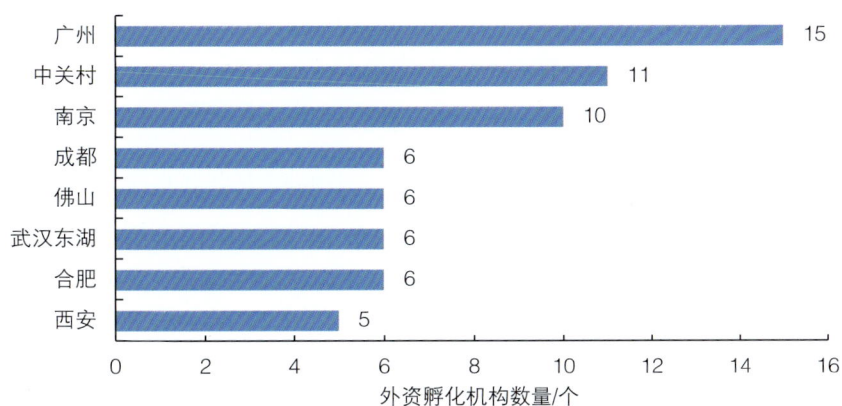

图 4-36　2019 年设立外资孵化机构超过 5 个的国家高新区情况

2. 中西部地区国家高新区拥有超四成的境外孵化机构

截至 2019 年年底，国家高新区在境外设立的孵化机构共 271 个。境外孵化机构作为连接国际创新资源与国家高新区创新发展的桥梁，推动国家高新区融入全球创新网络，加速国家高新区企业的国际化交流与合作迈向更深层次。

从地区分布来看，东部地区国家高新区在境外设立的孵化机构最多，达到 158 个，占国家高新区总体近六成；西部地区国家高新区有 68 个，占比 25.1%；中部地区国家高新区有 45 个，占比 16.6%；而东北地区国家高新区还没有在境外设立孵化机构。从各省（区、市）情况来看，有 20 个省（区、市）在境外设立了孵化机构，广东、四川和江苏居前 3 位，共计 137 个，合计占国家高新区总体的一半以上（图 4-37）。

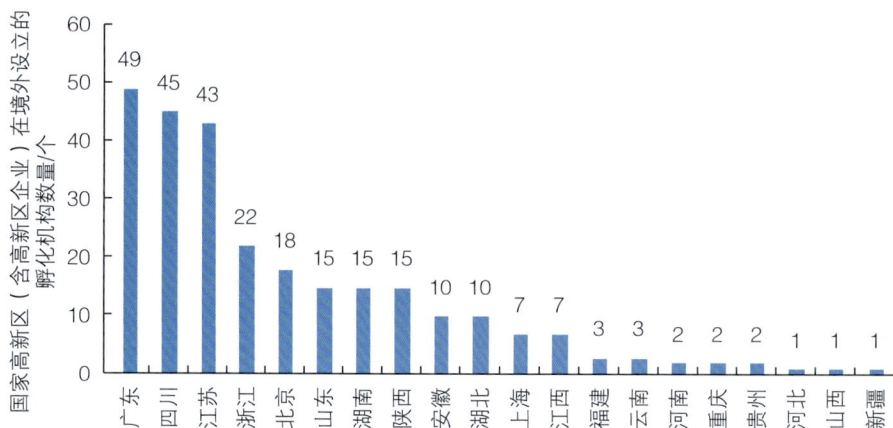

图 4-37　2019 年国家高新区境外孵化机构的省（区、市）分布情况

从不同类别国家高新区来看，2019 年，世界一流高科技园区在境外设立的孵化机构有 125 个，占国家高新区总体的 46.1%；创新型科技园区、创新型特色园区和其他园区的境外孵化机构均超过了 40 个。平均每家世界一流高科技园区拥有境外孵化机构 12.5 个，是国家高新区平均值（1.6 个）的 7.8 倍；平均每家创新型科技园区拥有境外孵化机构 2.7 个；平均每家创新型特色园区拥有 2.1 个，也都高于国家高新区平均值（图 4-38）。

从具体园区来看，2019 年，境外孵化机构超过 5 个的国家高新区共有 15 家，共计 189 个境外孵化机构，占国家高新区总体的比重超六成。其中，成都高新区共设立 45 个境外孵化机构，居第 1 位，占国家高新区总体的 16.6%；其后为佛山、中关村、西安、长沙和南京等国家高新区，其境外孵化机构数量均在 10 个以上（图 4-39）。

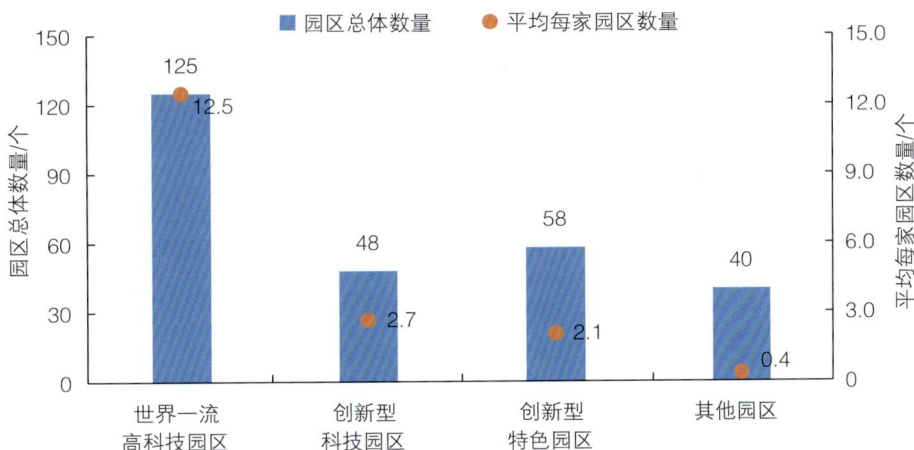

图 4-38　2019 年不同类别国家高新区在境外设立的孵化机构情况

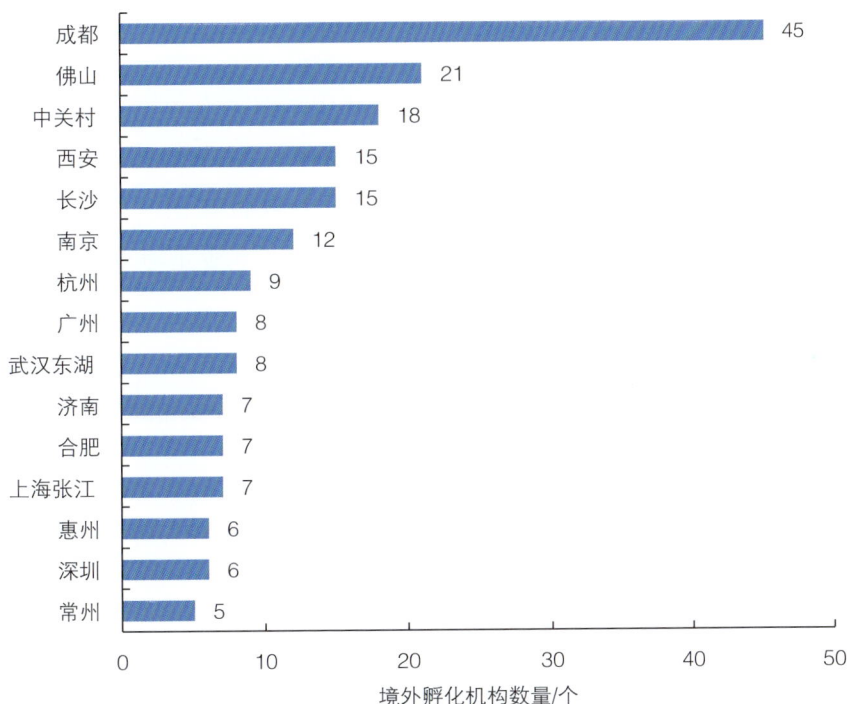

境外孵化机构数量/个

图 4-39　2019 年设立境外孵化机构超过 5 个的国家高新区情况

3. 留学生创业园成为国际化创新创业热点区域

从 1994 年全国第一家留学生创业园——金陵海外学子科技工业园在南京诞生以来，我国吸引海外人才的力度不断加大，引才聚才制度环境和创新创业生态环境不断完善，新技术、新产业、新业态等不断涌现，为留学人员回国创业迎来了新机遇。2018 年，国家高新区留学生创业园达 136 个，占全国留学生创业园总数（221 个）的 61.5%；2019 年，国家高新区留学生创业园达 173 个，同比增长 27.2%，占全国留学生创业园总数（224 个）的比重攀升到 77.2%（图 4-40）。

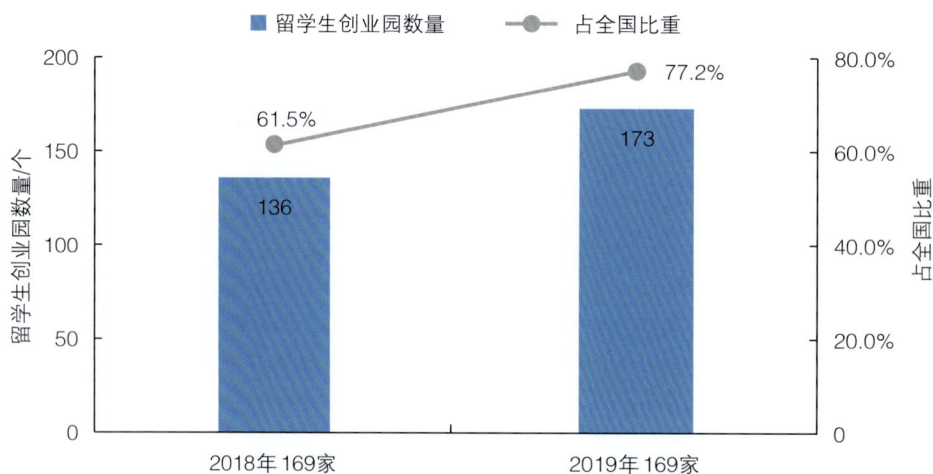

图 4-40　2018—2019 年国家高新区留学生创业园情况

　　据中国技术创业协会留学人员创业园联盟发布的《中国留学人员创业园区孵化基地竞争力报告（2019）》显示，2019 年，留学生创业园[①] 平均孵化器收入 14.0 亿元，是全国孵化器[②] 平均水平（0.096 亿元）的 146.3 倍。另外，我国留学生创业园在获批知识产权、发明专利、在孵企业数量等方面占绝对优势，成为推动国家高新区企业创新发展的一支重要力量（图 4-41）。

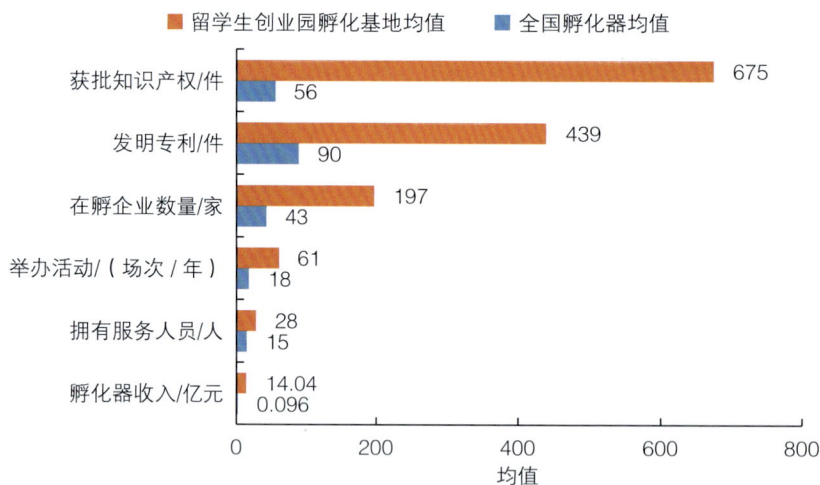

图 4-41　2019 年留学生创业园与全国孵化器对比情况

从地区分布来看，2019年，东部地区国家高新区留学生创业园数量达到109个，占国家高新区总体的63.0%；中部和西部地区留学生创业园分别为31个、24个，占国家高新区总体的17.9%和13.9%；东北地区留学生创业园9个，仅占全国留学生创业园的5.2%（图4-42）。

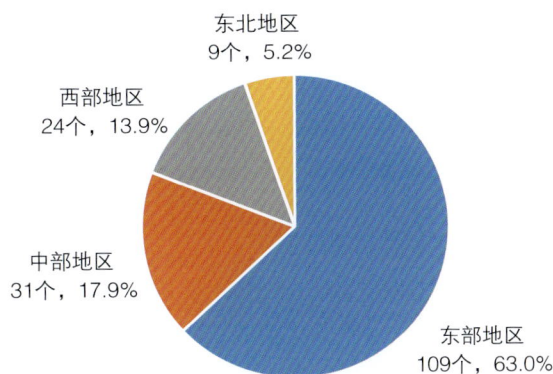

图 4-42　2019 年不同地区国家高新区留学生创业园情况

从各省（区、市）情况来看，2019年，广东和江苏国家高新区的留学生创业园数量均超过20个，两地合计占国家高新区留学生创业园总数的28.3%；浙江、北京、上海、山东等地国家高新区的留学生创业园数量均在10个及以上；其他省（区、市）国家高新区的留学生创业园数量均在10个以下（图4-43）。

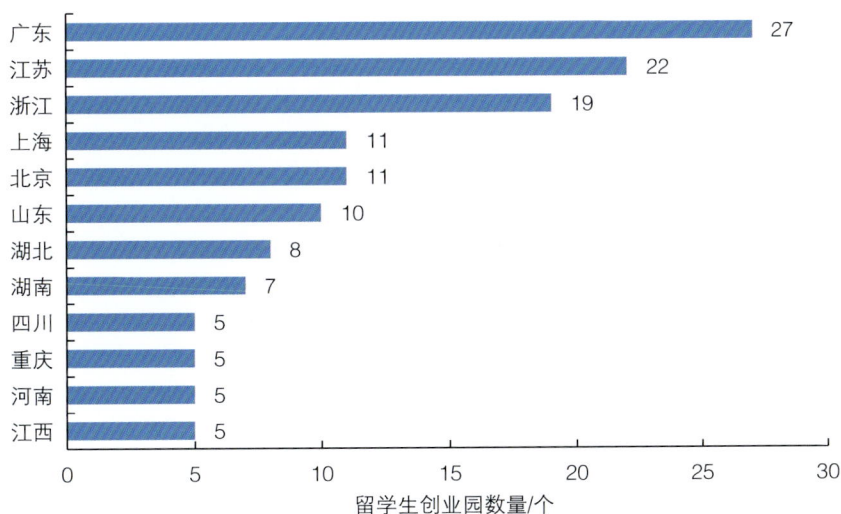

图 4-43　2019 年国家高新区留学生创业园数量超过 5 个的省（区、市）情况

中国国家高新区开放创新发展报告2020

高新产业的

第五章

开放发展

一、产业发展总体情况

（一）产业整体运行

1. 高新技术企业成为国家高新区企业主力军

从企业数量来看，国家高新区高新技术企业数量持续快速增长，2019 年入统高新技术企业 79 579 家，分别是 2018 年的 1.3 倍、2015 年的 2.5 倍。高新技术企业占国家高新区入统企业数量的比重快速提高，2019 年达到 56.4%，分别比 2018 年、2015 年提高 4.1 个百分点、18.9 个百分点，国家高新区企业的主力军地位愈加稳固。国家高新区高新技术企业占全国高新技术企业总数的比重持续下降，2019 年占比为 35.4%，但国家高新区依然是全国高新技术企业的主要栖息地（图 5-1）。

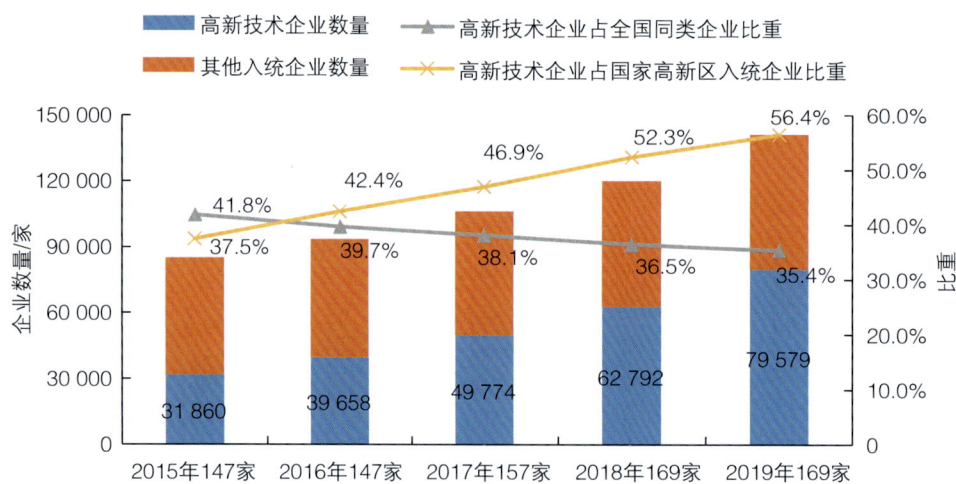

图 5-1　2015—2019 年国家高新区入统高新技术企业数量情况

2. 技术收入占国家高新区营业收入比重稳步攀升

从营业收入看，国家高新区企业营业收入规模持续快速壮大，2019 年达到 385 549.4 亿元，同比增长 11.4%，达到 2015 年的 1.5 倍。从工业总产值看，国家高新区工业总产值在 2016 年就迈进了 20 万亿元大关，并保持稳定较快增长，2019 年实现工业总产值 240 262.0 亿元，同比增长 8.0%，规模达到 2015 年的 1.3 倍（图 5-2）。

图 5-2　2015—2019 年国家高新区企业营业收入和工业总产值情况

从营业收入结构看，技术收入增长最快，占营业收入比重快速提高，2019 年国家高新区企业技术收入 47 343.9 亿元，占营业收入的 12.3%，较 2018 年提高 1.0 个百分点，较 2015 年提高 3.1 个百分点；产品销售收入增长相对稳定，占营业收入比重有所下滑，2019 年下降到 70.7%，但仍然是营业收入的主体；商品销售收入增长趋稳，占营业收入比重近几年维持在 10% 左右，2019 年占比为 9.6%（图 5-3）。

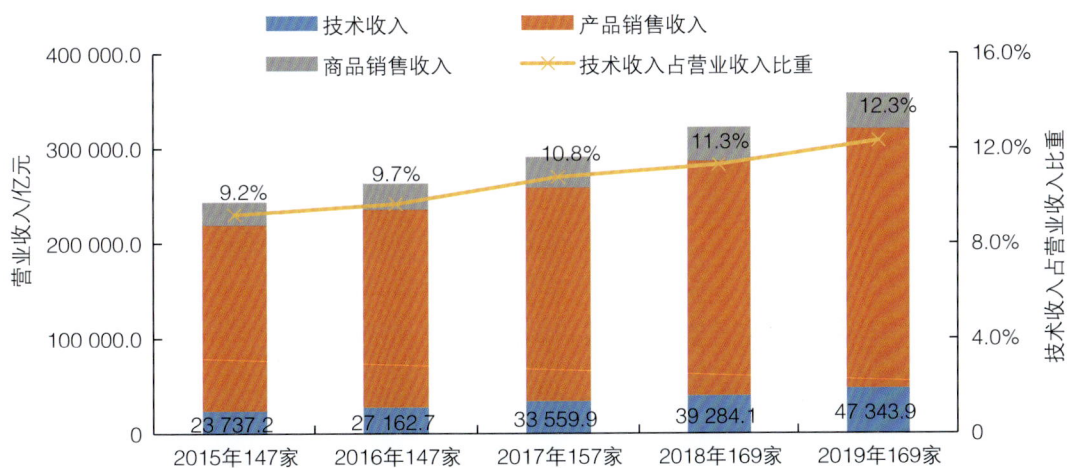

图 5-3　2015—2019 年国家高新区企业营业收入结构情况

3. 国家高新区企业营业收入利润率接近 7%

从净利润看，国家高新区企业净利润 2017 年首次突破 2 万亿元大关，2019 年达到 26 097.4 亿元，同比增长 9.1%，规模达到 2015 年的 1.6 倍，呈现快速增长态势。从利润率来看，总体稳中有进，2019 年国家高新区企业营业收入利润率达到 6.8%，稍低于 2017 年（7.0%）和 2018 年

（6.9%），分别比 2015 年和 2016 年提高 0.4 个百分点和 0.1 个百分点，高出全国规模以上工业企业主营业务收入利润率（5.9%）近 1 个百分点（图 5-4）。

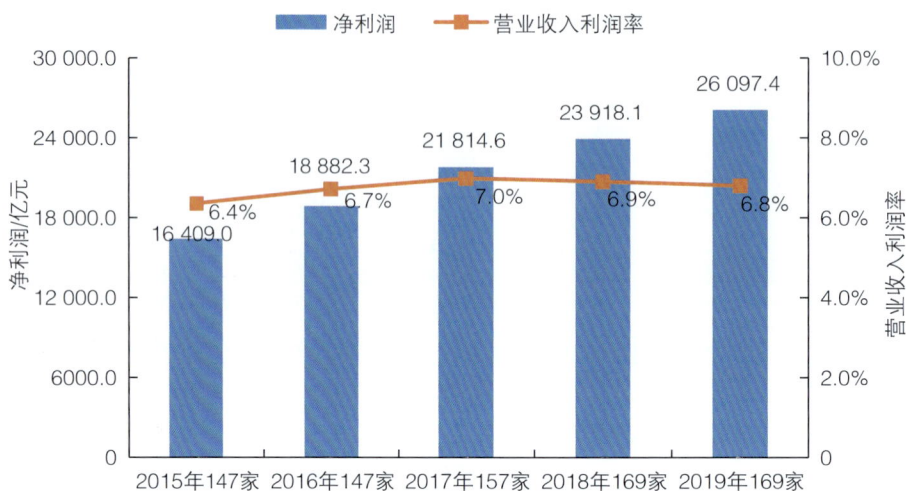

图 5-4　2015—2019 年国家高新区净利润及营业收入利润率情况

4. 国家高新区贡献了全国近 12% 的税收收入

从上缴税收看，2019 年国家高新区企业实现上缴税额 18 594.3 亿元，与 2018 年基本持平，是 2015 年的 1.3 倍，占到当年全国税收收入（157 992.2 亿元）的 11.8%，近几年总体稳定在 12% 左右（图 5-5）。可以看出，国家高新区虽然占地面积小，但为我国做出了重要的财税收入贡献。

图 5-5　2015—2019 年国家高新区上缴税额情况

（二）高技术产业发展

国家高新区不忘"发展高科技、实现产业化"的初心使命，坚持不懈地培育壮大高技术产业，不断推动经济结构优化和产业价值链提升，在高技术产业发展方面取得长足进步。从行业分类来看，国家高新区高技术产业包括高技术制造业和高技术服务业，是国家高新区产业的关键组成部分。

1. 高技术产业保持稳健较快发展态势

从企业层面看，2019 年国家高新区企业中属于高技术产业的企业达到 73 679 家，同比增长高达 22.9%，占国家高新区入统企业总数的比重突破 50%，达到 52.2%，较 2018 年提高 2.3 个百分点，较 2015 年提高 7.7 个百分点，高技术企业成为国家高新区企业的主力军（图 5-6）。

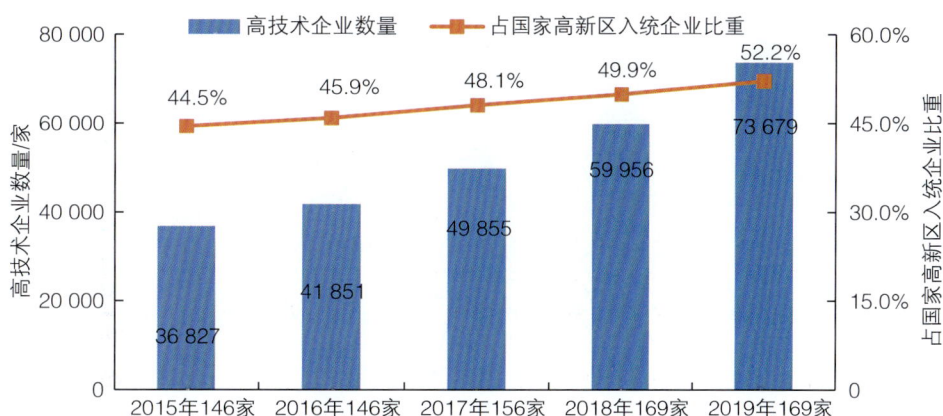

图 5-6　2015—2019 年国家高新区高技术产业企业数量情况

由从业人员层面看，2019 年国家高新区高技术产业从业人员达到 931.6 万人，同比增长 8.5%，占国家高新区从业人员总数的 42.1%，较上年提高 1.0 个百分点，较 2015 年提高 1.8 个百分点，高技术产业成为国家高新区吸纳就业的重要力量（图 5-7）。

图 5-7　2015—2019 年国家高新区高技术产业从业人员情况

从营业收入层面看，2019 年国家高新区高技术产业实现营业收入 127 604.0 亿元，同比增长

14.1%；从收入贡献来看，2019年高技术产业营业收入占到国家高新区总营业收入的33.1%，较2018年提高0.8个百分点，近年来占比持续提高（图5-8）。

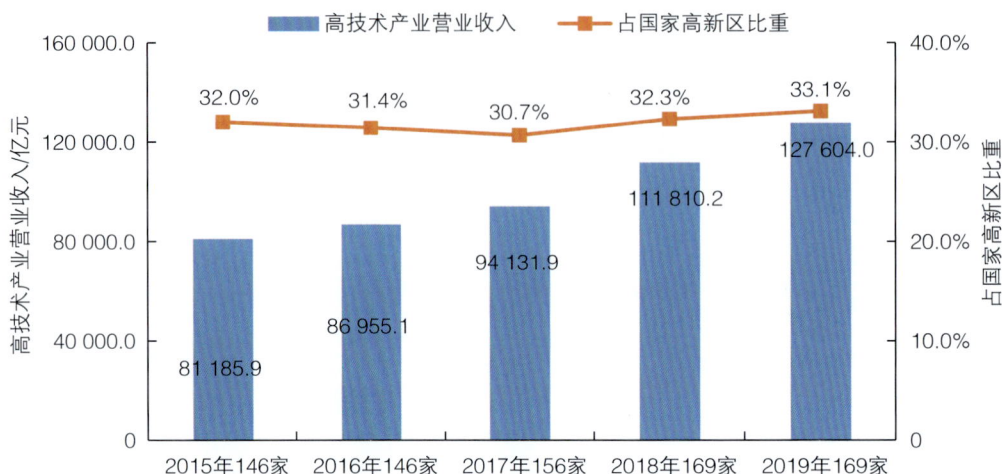

图5-8　2015—2019年国家高新区高技术产业营业收入情况

从净利润和上缴税额层面看，2019年国家高新区高技术产业实现净利润9861.8亿元，同比增长12.6%，规模达到2015年的1.7倍，占国家高新区净利润总额的37.8%，较2018年提高1.2个百分点，较2015年提高1.8个百分点；同期，国家高新区高技术产业上缴税额5422.6亿元，同比下降1.1%，占国家高新区上缴税额总量的29.2%，较2018年微降0.2个百分点，分别比2017年、2015年提高1.5和1.9个百分点（图5-9）。

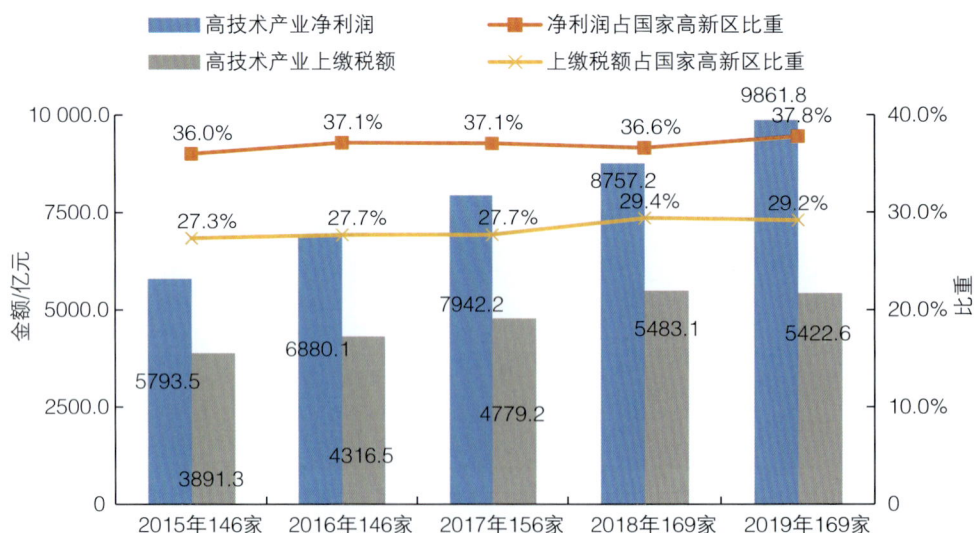

图5-9　2015—2019年国家高新区高技术产业净利润和上缴税额情况

2. 高技术服务业发展速度明显快于高技术制造业

从高技术产业不同类型企业看，高技术制造业企业数量稳定增长，2019 年达到 18 166 家，同比增长 17.2%，占国家高新区入统企业的 12.9%，近几年占比总体下滑；高技术服务业企业数量增长迅速，2019 年达到 55 513 家，同比增长高达 24.9%，是高技术制造业企业数量的 3.1 倍，占国家高新区入统企业的 39.3%，占比持续快速攀升（图 5-10）。

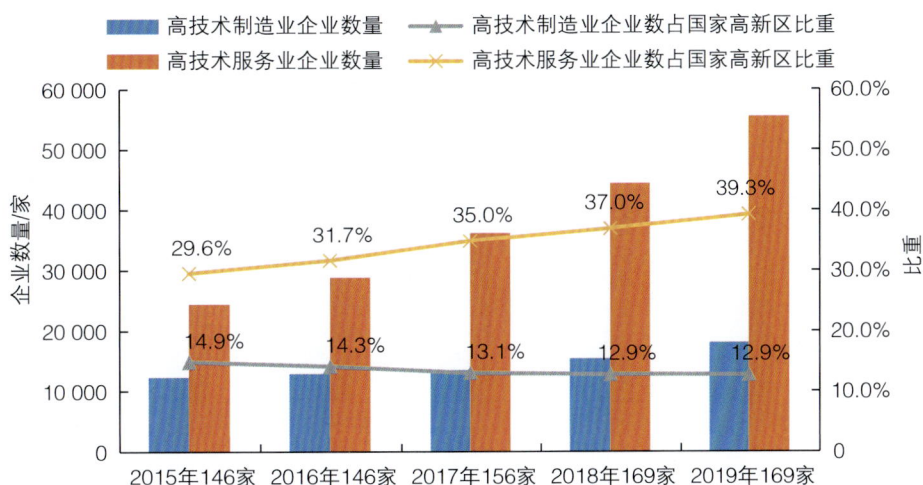

图 5-10　2015—2019 年国家高新区高技术制造业和服务业企业数量情况

就从业人员看，高技术制造业从业人员总体增长平缓，2019 年达到 466.3 万人，同比增长 5.3%，占国家高新区从业人员总数的比重持续下降到 21.1%；高技术服务业吸纳就业人员能力快速增强，2019 年从业人员达到 465.2 万人，同比增长 11.9%，占国家高新区从业人员总数的比重快速提高到 21.0%，就业规模已经与高技术制造业相差无几（图 5-11）。

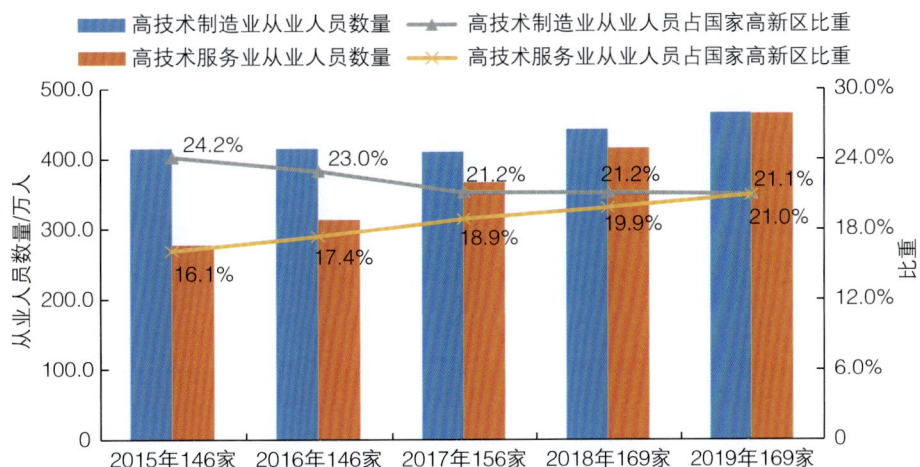

图 5-11　2015—2019 年国家高新区高技术制造业和服务业从业人员情况

从营业收入看，高技术制造业稳定增长，2019 年实现营业收入 73 941.4 亿元，增长 11.1%，占国家高新区营业收入的 19.2%，与 2018 年持平，比 2015 年低 2.3 个百分点，但比 2017 年提高 0.7 个百分点；高技术服务业加快增长，2019 年实现营业收入 53 662.6 亿元，同比增长 18.6%，占国家高新区营业收入的比重持续上升到 13.9%，较 2018 年提高 0.8 个百分点（图 5-12）。

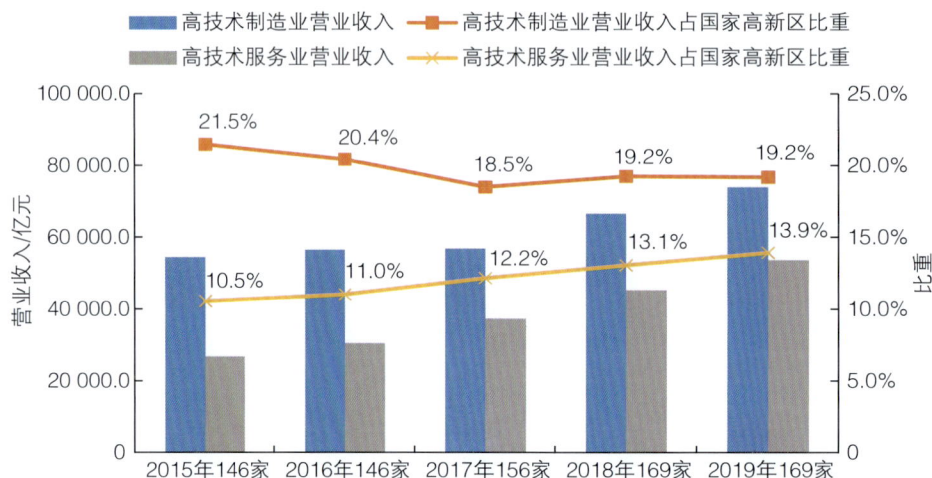

图 5-12　2015—2019 年国家高新区高技术制造业和服务业营业收入情况

从高技术制造业工业总产值看，2019 年国家高新区高技术制造业实现工业总产值 73 266.8 亿元，增长 13.3%，规模达到 2015 年的 1.3 倍，占当年国家高新区工业总产值（240 262.0 亿元）的 30.5%，较 2018 年提高 1.4 个百分点，超出 2015 年 1.1 个百分点，高技术制造业工业总产值呈现恢复性较快增长态势（图 5-13）。

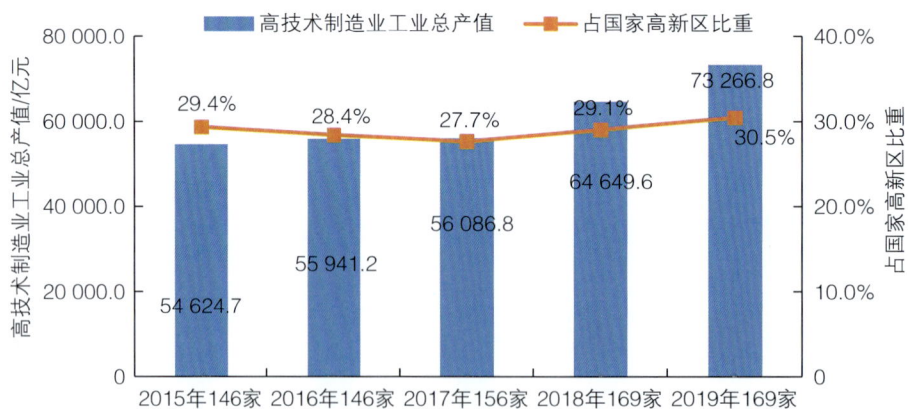

图 5-13　2015—2019 年国家高新区高技术制造业工业总产值情况

从净利润看，2019 年高技术制造业实现净利润 5268.1 亿元，占国家高新区净利润总额的 20.2%，较 2018 年提高 1.3 个百分点，较 2017 年提高 1.0 个百分点，扭转了近年来持续下滑的趋势；

高技术服务业实现净利润 4593.7 亿元，同比增长 8.6%，占国家高新区净利润总额的 17.6%，占比近几年总体较为稳定，较 2015 年提高 1.3 个百分点。高技术服务业净利润规模约为高技术制造业的 87.2%（图 5-14）。

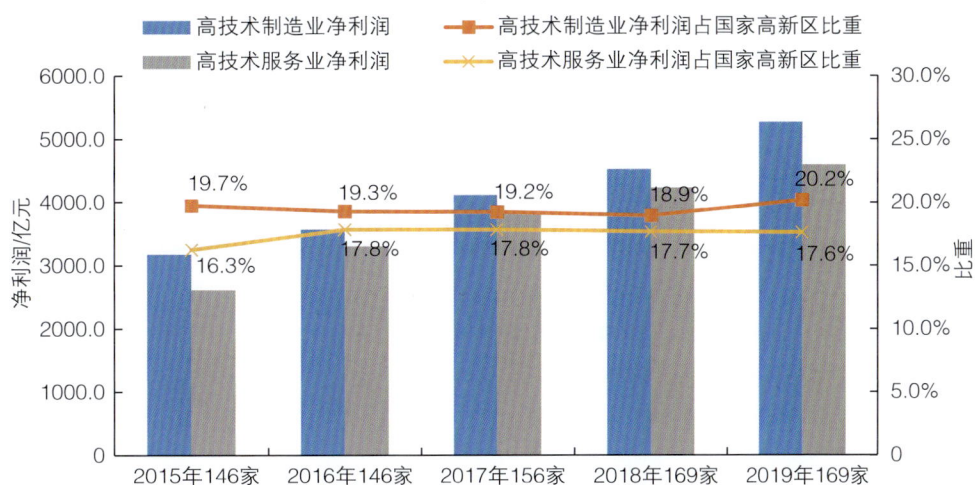

图 5-14　2015—2019 年国家高新区高技术制造业和服务业净利润情况

从上缴税额看，2019 年高技术制造业上缴税额 2992.0 亿元，同比下降 2.3%，占国家高新区上缴税额总量的 16.1%，同比降低 0.3 个百分点；高技术服务业总体实现稳定增长，2019 年上缴税额 2430.7 亿元，同比微增 0.4%，占国家高新区上缴税额总量的 13.1%，占比近几年持续稳步提高（图 5-15）。高技术服务业上缴税费已经达到同期高技术制造业的八成以上。

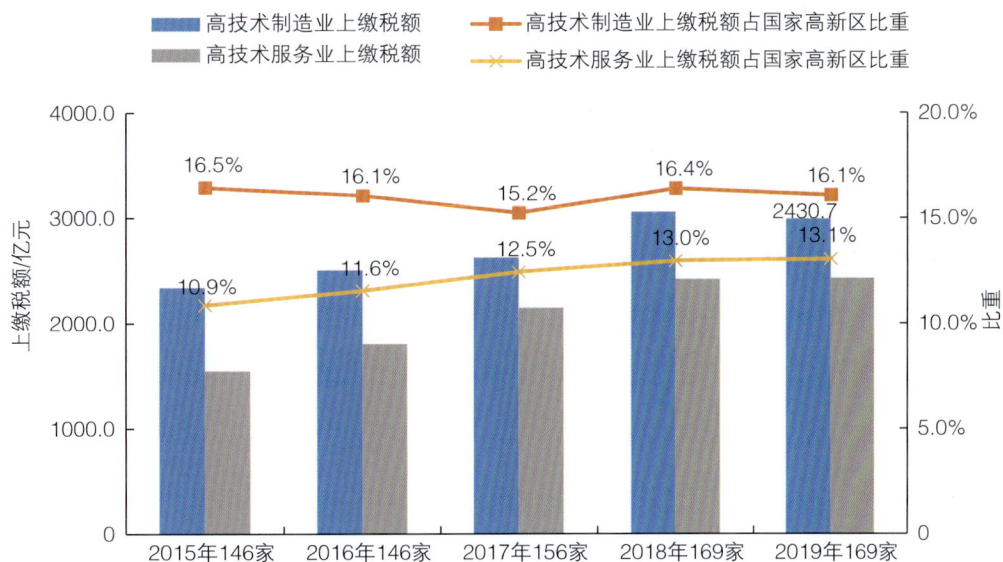

图 5-15　2015—2019 年国家高新区高技术制造业和服务业上缴税额情况

3. 电子及通信设备制造、信息服务产业规模最大

从细分领域营业收入看，2019 年国家高新区高技术制造业中，电子及通信设备制造业企业营业收入（45 260.2 亿元）规模最大，占高技术制造业的 61.2%；其次为计算机及办公设备制造业（10 583.7 亿元），占比 14.3%；医药制造业（10 051.1 亿元）紧随其后，占比 13.6%；其余领域占比均不到 8%。高技术服务业中，信息服务营业收入（37 964.7 亿元）最多，占高技术服务业的 70.7%；其次为专业技术服务业的高技术服务（7523.5 亿元），占比 14.0%；其余领域占比均在 7% 以下（图 5-16）。

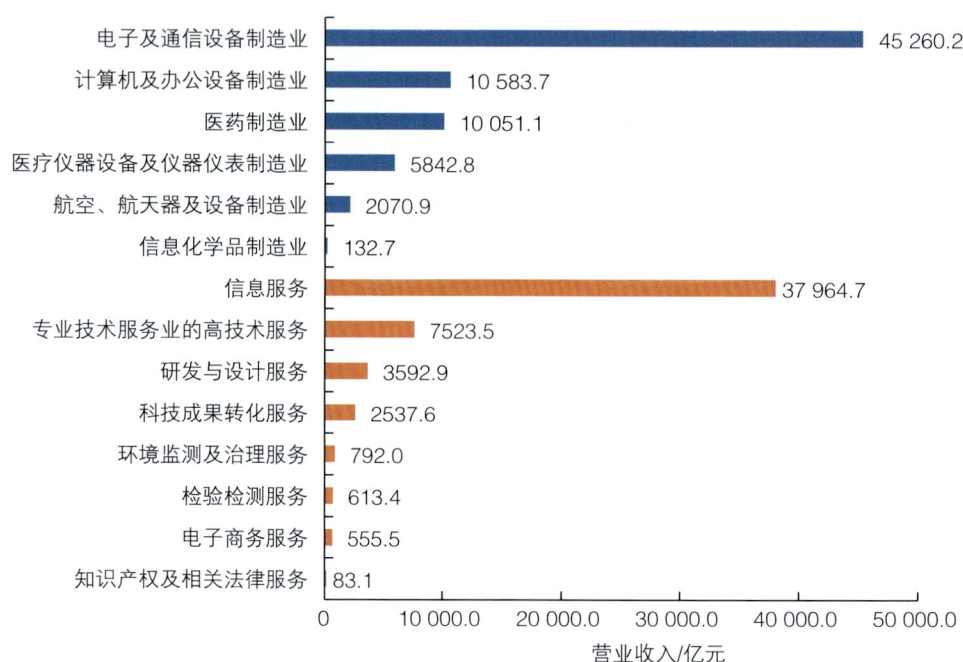

图 5-16　2019 年国家高新区高技术制造业和服务业细分领域营业收入情况

从细分领域净利润看，2019 年国家高新区高技术制造业中，电子及通信设备制造业净利润（2611.0 亿元）最多，占高技术制造业净利润总额的 49.6%；其次为医药制造业（1380.9 亿元），占比 26.2%；医疗仪器设备及仪器仪表制造业（674.0 亿元）、计算机及办公设备制造业（439.4 亿元）分别占到 12.8% 和 8.3%；其余领域占比都在 3% 以下。高技术服务业中，信息服务净利润（3726.9 亿元）最多，占高技术服务业净利润总额的比重高达 81.1%；其次为专业技术服务业的高技术服务（532.7 亿元），占比 11.6%；其余领域占比均在 3% 以下（图 5-17）。

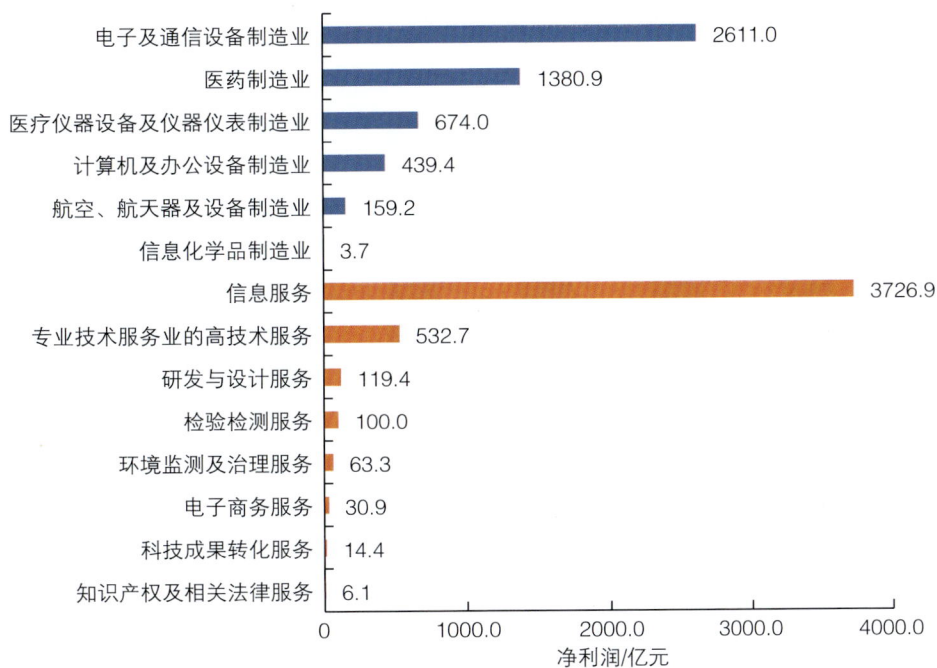

图 5-17　2019 年国家高新区高技术制造业和服务业细分领域净利润情况

二、产业对外开放情况

（一）国际投资合作

1. 实际利用外资占全国比重超四成

从实际利用外资看，2019 年国家高新区企业当年实际利用外资金额达到 3827.6 亿元，同比增长 13.8%，占全国实际利用外资金额（9415.2 亿元）的比重达到 40.7%。从 2014—2019 年变化来看，国家高新区实际利用外资占全国比重持续较快上升，成为我国吸收利用外资的主平台（图 5-18）。

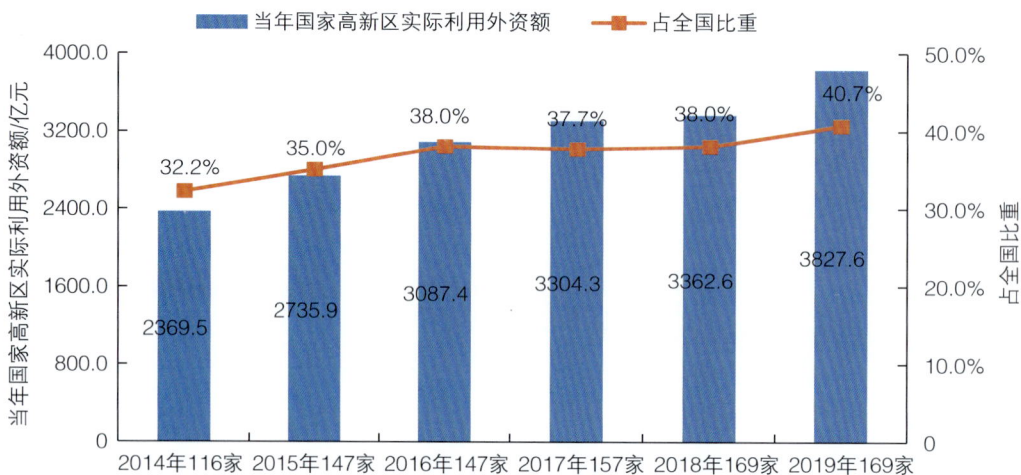

图 5-18 2014—2019 年国家高新区实际利用外资及占全国比重情况

从不同地区看，2019 年东部地区国家高新区实际利用外资达到 2036.5 亿元，占国家高新区实际利用外资总额的 53.2%，中部地区国家高新区实际利用外资占比近 1/4，西部地区国家高新区实际利用外资占比 16.7%，而东北地区国家高新区实际利用外资仅占比 5.3%（图 5-19）。从省（区、市）来看，2019 年国家高新区实际利用外资规模超过 200 亿元的省（区、市）有 9 个，其中，江苏、广东分别达到 668.8 亿元、360.6 亿元，领先优势十分明显。

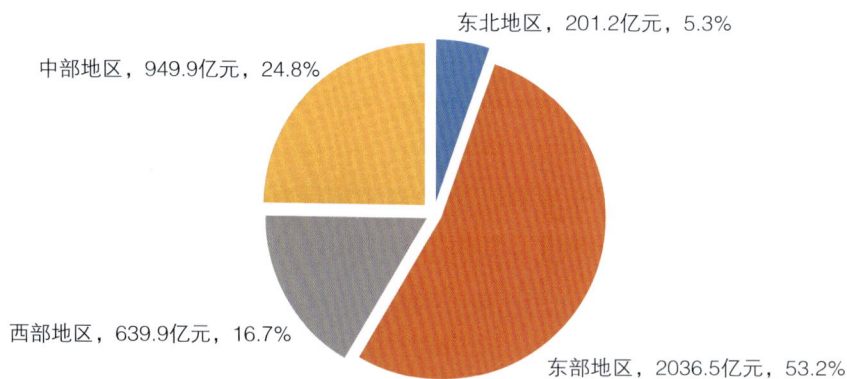

图 5-19 2019 年分地区国家高新区实际利用外资及占比情况

从不同类别国家高新区看，2019 年世界一流高科技园区实际利用外资 1347.1 亿元，占国家高新区实际利用外资总额的 35.2%；创新型科技园区实际利用外资 753.6 亿元，占比近 20%；创新型特色园区实际利用外资 584.2 亿元，占比 15.3%；其他园区实际利用外资 1142.7 亿元，占比近 30%（图 5-20）。

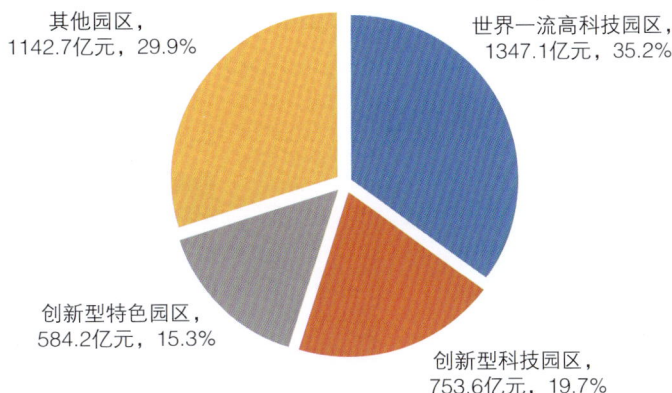

图 5-20　2019 年不同类别国家高新区实际利用外资及占比情况

从具体国家高新区看，2019 年实际利用外资规模超过百亿元的有 11 家国家高新区，其中，西安、成都、上海张江、武汉东湖、广州、南京、中关村 7 家国家高新区都在 150 亿元以上（图 5-21）。重点国家高新区在利用外资方面都取得了长足进步。

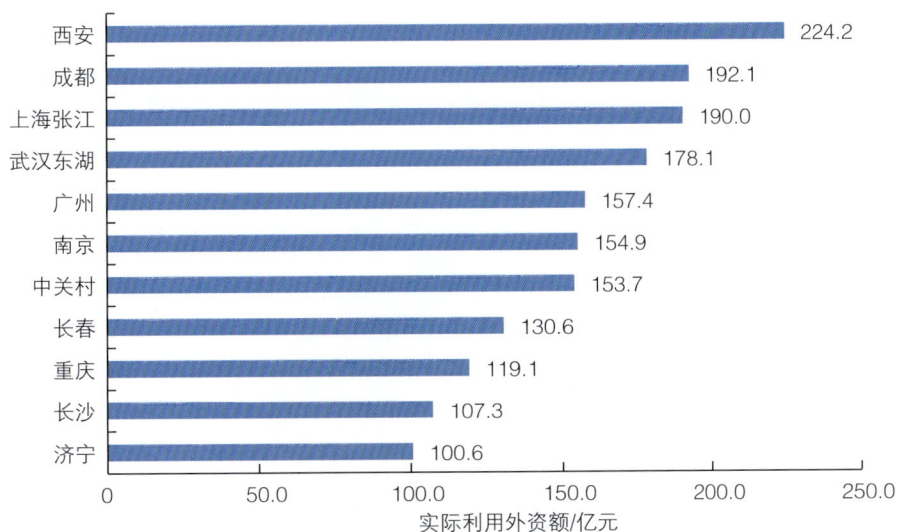

图 5-21　2019 年实际利用外资超过百亿元的国家高新区情况

2. 企业对境外直接投资占全国比重超 1/5

从企业对境外直接投资看，2019 年国家高新区企业实现对境外直接投资额 1549.1 亿元，同比增长 19.4%，占当年全国对外非金融类直接投资额（7630 亿元）的 20.3%，同比提高 5.8 个百分点。在全国对外投资同比下降的大环境下，国家高新区对境外直接投资实现逆势快速增长。从 2015—2018 年变化看，国家高新区企业对境外直接投资占全国比重从 11.0% 攀升到 20.3%，成为我国企业走出去的重要策源地（图 5-22）。

图 5-22　2015—2019 年国家高新区企业对境外直接投资情况

　　从不同地区看，2019 年东部地区国家高新区企业对境外直接投资额达到 1075.8 亿元，占国家高新区企业对境外直接投资总额的近 70%；中部地区国家高新区和西部地区国家高新区企业对境外直接投资额分别实现 214.2 亿元和 222.1 亿元，占比分别为 13.8% 和 14.3%，而东北地区占比仅为 2.4%（图 5-23）。从省（区、市）来看，国家高新区企业对境外直接投资额超过 50 亿元的有 7 个省（区、市），其中，广东、山东分别达到 429.6 亿元、200.6 亿元。

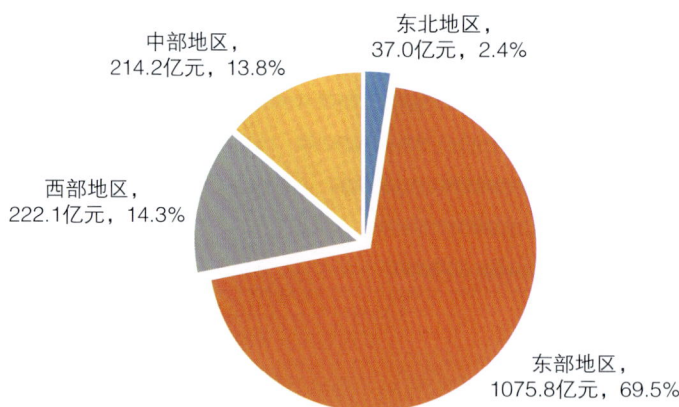

图 5-23　2019 年不同地区国家高新区企业对境外直接投资及占比情况

　　从不同类别国家高新区看，2019 年世界一流高科技园区企业对境外直接投资 724.3 亿元，占国家高新区企业对境外直接投资总额的 46.8%；创新型科技园区企业对境外直接投资 392.8 亿元，占比超过 1/4；创新型特色园区企业对境外直接投资 178.5 亿元，占比 11.5%；其他园区企业对境外直接投资 253.5 亿元，占比 16.4%（图 5-24）。

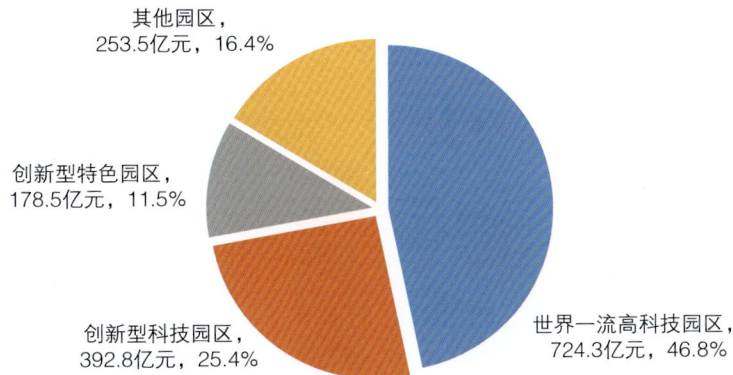

图 5-24　2019 年不同类别国家高新区企业对境外直接投资及占比情况

从具体国家高新区看，2019 年企业对境外直接投资额超过 50 亿元的国家高新区有 8 家，其中，深圳高新区、苏州工业园和济南高新区均超过 100 亿元，深圳高新区企业对境外直接投资额高达 288.7 亿元，占国家高新区总体的 18.6%，优势突出（图 5-25）。

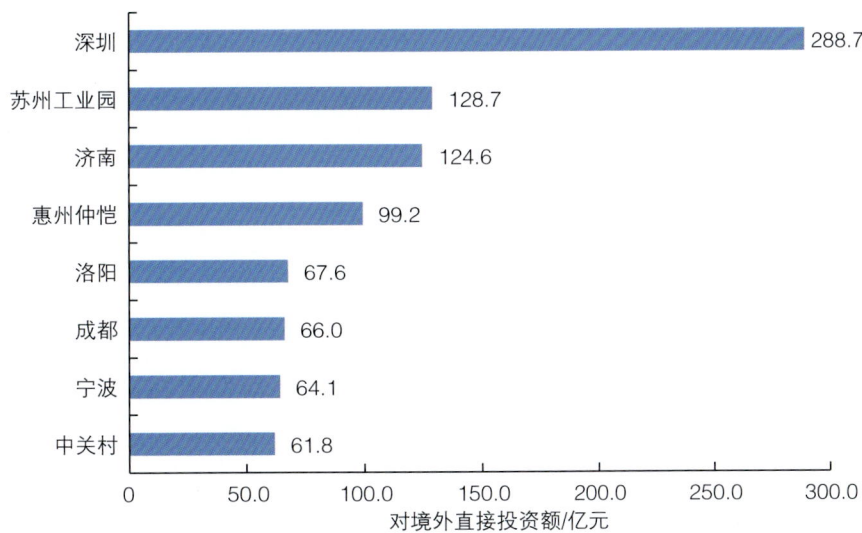

图 5-25　2019 年企业对境外直接投资超过 50 亿元的国家高新区

3. 企业境外设立分支机构突破 9000 个

从企业设立境外分支机构看，截至 2019 年年底，国家高新区企业共设立境外分支机构 9026 个，同比增长高达 25.5%，是 2015 年年底拥有量的近 1.8 倍。其中，2019 年当年在境外新设立的分支机构达到 1749 个，占期末拥有量的 19.4%，增长势头迅猛（图 5-26）。

图 5-26　2015—2019 年国家高新区企业设立境外分支机构情况

从 3 种不同类型分支机构的设立情况看，国家高新区企业对海外创新资源的配置能力进一步增强，市场竞争水平明显提高。截至 2019 年年底，国家高新区拥有境外营销服务机构 6324 个、境外技术研发机构 1842 个、境外生产制造基地 860 个，同比分别增长 24.2%、34.1%、18.9%。从 2016—2019 年整体增长变化看，境外技术研发机构数量增长最快，其次为境外生产制造基地，境外营销服务机构增长相对较慢（图 5-27）。

图 5-27　2016—2019 年国家高新区企业设立境外分支机构同比增速情况

从不同地区看，截至 2019 年年底东部地区国家高新区企业设立境外分支机构数量达到 6276 个，占国家高新区企业设立境外分支机构总量的近七成；中部地区国家高新区企业设立境外分支机构 1690 个，占比 18.7%；西部地区国家高新区设立 903 个，占比 1/10；东北地区国家高新区仅占 1.7%。从省（区、市）来看，2019 年国家高新区企业设立境外分支机构超过 200 个的省（区、市）有 12 个，其中，江苏 1966 个、广东 1883 个，领先优势突出；湖北、河北也都在 500

个以上（图 5-28）。

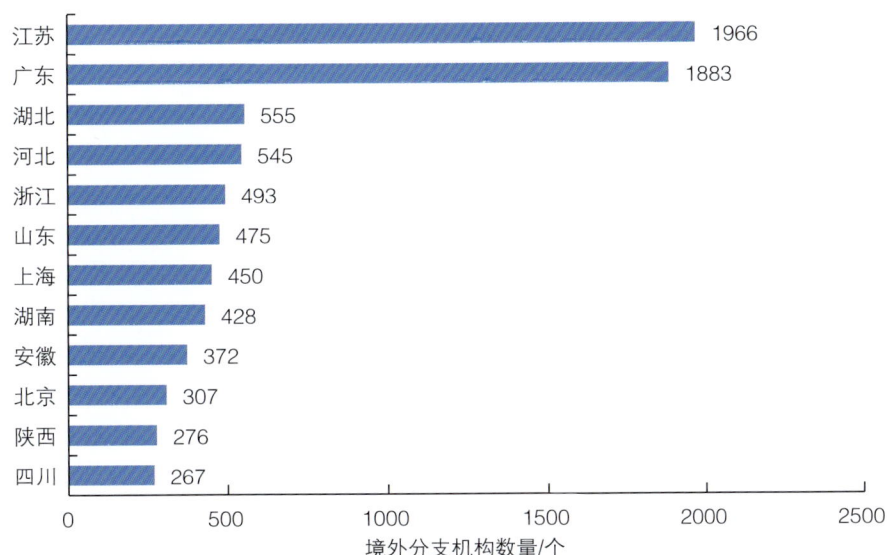

图 5-28 截至 2019 年年底企业设立境外分支机构超 200 个的国家高新区情况

从不同类别国家高新区看，2019 年世界一流高科技园区期末企业设立境外分支机构数量达到 4326 个，占国家高新区企业设立境外分支机构总量的 47.9%；创新型科技园区企业设立境外分支机构 1384 个，占比 15.3%；创新型特色园区企业设立境外分支机构 1529 个，占比 16.9%；其他园区企业设立境外分支机构 1787 个，占比 19.8%（图 5-29）。

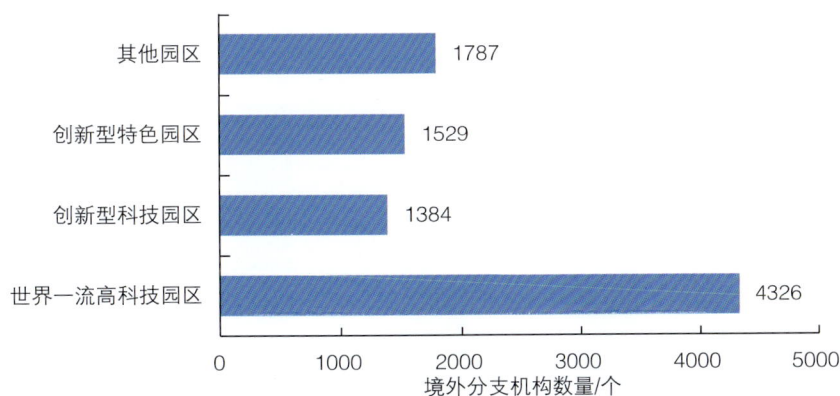

图 5-29 截至 2019 年年底不同类别国家高新区企业设立境外分支机构情况

从具体国家高新区看，2019 年期末企业设立境外分支机构数量超过 200 个的国家高新区有 10 家，合计占国家高新区企业设立境外分支机构总量的 53.6%。其中，深圳高新区 1241 个，占比 13.7%；苏州工业园 1068 个，占比 11.8%；上海张江、保定、长沙、中关村、合肥 5 家国家高新区企业设立境外分支机构数量也都在 300 个以上（图 5-30）。

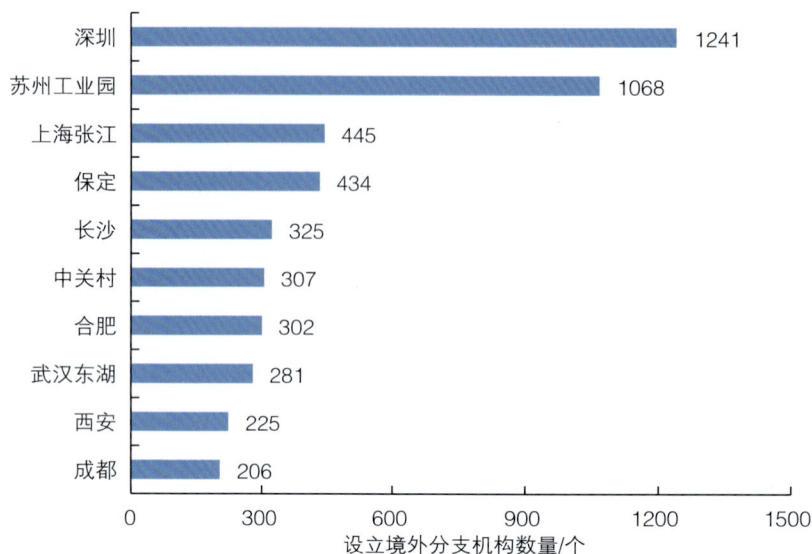

图 5-30　2019 年期末企业设立境外分支机构超过 200 个的国家高新区

（二）外资企业发展

1. 外资企业从业人员数量保持稳定

从从业人员看，2019 年年底，国家高新区外商投资企业从业人员数量 273.5 万人，占国家高新区从业人员总数的 12.4%。从 2015—2019 年变化来看，外商投资企业从业人员数量总体保持稳定，但占国家高新区从业人员比重持续下滑，共下降 3.5 个百分点（图 5-31）。

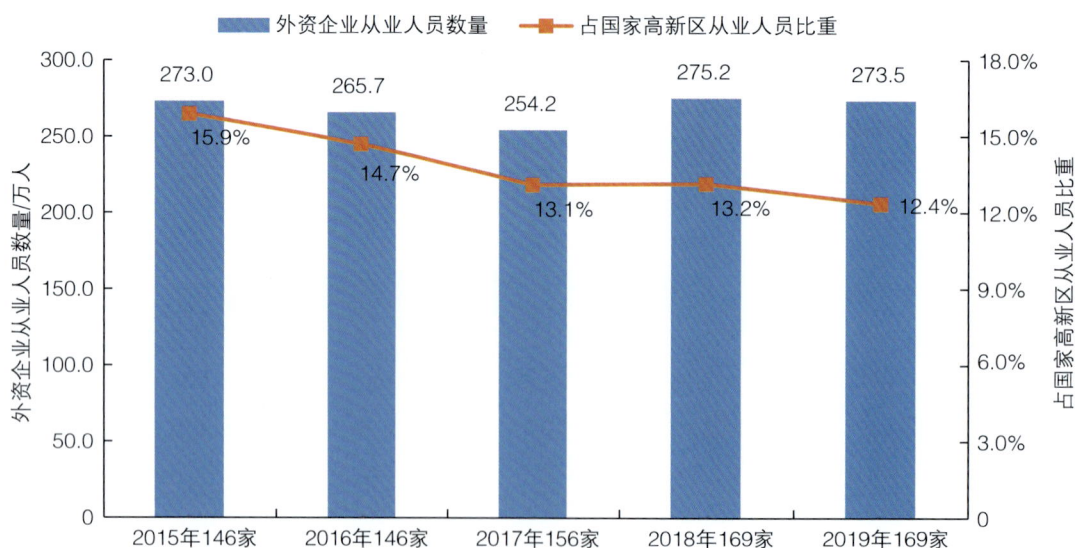

图 5-31　2015—2019 年国家高新区外资企业从业人员情况

2. 外资企业营业收入保持平稳增长

从营业收入看，2019年，国家高新区外商投资企业实现营业收入58 426.1亿元，同比增长5.3%，占国家高新区总营业收入的15.2%。从2015—2019年变化来看，外商投资企业营业收入保持平稳增长，但占国家高新区营业收入比重持续下降，共计下滑2.8个百分点（图5-32）。

图 5-32　2015—2019 年国家高新区外资企业营业收入情况

3. 外资企业工业总产值占国家高新区的1/5

从工业总产值看，2019年，国家高新区外商投资企业实现工业总产值48 045.0亿元，同比增长4.5%，占国家高新区企业工业总产值的20.0%。从2015—2019年变化来看，外商投资企业工业总产值保持稳定较快增长，占国家高新区工业总产值比重维持在20%以上（图5-33）。

图 5-33　2015—2019 年国家高新区外资企业工业总产值情况

4. 外资企业净利润达到 4000 亿元以上

从净利润看，2019 年，国家高新区外商投资企业实现净利润 4060.8 亿元，同比下降 11.1%，占国家高新区净利润总额的 15.6%。从 2015—2018 年变化来看，外商投资企业净利润有所增长，占国家高新区净利润比重提高近 1 个百分点，但 2019 年规模及占比均出现明显下滑（图 5-34）。

图 5-34　2015—2019 年国家高新区外资企业净利润情况

5. 外资企业上缴税额增长开始放缓

从上缴税额看，2019 年，国家高新区外商投资企业上缴税额 3401.8 亿元，占国家高新区上缴税额总量的 18.3%。从 2015—2018 年变化来看，外商投资企业上缴税额有所增长，占国家高新区上缴税额比重提高近 1 个百分点，并稳定在 20% 以上，但 2019 年规模及占比均出现明显下降（图 5-35）。

图 5-35　2015—2019 年国家高新区外资企业上缴税额情况

（三）对外贸易发展

1. 国家高新区成为我国外贸重要力量

从进出口来看，国家高新区进出口规模不断扩大，2019 年达到 71 435.9 亿元，同比增长 15.1%，占全国进出口（货物及服务进出口）总额的 19.3%，比 2018 年提高 1.9 个百分点。从 2015—2019 年来看，国家高新区进出口总额规模整体增长较快，占全国进出口的比重呈现明显反弹，占比已接近 20%，成为我国外贸发展的重要驱动器和稳定器（图 5−36）。

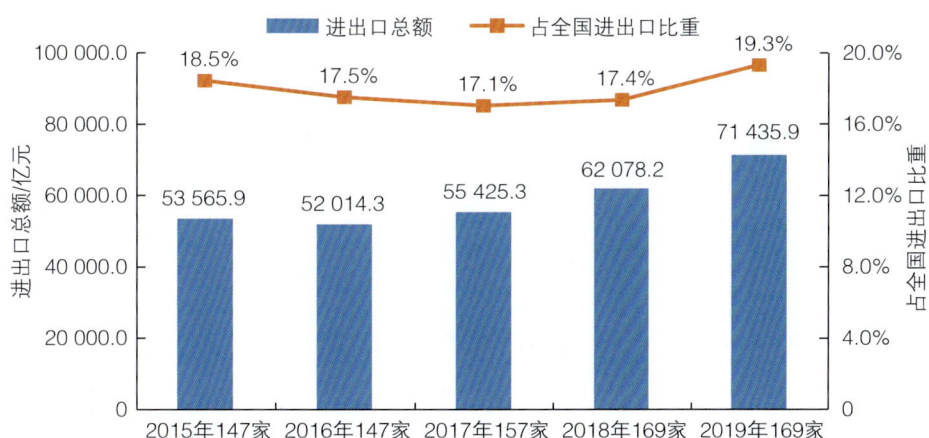

图 5−36　2015—2019 年国家高新区进出口情况

从出口来看，国家高新区企业拓展国际贸易市场的步伐不断加快。2019 年，国家高新区实现出口总额 41 371.5 亿元，同比增长 11.0%，规模达到 2015 年的 1.4 倍。从 2015—2019 年来看，国家高新区出口保持较快增长，占全国出口总额的比重稳步提高，2019 年提升至 21.6%，较 2018 年提高 1.1 个百分点；占当年国家高新区营业收入的比重稳定在 10% 以上，2019 年为 10.7%（图 5−37）。

图 5−37　2015—2019 年国家高新区出口情况

从进口来看，国家高新区进口实现快速反弹增长，2019 年进口额突破 3 万亿元大关，达到 30 064.4 亿元，同比增长高达 21.2%。从 2015—2019 年来看，国家高新区进口规模占全国进口总额的比重在连续两年下降后，在 2018 年出现明显提升，2019 年攀升到 16.9%，较 2018 年提高 2.8 个百分点，较 2017 年提高 3.4 个百分点（图 5-38）。

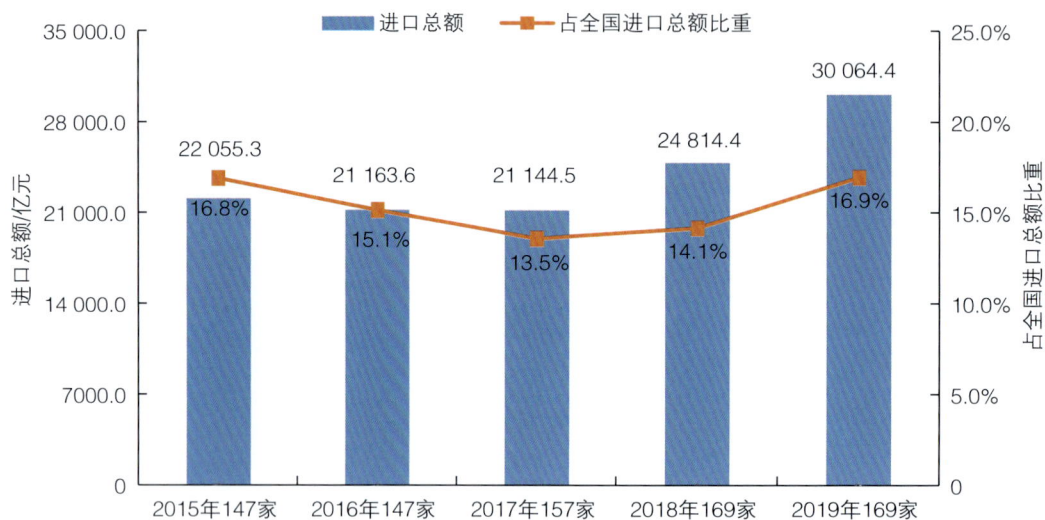

图 5-38　2015—2019 年国家高新区进口情况

2. 东部国家高新区外贸规模优势巨大

从不同地区国家高新区对外贸易看，东部地区国家高新区进出口规模最大，2019 年达到 52 181.8 亿元，占国家高新区进出口总额的 73.0%，优势巨大；西部地区国家高新区进出口 11 077.9 亿元，占国家高新区进出口总额的 15.5%，较 2018 年提高 0.6 个百分点，较 2015 年提高 6 个百分点；中部地区国家高新区实现进出口 6741.6 亿元，占比 9.4%，较 2018 年下降 0.6 个百分点，较 2015 年下滑 8.2 个百分点；东北地区国家高新区实现进出口 1434.5 亿元，同比增长 12.1%，占比则持续下降至 2.0%（图 5-39）。总体上看，东部地区国家高新区对外贸易占据绝对主导，西部地区国家高新区增长迅猛，中部地区国家高新区和东北地区国家高新区对外贸易规模较小且增长相对较慢。

从各省（区、市）国家高新区对外贸易看，广东和江苏两省的国家高新区进出口规模最大，2019 年进出口总额分别实现 16 806.3 亿元和 14 150.9 亿元，占国家高新区进出口总额的比重均达到 20% 左右，远高于其他省（区、市）；北京、上海、四川、浙江、山东、福建、陕西、湖北居第 3 位至第 10 位，占国家高新区进出口总额的比重均在 3%～10%（图 5-40）。进出口规模排名前 10 位的省（区、市）占国家高新区进出口总额的比重合计高达 85.3%，呈现高度的区域集中特征。

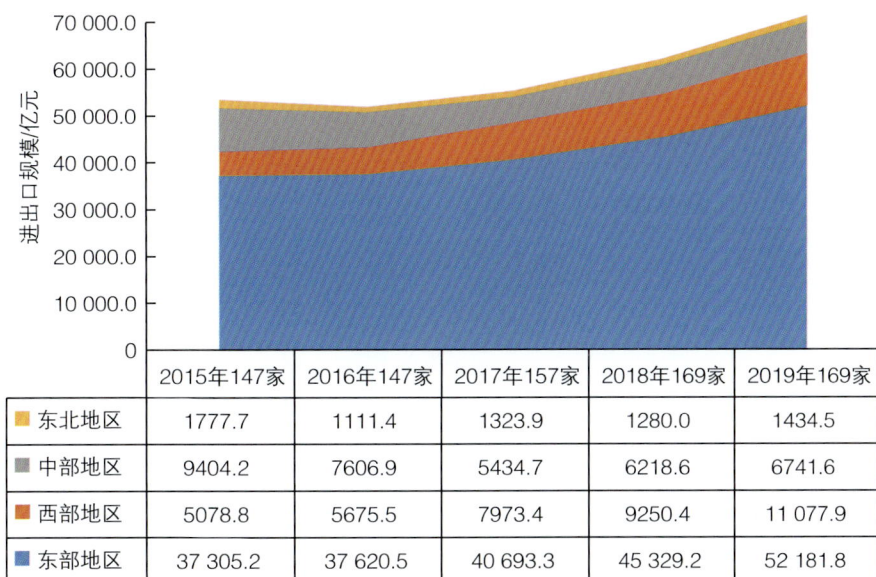

	2015年147家	2016年147家	2017年157家	2018年169家	2019年169家
东北地区	1777.7	1111.4	1323.9	1280.0	1434.5
中部地区	9404.2	7606.9	5434.7	6218.6	6741.6
西部地区	5078.8	5675.5	7973.4	9250.4	11 077.9
东部地区	37 305.2	37 620.5	40 693.3	45 329.2	52 181.8

图 5-39　2015—2019 年不同地区国家高新区进出口规模变化情况

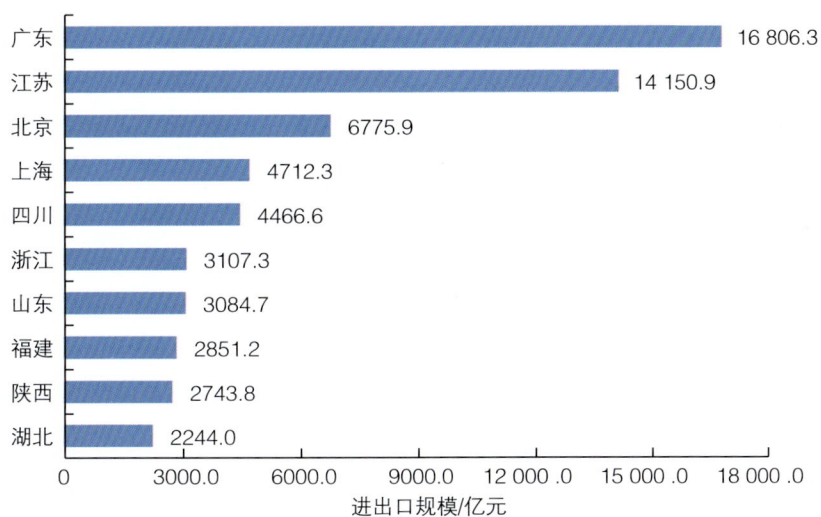

图 5-40　2019 年国家高新区进出口规模排名前 10 位的省（区、市）情况

从不同类别国家高新区对外贸易看，2019 年，世界一流高科技园区实现进出口 33 398.5 亿元，占到国家高新区进出口总额的 46.8%；创新型科技园区实现进出口 14 867.9 亿元，占比 20.8%；创新型特色园区实现进出口 9567.4 亿元，占比 13.4%；其他园区实现进出口 13 602.0 亿元，占比 19.0%（图 5-41）。

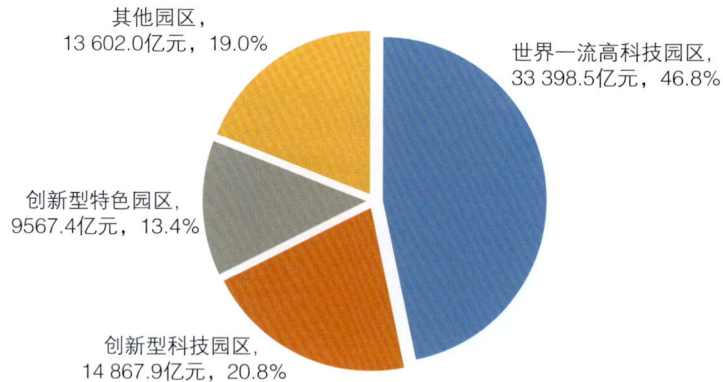

图 5-41　2019 年不同类别国家高新区进出口额及占比情况

从具体国家高新区对外贸易看，2019 年，进出口额占国家高新区进出口总额 1% 及以上的国家高新区有 23 家；进出口额在 2000 亿元以上的国家高新区有 11 家，合计占到国家高新区进出口总额的 56.9%，呈现高度贸易集中的特征。其中，中关村进出口额达到 6775.9 亿元，占国家高新区进出口总额的 9.5%；深圳进出口规模为 5321.2 亿元，占比也达到 7.4%；上海张江、成都高新区、苏州工业园和广州高新区进出口规模也都在 3000 亿元以上，占比分别达到 6.4%、5.5%、5.4% 和 4.3%，均位居国家高新区前列（图 5-42）。

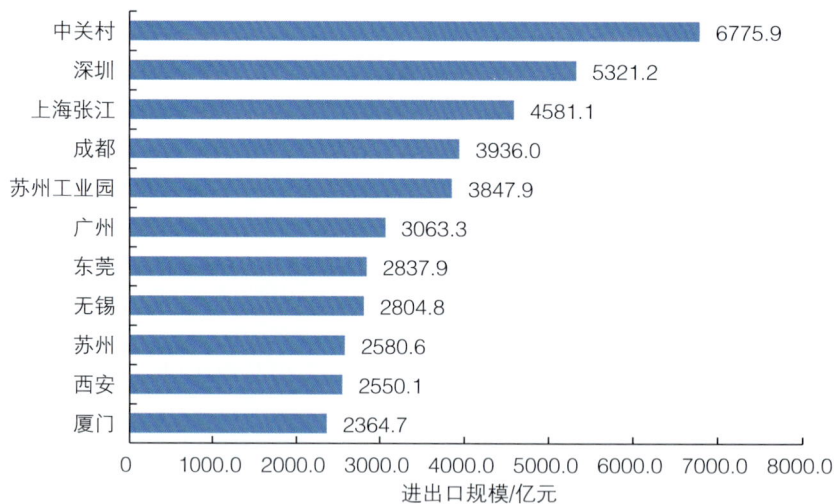

图 5-42　2019 年进出口规模超过 2000 亿元的国家高新区情况

3. 高技术企业出口占比超六成

从高技术产业出口来看，2019 年，国家高新区高技术产业企业出口额实现 25 300.4 亿元，同比增长 11.5%，规模达到 2015 年的 1.4 倍；占国家高新区出口总额的 61.2%，较 2018 年提高 0.3 个百分点（图 5-43）。高技术产业企业在国家高新区出口贸易发展中的主力军地位不断巩固。

图 5-43　2015—2019 年国家高新区高技术产业企业出口情况

从高技术制造业出口来看，2019 年，国家高新区高技术制造业企业出口达到 23 151.0 亿元，同比增长 11.7%，占到国家高新区出口总额的 56.0%，较 2018 年提高 0.4 个百分点。从 2015—2019 年变化来看，高技术制造业企业出口占国家高新区出口总额的比重稳定在 56% 左右，主体地位稳固（图 5-44）。

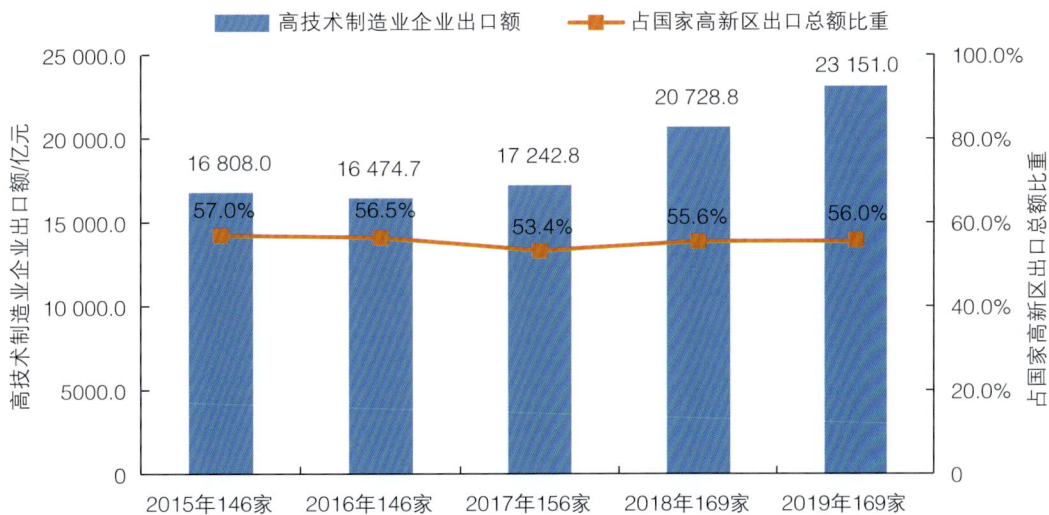

图 5-44　2015—2019 年国家高新区高技术制造业企业出口情况

从高技术服务业出口来看，2019 年，国家高新区高技术服务业企业出口达到 2149.4 亿元，同比增长 9.5%，占到国家高新区出口总额的 5.2%。从 2015—2019 年变化来看，高技术服务业企业出口占国家高新区出口总额的比重稳中有进，由 4.2% 提升到 5.2%，地位有所提高（图 5-45）。

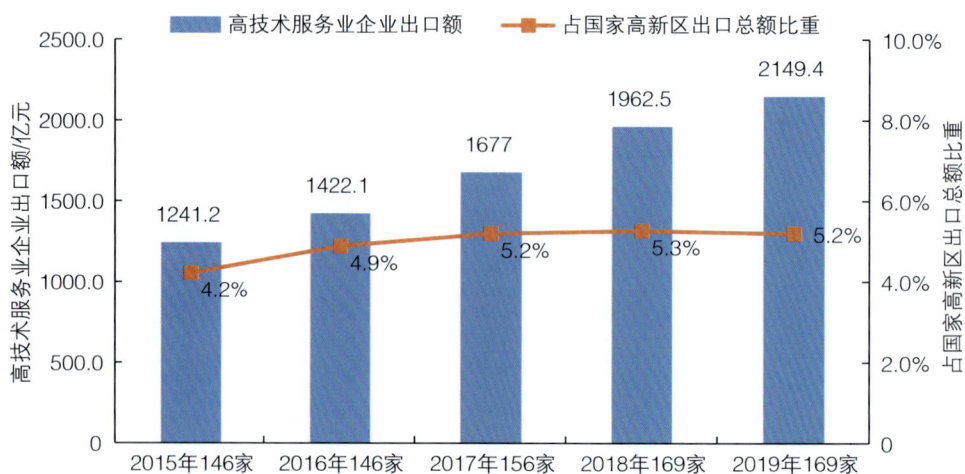

图 5-45　2015—2019 年国家高新区高技术服务业企业出口情况

4. 高新技术产品出口持续壮大

从高新技术产品出口来看，2019 年，国家高新区高新技术产品出口额 23 514.4 亿元，同口径增长 7.4%，保持稳定较快增长趋势，显示出良好的国际市场竞争力。高新技术产品出口占国家高新区总出口及全国同类出口（50 427 亿元）的比重分别达到 56.8% 和 46.6%，有力拉动了国家高新区及全国对外贸易的转型升级（图 5-46）。

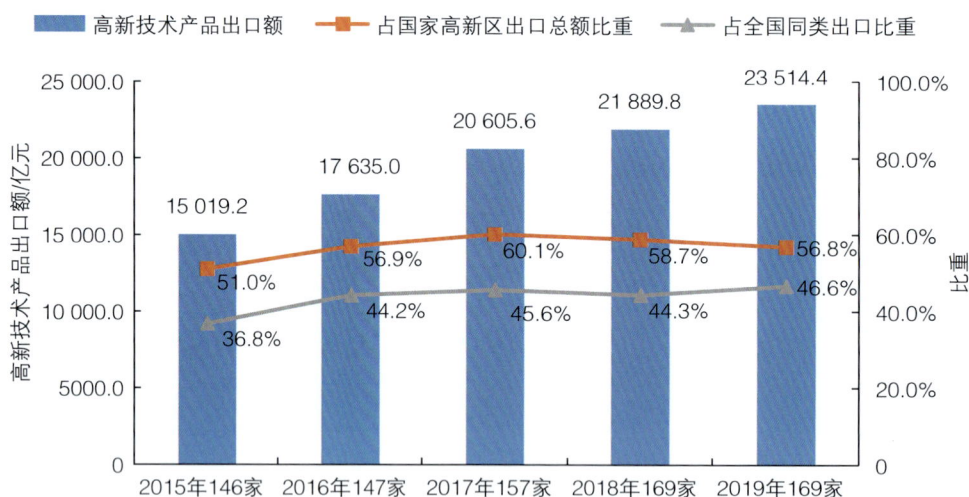

图 5-46　2015—2019 年国家高新区高新技术产品出口情况

从不同地区来看，东部地区国家高新区高新技术产品出口规模最大，达到 16 571.8 亿元，占国家高新区高新技术产品出口总额的 70.5%，西部地区和中部地区国家高新区分别占到 15.3% 和 12.7%，东北地区国家高新区仅占 1.5%。从高新技术产品出口占本地区国家高新区总出口比重看，西部地区国家高新区和中部地区国家高新区较高，分别达到 60.9% 和 62.5%，显示出较好的出口结构，东部地区国家高新区占比 55.7%，东北地区国家高新区最低，仅为 38.1%（图 5-47）。

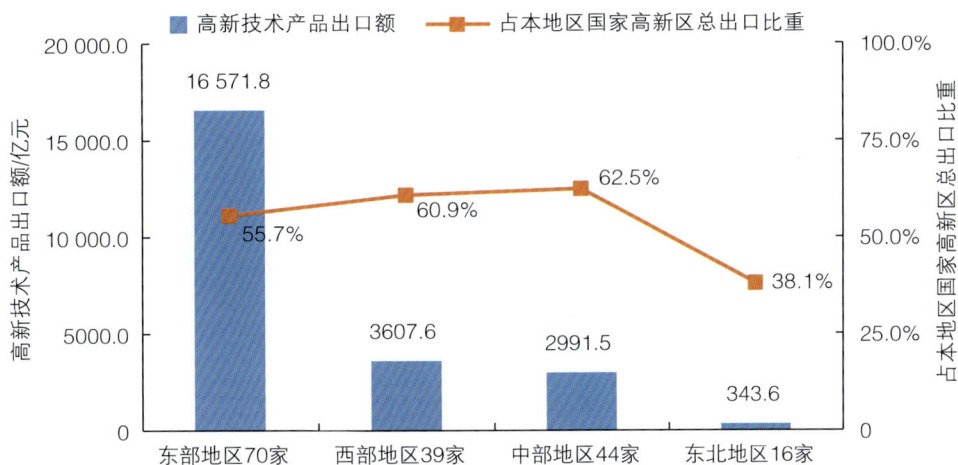

图 5-47 2019 年不同地区国家高新区高新技术产品出口情况

从不同省（区、市）国家高新区高新技术产品出口额看，有 8 个省（区、市）出口额超过 1000 亿元，其中，广东、江苏分别达到 5834.4 亿元、4581.9 亿元，两省合计占到国家高新区高新技术产品出口额的 44.3%，优势十分突出（图 5-48）；有 18 个省（区、市）在 100 亿元以上；而宁夏、海南和青海 3 省（区）均在 10 亿元以下。

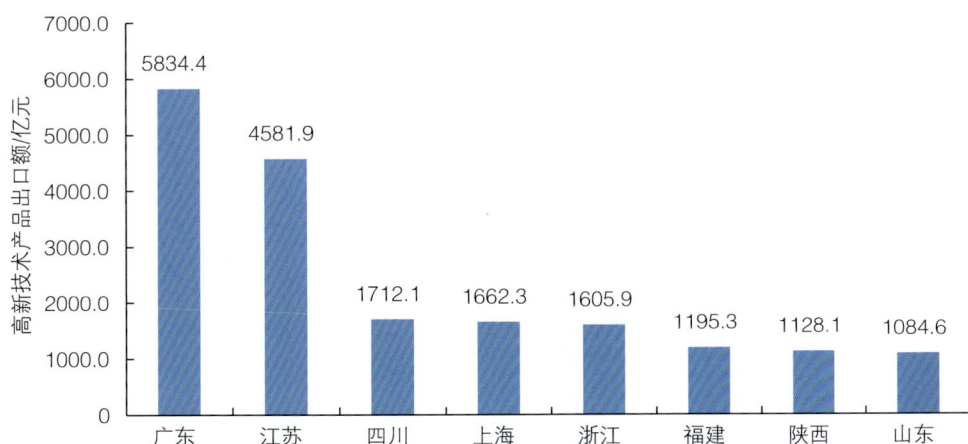

图 5-48 2019 年国家高新区高新技术产品出口额超千亿元的省（区、市）情况

从不同类别国家高新区高新技术产品出口额来看，世界一流高科技园区规模最大，达到 9575.7 亿元，占国家高新区高新技术产品出口额的 40.7%；其次为创新型科技园区（5430.6 亿元），占比 23.1%；创新型特色园区为 3331.9 亿元，占比 14.2%；其他园区为 5176.2 亿元，占比 22.0%（图 5-49）。

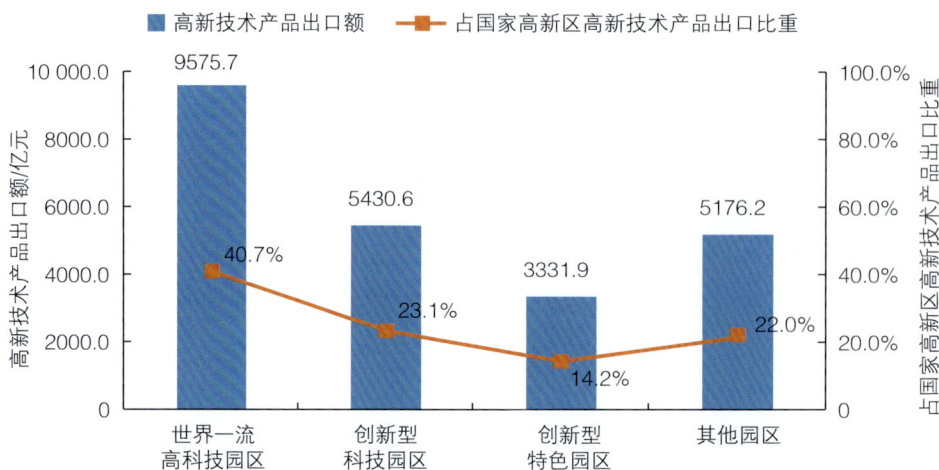

图 5-49　2019 年不同类别国家高新区高新技术产品出口情况

从具体国家高新区来看，2019 年，高新技术产品出口超千亿元的国家高新区有 7 家，其中，深圳高新区、上海张江高新区分别达到 1816.8 亿元、1658.4 亿元（图 5-50）；超 500 亿元的国家高新区有 14 家，占国家高新区高新技术产品出口总额的近六成；超百亿元的国家高新区有 41 家；仍有 53 家国家高新区高新技术产品出口总额在 10 亿元以下。

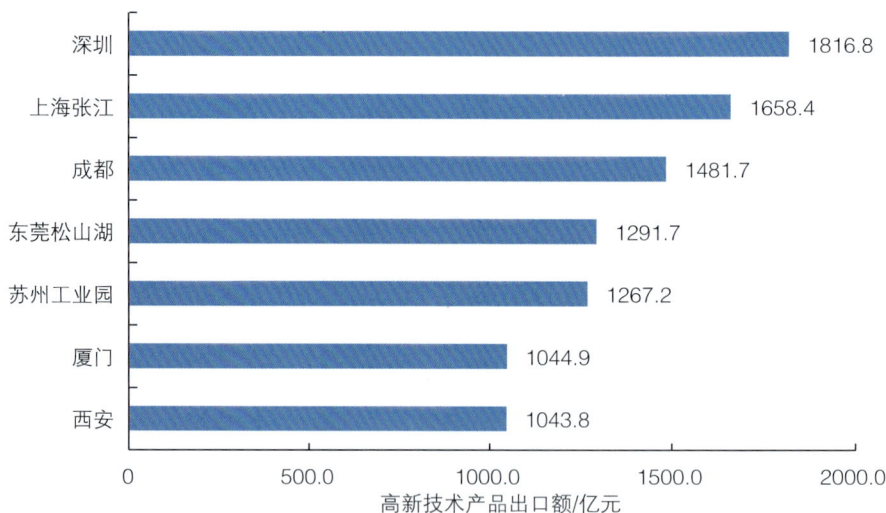

图 5-50　2019 年高新技术产品出口超千亿元的国家高新区情况

5. 技术服务出口不断高速增长

从技术服务出口来看，2019 年，国家高新区企业实现技术服务出口 2550.7 亿元，同口径增长 15.4%，规模是 2015 年的 2.1 倍以上。近几年来，技术服务出口持续高速增长，同口径增速均在 15% 以上。技术服务出口占国家高新区出口总额的比重持续上升，2019 年提高到 6.2%；占全国技术服务出口（2018 年 17 658 亿元）的比重提升更为明显，从 2015 年的 6.6% 攀升到 2018 年的 12.5%（图 5-51）。国家高新区正在成为我国技术服务出口的重要源头。

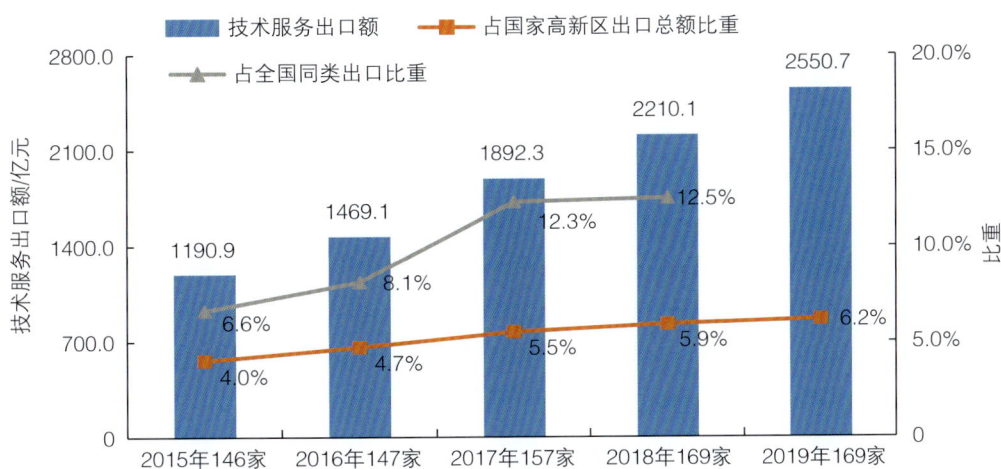

图 5-51　2015—2019 年国家高新区技术服务出口情况

从不同地区来看，2019 年，东部地区国家高新区技术服务出口 1311.0 亿元，占国家高新区技术服务出口总额的 51.4%；西部地区国家高新区技术服务出口 634.1 亿元，占比近 1/4；中部地区国家高新区约占 1/5；东北地区国家高新区仅占 4.1%。西部、中部和东北地区的国家高新区技术服务出口占本地区国家高新区总出口的比重均在 10% 以上，而东部地区国家高新区占比仅为 4.4%（图 5-52）。

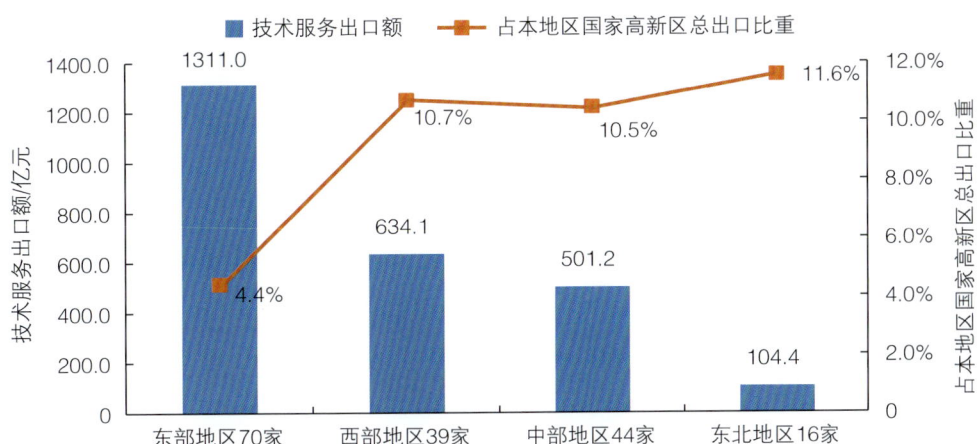

图 5-52　2019 年不同地区国家高新区技术服务出口情况

从省（区、市）来看，2019 年，国家高新区技术服务出口超过 200 亿元的省（区、市）有 8 个，其中北京和四川分别达到 381.4 亿元和 360.3 亿元，占据显著优势（图 5-53）；超过 50 亿元的省（区、市）有 12 个；超过 10 亿元的省（区、市）有 17 个；而甘肃、内蒙古、海南、山西、贵州、新疆、云南 7 个省（区、市）均不足 2000 万元，青海和宁夏两地国家高新区尚未实现技术服务出口。

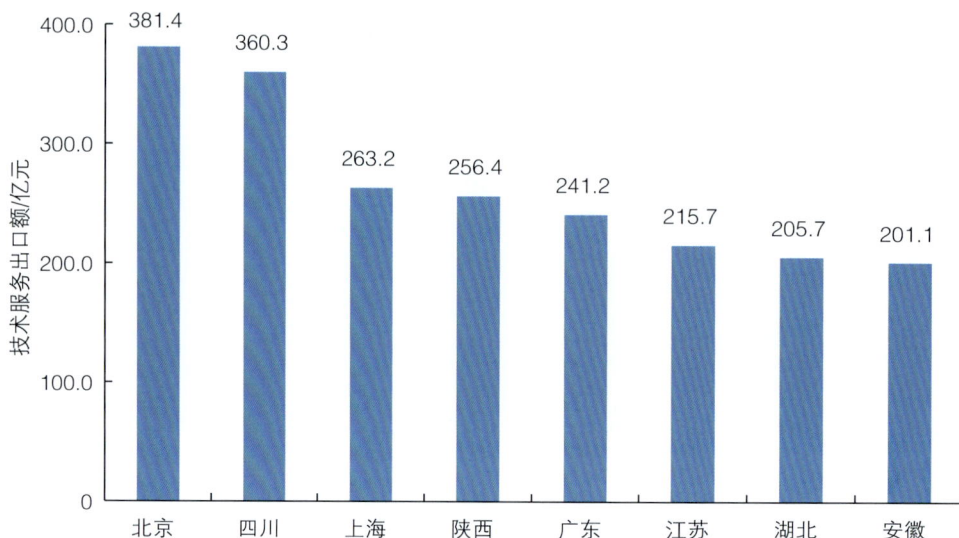

图 5-53　2019 年国家高新区技术服务出口超 200 亿元的省（区、市）情况

从不同类别国家高新区来看，2019 年，世界一流高科技园区实现技术服务出口 1927.4 亿元，占国家高新区技术服务出口总额的 3/4 以上，占据绝对优势；创新型科技园区技术服务出口 206.3 亿元，占比 8.1%；创新型特色园区技术服务出口 317.1 亿元，占比 12.4%；其他园区技术服务出口 99.9 亿元，占比 3.9%（图 5-54）。

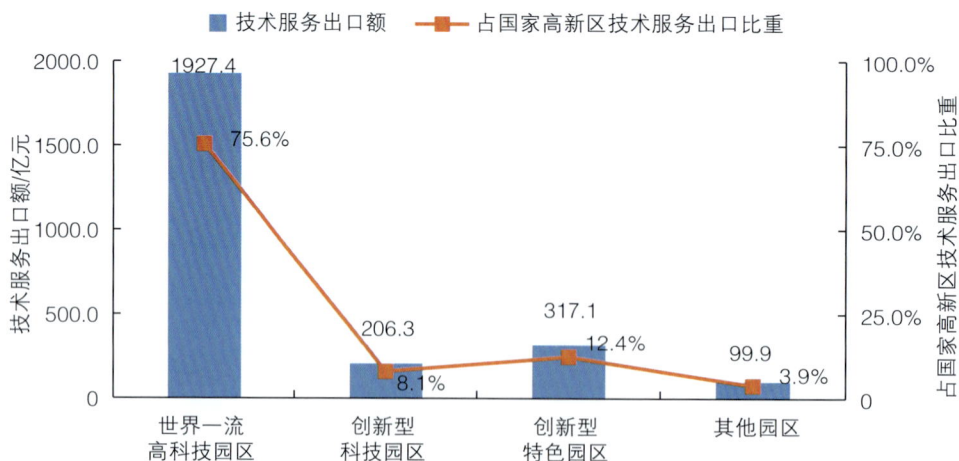

图 5-54　2019 年不同类别国家高新区技术服务出口情况

从具体园区来看，2019 年，技术服务出口 200 亿元以上的国家高新区有 6 家，合计占到国家高新区技术服务出口总额的 63.7%。其中，中关村和成都高新区分别达到 381.4 亿元和 359.6 亿元，领先优势突出（图 5–55）。技术服务出口 50 亿元以上的国家高新区有 13 家，技术服务出口 10 亿元以上的有 25 家，尚未实现技术服务出口收入的有 51 家。

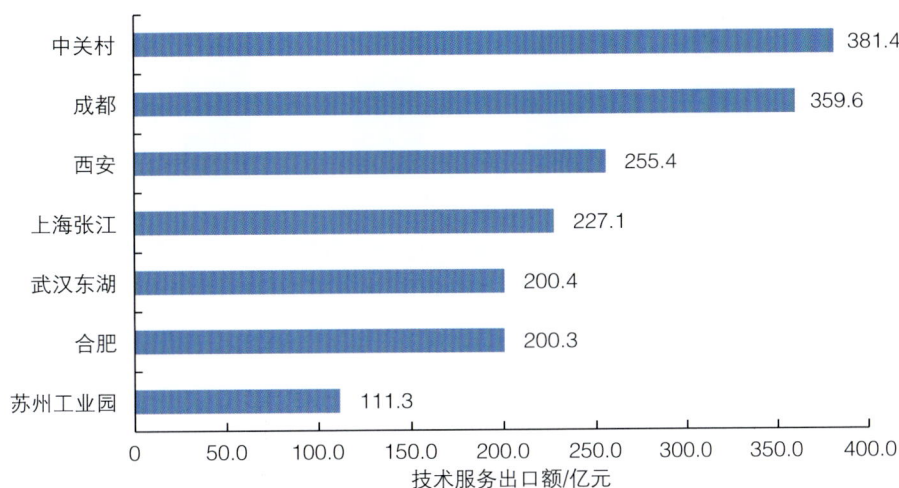

图 5–55 2019 年技术服务出口超 100 亿元的国家高新区情况

6. 内资企业成为外贸发展主力

从不同性质企业进出口看，内资企业进出口增长较快，2018 年进出口规模首次超过外商投资企业，成为国家高新区外贸的主力军。2019 年，国家高新区内资企业进出口额达到 30 152.2 亿元，同比增长 12.4%，占国家高新区进出口总额的 42.2%；外商投资企业进出口额 29 501.0 亿元，占比 41.3%；港澳台投资企业进出口额 11 782.7 亿元，占比 16.5%（图 5–56）。

从不同性质企业出口看，内资企业出口增长较快，自 2016 年出口规模首次超过外商投资企业后，领先优势不断扩大。2019 年，国家高新区内资企业出口额达到 19 363.3 亿元，同比增长 11.5%，分别是外商投资企业（15 088.3 亿元）的 1.3 倍、港澳台投资企业（6919.8 亿元）的 2.8 倍（图 5–57）。

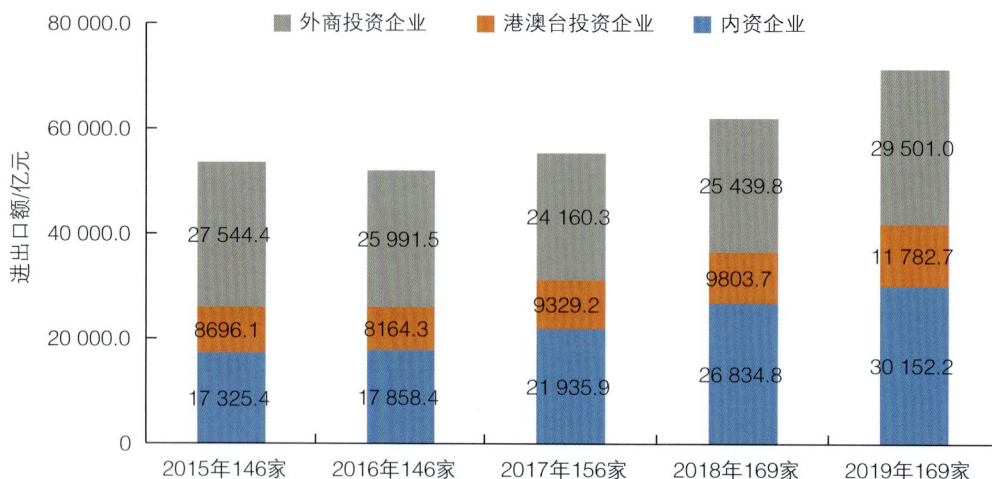

图 5-56 2015—2019 年国家高新区不同性质企业进出口情况

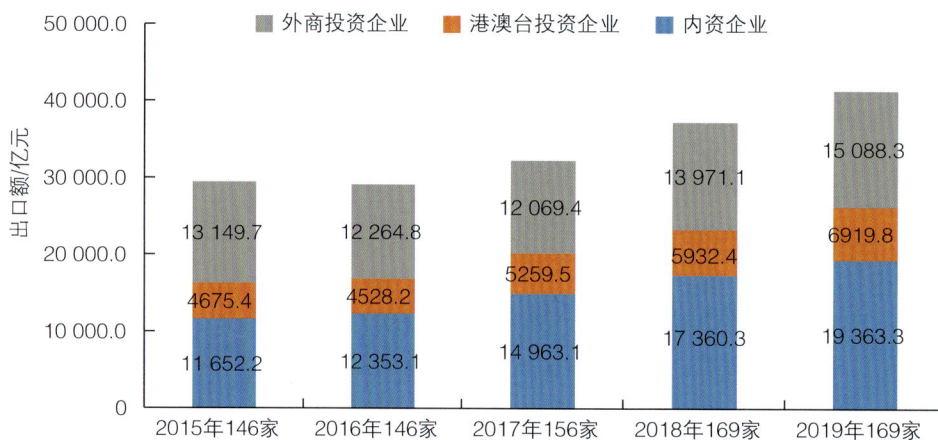

图 5-57 2015—2019 年国家高新区不同性质企业出口情况

从不同性质企业出口占比看，内资企业出口占比提高显著，外商投资企业出口占比持续下滑。2019 年，内资企业出口占国家高新区出口总额的 46.8%，比 2015 年提高 7.3 个百分点。港澳台投资企业出口占比 16.7%，比 2015 年提高 0.8 个百分点。外商投资企业出口占比 36.5%，比 2015 年下降 8.1 个百分点（图 5-58）。内资企业在国家高新区出口中的出口支柱地位不断强化。

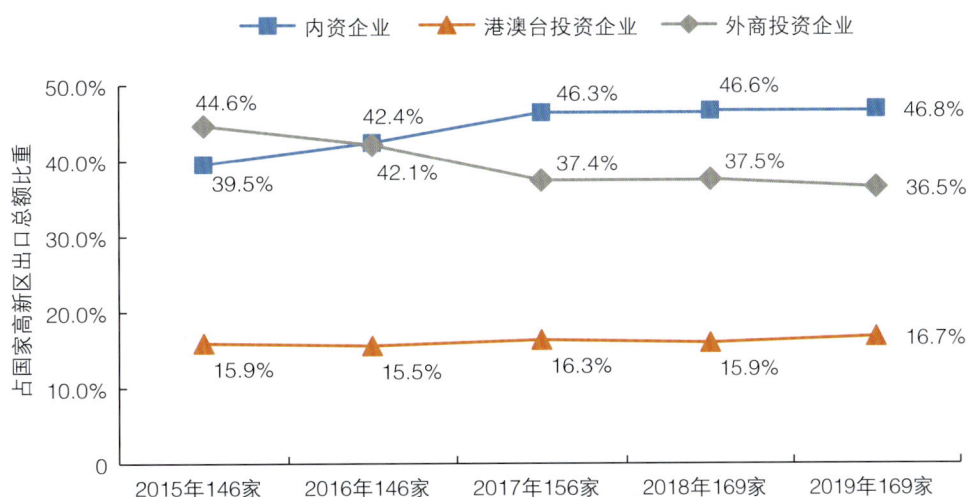

图 5-58　2015—2019 年不同性质企业出口占国家高新区出口总额比重情况

7. 中小企业外贸占比达到 1/3

从不同规模企业进出口看，2019 年，大型企业进出口 47 897.2 亿元，占国家高新区进出口总额的 67.0%，比 2017 年下滑 3.5 个百分点，但占比仍超过 2/3；中型企业、小型企业进出口分别实现 19 045.9 亿元、4358.4 亿元，合计占比提升到近 1/3，比 2017 年提高 3.4 个百分点（图5-59）。

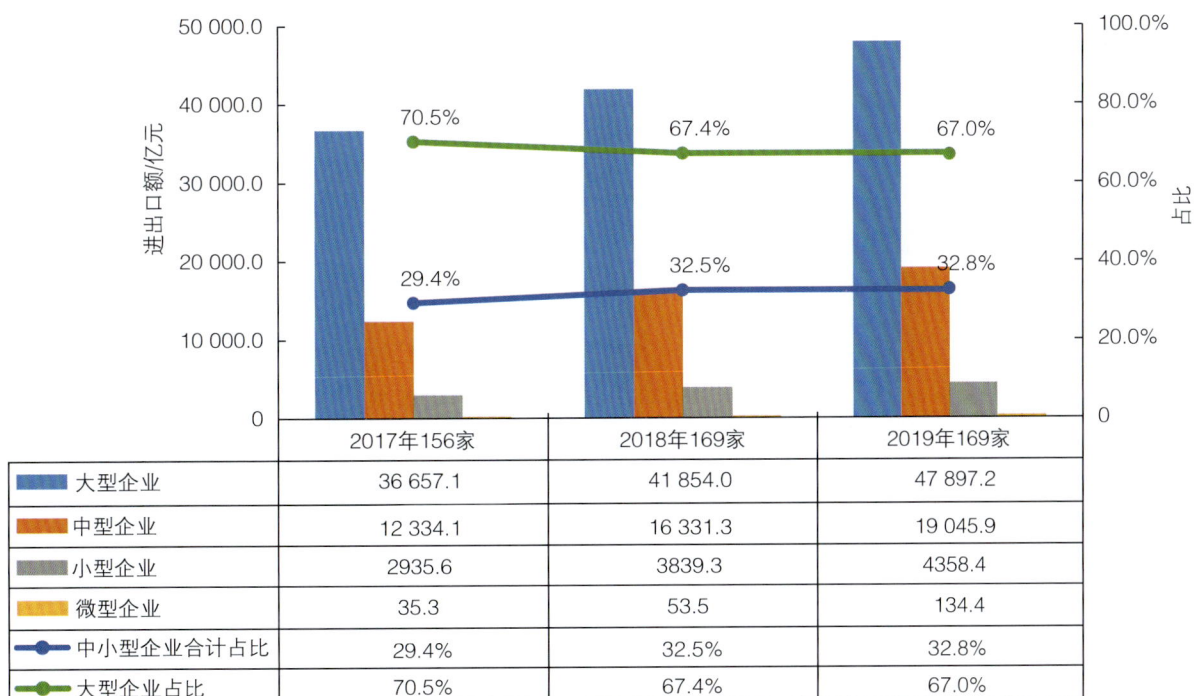

	2017年156家	2018年169家	2019年169家
大型企业	36 657.1	41 854.0	47 897.2
中型企业	12 334.1	16 331.3	19 045.9
小型企业	2935.6	3839.3	4358.4
微型企业	35.3	53.5	134.4
中小型企业合计占比	29.4%	32.5%	32.8%
大型企业占比	70.5%	67.4%	67.0%

图 5-59　2017—2019 年不同规模企业进出口及占比情况

从不同规模企业出口看，2019 年，大型企业出口 27 177.0 亿元，占国家高新区总出口的 65.7%，比重持续下滑，但仍是国家高新区出口梯队中的主导力量；中型企业、小型企业分别出口 10 748.6 亿元、3347.4 亿元，合计占到国家高新区出口总额的 1/3 左右，比重持续上升，外贸地位稳步提高（图 5-60）。

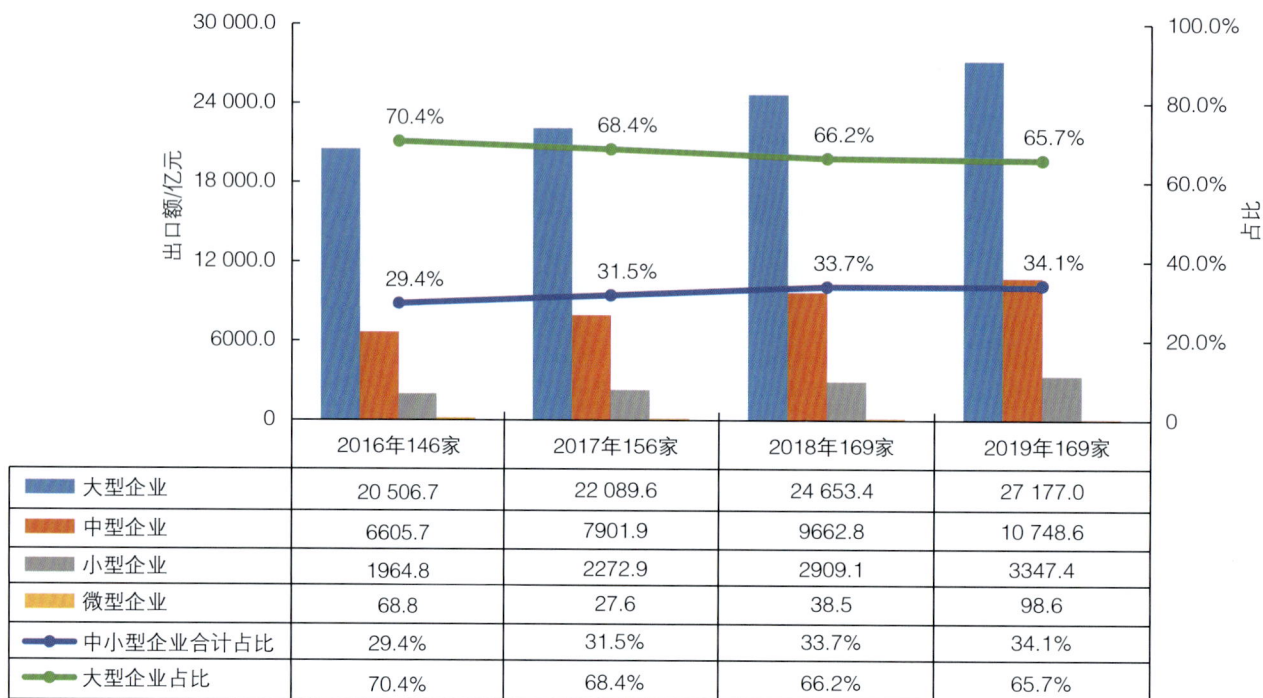

	2016年146家	2017年156家	2018年169家	2019年169家
大型企业	20 506.7	22 089.6	24 653.4	27 177.0
中型企业	6605.7	7901.9	9662.8	10 748.6
小型企业	1964.8	2272.9	2909.1	3347.4
微型企业	68.8	27.6	38.5	98.6
中小型企业合计占比	29.4%	31.5%	33.7%	34.1%
大型企业占比	70.4%	68.4%	66.2%	65.7%

图 5-60 2016—2019 年不同规模企业出口及占比情况

（四）企业海外上市

1. 境外上市企业数量稳定增长

从境外上市企业来看，截至 2019 年年底，国家高新区内共有境外上市企业主体 465 家，较 2018 年增加 32 家，是 2015 年的近 1.7 倍，上市企业数量保持稳定增长态势；受境内资本市场快速发展的影响，境内上市企业快速增长，境外上市企业占国家高新区全部上市企业的比重有所下滑，由 2015 年的 21.8% 下降到 2019 年的 18.6%，下降 3.2 个百分点（图 5-61）。

图 5-61　2015—2019 年国家高新区拥有境外上市企业情况

从国家高新区 465 家境外上市企业的资本市场分布看，香港最多，有 343 家，占比高达 73.8%；纽交所有 33 家，占比 7.1%；纳斯达克有 31 家，占比 6.7%；此外，新加坡有 7 家，东京和伦敦各 2 家，境外其他市场累计有 47 家（图 5-62）。

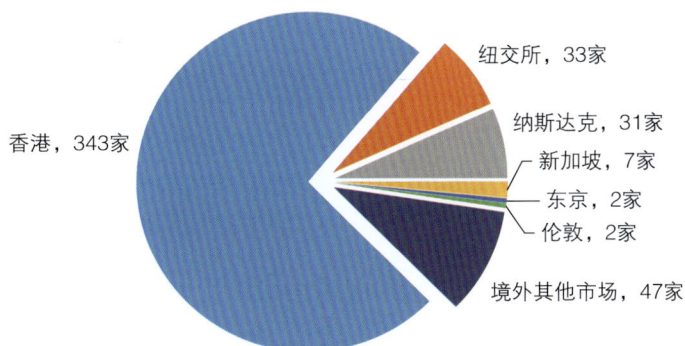

图 5-62　截至 2019 年年底国家高新区境外上市企业资本市场分布

2. 中关村境外上市企业数量大幅领先

从境外上市企业的园区分布看，有 9 家国家高新区境外上市企业数量达到或超过 10 家，合计占国家高新区境外上市企业总数的一半以上。其中，中关村拥有 87 家境外上市企业，占比 18.7%，远多于其他国家高新区；深圳高新区和西安高新区境外上市企业数量也都在 30 家以上。另有 40 家国家高新区仅各有 1 家境外上市企业，71 家国家高新区还没有境外上市企业（图 5-63）。

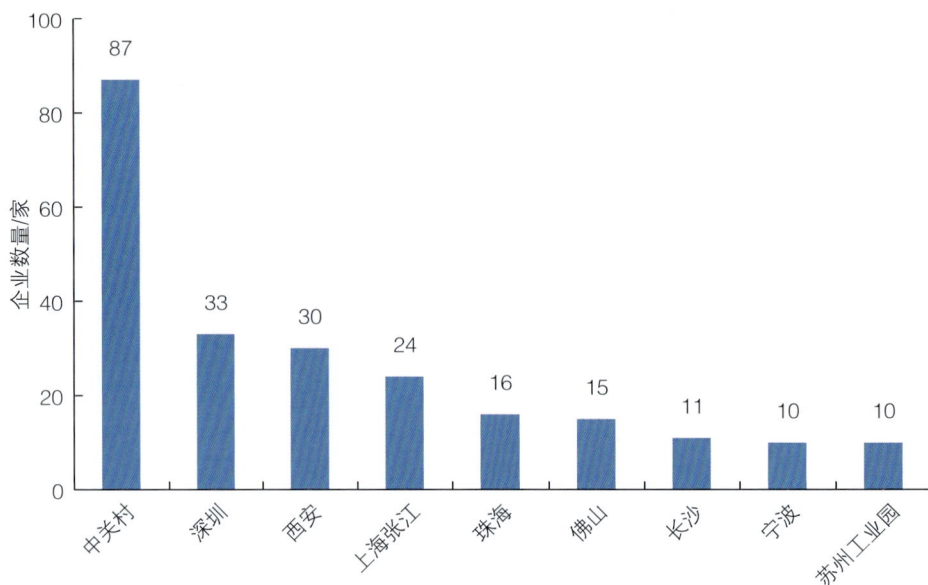

图 5-63　拥有 10 家及以上境外上市企业的国家高新区情况

3. 企业海外上市融资股本爆发增长

从企业海外上市融资来看，2019 年，国家高新区企业海外上市融资股本 1820.9 亿元，同比翻一番以上，近几年呈现爆发式增长态势。其中，内资控股企业海外上市融资股本 1296.4 亿元，占国家高新区企业海外上市融资股本的 71.2%，发展势头强劲（图 5-64）。

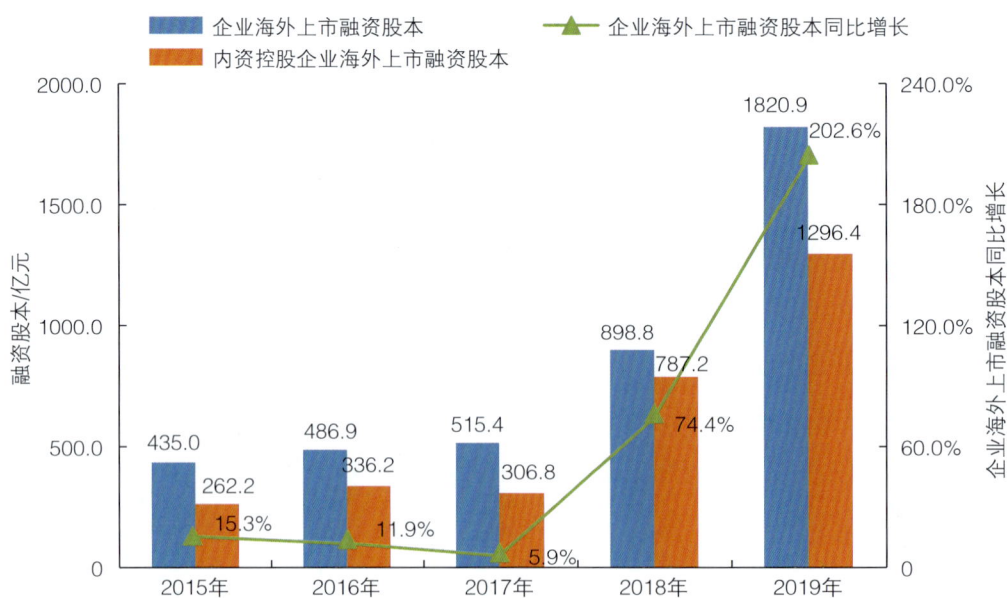

图 5-64　2015—2019 年国家高新区企业海外上市融资股本情况

从具体国家高新区看，2019 年，企业海外上市融资股本超过 10 亿元的国家高新区有 8 家，超过 1 亿元的有 29 家。其中，中关村科技园区海外上市融资股本高达 1573.6 亿元，占国家高新区企业海外上市融资股本的 86.4%，占据明显的绝对优势（表 5-1）。

表5-1　2019年企业海外上市融资股本超过10亿元的国家高新区

序号	国家高新区	海外上市融资股本／亿元
1	中关村科技园区	1573.6
2	石家庄高新区	49.2
3	重庆高新区	24.8
4	西安高新区	20.2
5	天津滨海高新区	20.1
6	深圳高新区	17.9
7	苏州工业园	15.2
8	上海张江高新区	14.2

中国国家高新区开放创新发展报告2020

区域层面的

第六章

开放格局

一、不同地区国家高新区国际化

（一）东部地区

东部地区留学归国人员、外籍常驻人员和引进外籍专家数量均在国家高新区中占据较大比重，国际化人才集聚优势明显。本土企业创新产出效率实现大幅提高，专利水平、研发机构和研发投入均领先于其他地区，高于国家高新区平均水平。进出口总额稳步增长，占国家高新区总体的比重均已超过七成，具有较强的国际市场竞争力。国际双向投资合作领跑国家高新区，已成为国家高新区推进国际化合作交流的主阵地。

1. 集中了国家高新区七成国际化人才

从留学归国人员情况来看，2015—2019 年，东部地区国家高新区留学归国人数呈现稳步增长态势，2019 年达到 124 628 人，是 2015 年的 1.7 倍。留学归国人员占本地区国家高新区企业从业人员的比重提高至近 1.0%。占国家高新区留学归国人员总数的比重持续稳定上升，由 2015 年的 64.6% 提升至 2019 年的 73.0%，提高了 8.4 个百分点，领先优势不断扩大（图 6-1）。

图 6-1　2015—2019 年东部地区国家高新区留学归国人员情况

从外籍常驻人员情况来看，2015—2019 年，东部地区国家高新区外籍常驻人员呈现波动式变化，2019 年为 51 899 人，相比 2015 年增长 10.7%。外籍常驻人员占本地区国家高新区企业从业人员比重稳定在 0.5% 左右，占国家高新区外籍常驻人员总数的比重整体呈现下滑态势，由 2015 年的 73.2% 下降到 2019 年的 66.6%，下降了 6.6 个百分点（图 6-2）。

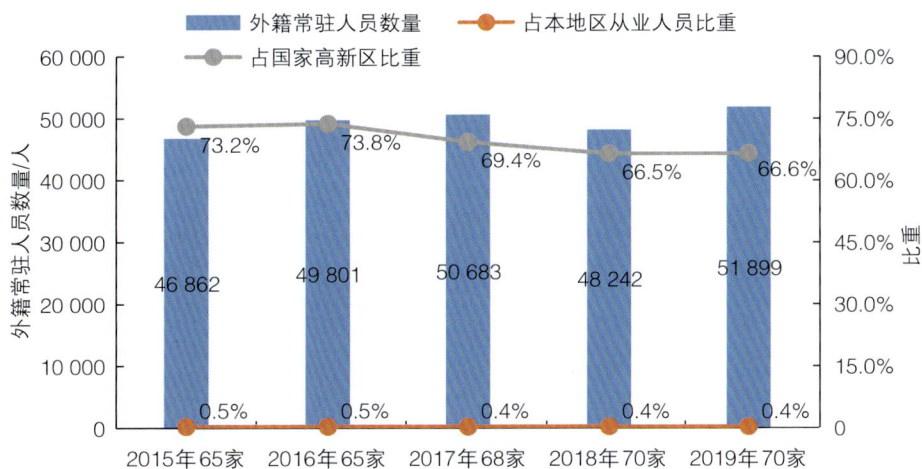

图 6-2 2015—2019 年东部地区国家高新区外籍常驻人员情况

从引进外籍专家情况来看,2019 年东部地区国家高新区引进外籍专家 10 371 人,占国家高新区引进外籍专家总数的比重为 63.11%,依然占据主导位置,占本地区国家高新区企业从业人员比重为 0.08%。从发展趋势看,2019 年引进外籍专家数量较 2015 年增长 29.6%,占国家高新区总体比重增长了 6.63 个百分点,占本地区从业人员比重基本保持不变(图 6-3)。

图 6-3 2015—2019 年东部地区国家高新区引进外籍专家情况

2. 国际创新成果产出效率大幅提高

从拥有欧美日专利情况来看,东部地区国家高新区企业拥有欧美日专利数量不断增多,2019 年增长到 91 809 件,是 2015 年拥有欧美日专利数量的 8 倍多。东部地区国家高新区企业拥有欧美日专利数占国家高新区总体的比重一直保持在 80% 以上,2019 年更是达到了 92.9%,是国家高新区国际创新成果的核心承载区。东部地区万人拥有欧美日专利数量不断上升,由 2015 年的 11 件上升至 2019 年的 68 件,增长了 5 倍,明显高于国家高新区平均水平,领先优势逐年扩大（图 6-4）。

图 6-4　2015—2019 年东部地区国家高新区拥有欧美日专利情况

2015—2019 年，东部地区国家高新区外资研发机构数量和期末境外技术研发机构数量不断增多。从外资研发机构来看，由 2302 个增长至 3616 个，年均增长率为 12.0%，占国家高新区总体的比重由 2015 年的 92.8% 下降至 2019 年的 85.2%，下降了 7.6 个百分点。从期末境外技术研发机构来看，由 571 个增长到 1240 个，增长了 117.2%，占国家高新区比重由 2015 年的 72.6% 降至 2019 年的 67.3%，下降了 5.3 个百分点（图 6-5）。

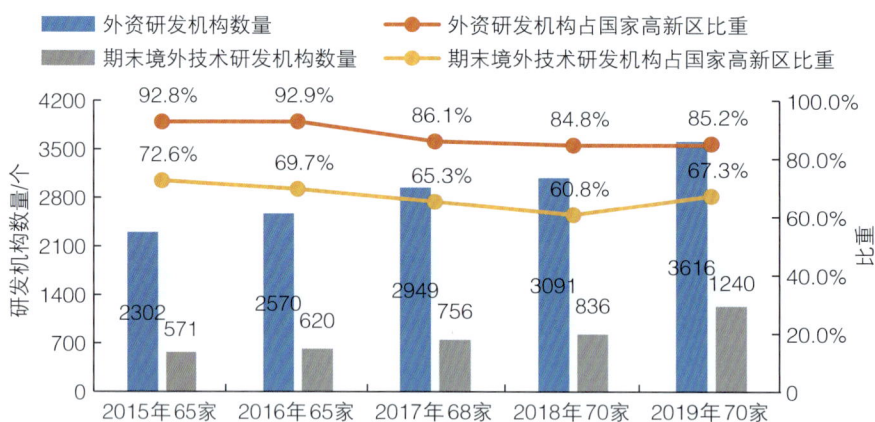

图 6-5　2015—2019 年东部地区国家高新区研发机构情况

从委托境外研发活动费用支出情况来看，2015—2019 年，东部地区国家高新区委托境外开展研发活动费用支出持续增加，2019 年大幅增长，达到 193.0 亿元，与 2018 年相比，实现翻番；占国家高新区总体比重不断上升，2019 年达到 84.3%，较 2015 年提高了 11.7 个百分点（图 6-6）。

图 6-6　2015—2019 年东部地区国家高新区委托境外开展研发活动支出情况

3. 进出口额均占国家高新区七成以上

从进出口情况看，2015—2019 年，东部地区国家高新区出口额保持持续稳定增长，2019 年达到 29 762.3 亿元，年均增长率为 8.4%，占国家高新区总体出口总额的比重整体上升，2019 年为 71.9%。进口总额逐年增长，2019 年突破 2 万亿元，为 22 419.4 亿元，占国家高新区总体进口总额的比重持续保持在 70.0% 以上，且均高于同期出口额占国家高新区总体出口总额的比重（图 6-7）。

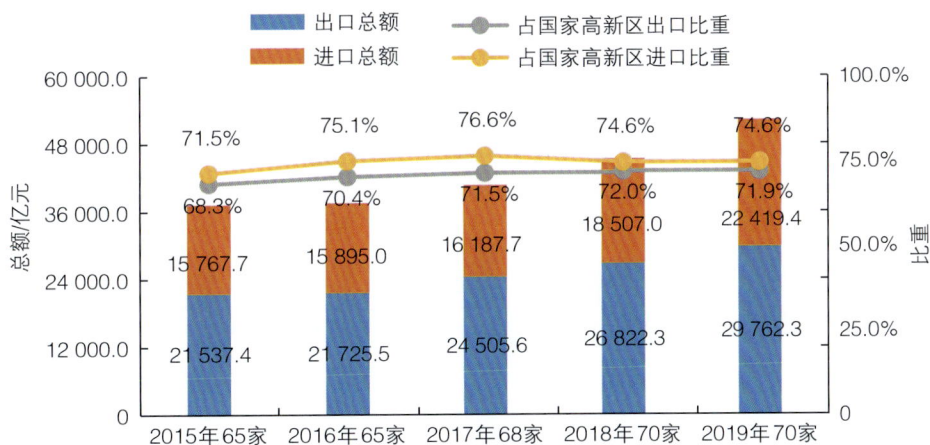

图 6-7　2015—2019 年东部地区国家高新区进出口情况

从高新技术产品出口情况来看，东部地区国家高新区高新技术产品出口规模不断扩大，2019 年达到 16 571.8 亿元，较 2018 年增长了 7.5%，是 2015 年的 1.4 倍；占国家高新区总体的比重稳定保持在 70.0% 左右（图 6-8）。

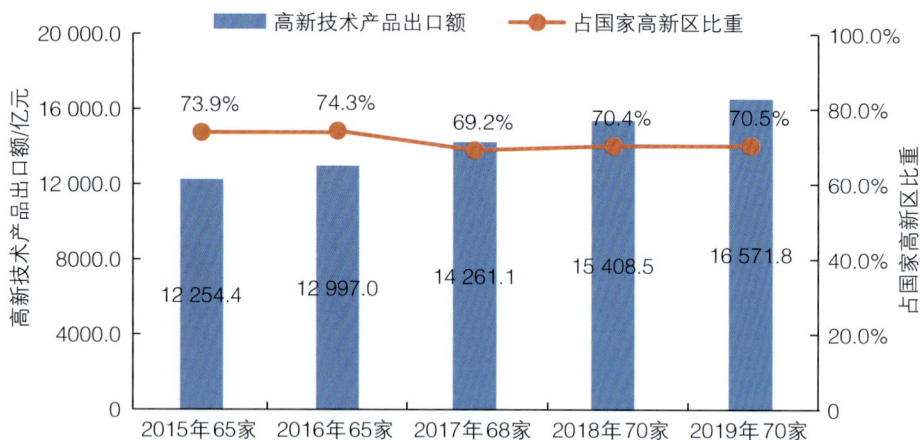

图 6-8　2015—2019 年东部地区国家高新区高新技术产品出口情况

从技术服务出口情况来看，东部地区国家高新区技术服务出口规模不断扩大，2017 年突破 1000 亿元，2019 年达到 1311.0 亿元。2015—2018 年占国家高新区总体技术服务出口的比重持续下降，2019 年小幅回升，达到 51.4%，但仍低于 2015 年 14.8 个百分点，领先优势有所缩减（图 6-9）。

图 6-9　2015—2019 年东部地区国家高新区技术服务出口情况

4. 国际双向投资合作领跑国家高新区

从实际利用外资情况来看，2015—2019 年，东部地区国家高新区实际利用外资规模呈现波动增长的趋势，2019 年实际利用外资规模达 2036.5 亿元，占国家高新区的比重为 53.2%，与 2015 年相比下降 8.2 个百分点（图 6-10）。

图 6-10　2015—2019 年东部地区国家高新区实际利用外资情况

从企业对境外直接投资情况来看，2015—2019 年，东部地区国家高新区企业对境外直接投资规模波动上升，2019 年达到 1075.8 亿元，较 2018 年增长 9.6%。2015—2019 年占国家高新区比重均高于 2/3，一直是国家高新区开展境外投资的主导区域（图 6-11）。

图 6-11　2015—2019 年东部地区国家高新区对境外直接投资情况

从设立海外分支机构情况来看，2015—2019 年，东部地区国家高新区设立海外分支机构数量不断增多，2019 年出现大幅增长，达到 6276 个，是 2018 年的 1.4 倍多；占国家高新区的比重呈现先下降后上升的趋势，2018 年较 2015 年下降超 10 个百分点，2019 年出现回升，增至 69.5%（图 6-12）。

图 6-12　2015—2019 年东部地区国家高新区设立海外分支机构情况

（二）中部地区

中部地区国家高新区留学归国人员和外籍常驻人员数量均增长较快，但引进外籍专家数量有所下降，国际化人才占国家高新区总体比重不足 1/5。拥有欧美日专利数量不断上升，境外研发机构数量占到国家高新区总体的两成多，创新产出效率显著增强。进出口总额持续下滑趋势得到初步扭转，但占国家高新区总体的出口比重已下跌至 12.0% 以下，进口比重则在 7.0% 以下，进出口贸易能力有待进一步提升。实际利用外资能力逐渐增强，占国家高新区比重接近 25.0%，企业对境外直接投资和设立海外分支机构数量规模减小，国际双向投资合作的水平需进一步提高。

1. 外籍常驻人员占国家高新区比重快速提升

从留学归国人员情况来看，2015—2019 年，中部地区国家高新区留学归国人员数量不断增多，由 16 923 人增加到 25 726 人，增幅达 52.0%。中部地区国家高新区留学归国人员占本地区国家高新区企业从业人员的比重稳定在 0.6% 左右，占国家高新区留学归国人员的比重稳定在 15.0% 左右（图 6-13）。

从外籍常驻人员来看，2015—2019 年，中部地区国家高新区外籍常驻人员数量实现较快增长，2019 年达到 13 792 人，是 2015 年的 1.6 倍以上。中部地区国家高新区外籍常驻人员数量占本地区国家高新区企业从业人员比重稳定在 0.3% 左右，占国家高新区外籍常驻人员的比重稳步提升，由 2015 年的 13.1% 提高到 2019 年的 17.7%，上升了 4.6 个百分点（图 6-14）。

从引进外籍专家来看，中部地区国家高新区引进外籍专家数量呈先升后降趋势，2016 年达到最高值后持续下降，2019 年降至 2106 人，减少了 1/3。占本地区从业人员比重不断下降，2019 年仅为 0.05%。中部地区国家高新区引进外籍专家数占国家高新区比重持续降低，2019 年为 12.81%，较 2015 年下降近 6 个百分点（图 6-15）。

图 6-13　2015—2019 年中部地区国家高新区留学归国人员情况

图 6-14　2015—2019 年中部地区国家高新区外籍常驻人员情况

图 6-15　2015—2019 年中部地区国家高新区引进外籍专家情况

2. 企业国际化创新拓展能力不断增强

从欧美日专利情况来看，中部地区国家高新区拥有欧美日专利数量不断上升，2019 年增至 3616 件，是 2015 年的 3.7 倍，但占国家高新区的比重下降至 3.7%（图 6-16）。中部地区国家高新区万人拥有欧美日专利数持续增长，2019 年达到 9 件，但明显落后于国家高新区平均水平，仅为国家高新区平均水平（45 件）的 1/5，且增幅变缓，发展后劲有待提高。

图 6-16　2015—2019 年中部地区国家高新区拥有欧美日专利情况

2015—2019 年，中部地区国家高新区外资研发机构和期末境外技术研发机构数量持续增多。从外资研发机构数量来看，2019 年有 404 个，年均增长近 50.0%，占国家高新区比重为 9.5%，较 2015 年提升 6.2 个百分点。从期末境外技术研发机构数来看，2019 年有 407 个，年均增长 35.4%，占国家高新区比重为 22.1%，与 2015 年相比，提高了 6.7 个百分点（图 6-17）。

图 6-17　2015—2019 年中部地区国家高新区研发机构情况

从委托境外开展研发活动费用支出情况来看，2015—2019 年，中部地区国家高新区委托境外开展研发活动支出先降后增，2019 年增长迅猛，达到近 5 年最高值 15.3 亿元，较 2018 年增长了 82.1%。占国家高新区比重有所下降，由 2015 年的 12.6% 降至 2019 年的 6.7%，下降近 6 个百分点，境外研发活动增长低于同期国家高新区平均水平（图 6-18）。

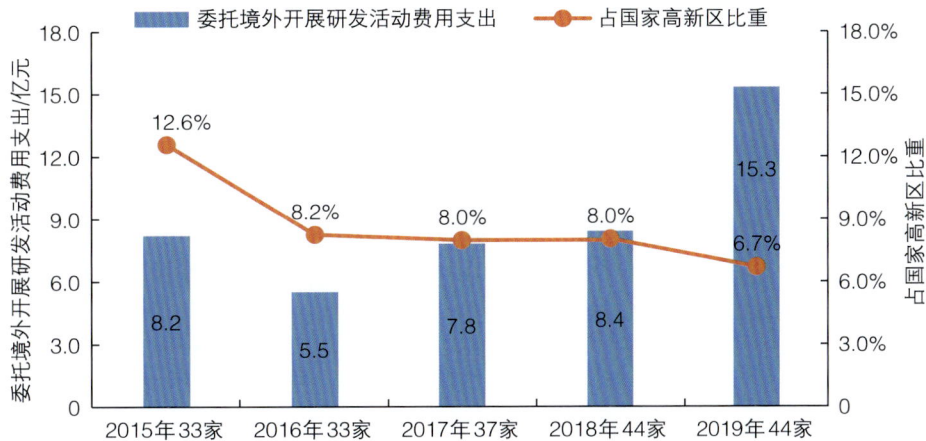

图 6-18　2015—2019 年中部地区国家高新区委托境外开展研发活动支出情况

3. 技术服务出口占国家高新区近两成

从进出口情况来看，2015—2019 年，中部地区国家高新区出口规模先下降后逐步回升，2019 年达到 4785.7 亿元，较 2018 年增长 10.8%。中部地区国家高新区历年出口额占国家高新区的比重持续走低，2019 年仅为国家高新区比重的 11.6%，相较 2015 年下降了 7.4 个百分点。2019 年，中部地区国家高新区进口额实现较大回暖，但相比 2015 年依然减少 42.6%。同期，中部地区国家高新区进口总额仅占国家高新区进口总额比重的 6.5%，明显低于出口额占比（图 6-19）。

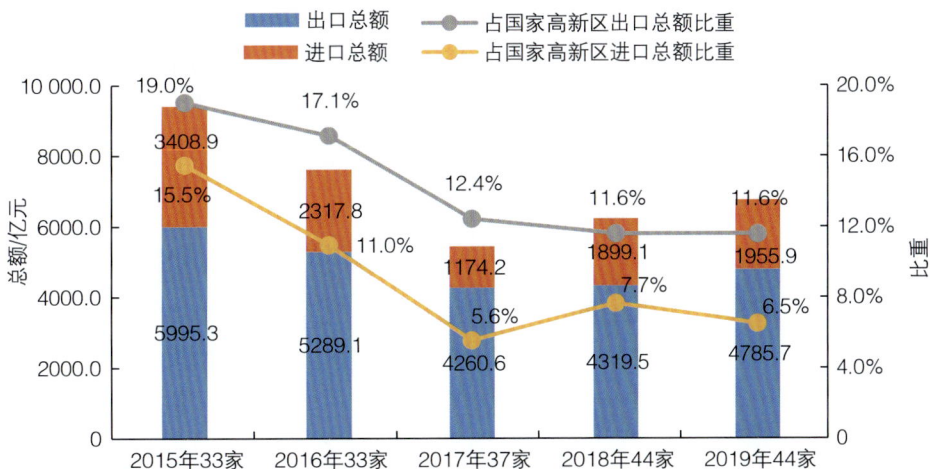

图 6-19　2015—2019 年中部地区国家高新区进出口总额情况

从高新技术产品出口情况来看，2015—2019 年，中部地区高新技术产品出口规模波动上升，2019 年达到 2991.5 亿元，较 2018 年增长 11.8%。中部地区高新技术产品出口规模占国家高新区的比重稳定在 10.0% 以上，其中 2017 年最高值达到 13.7%，2019 年为 12.7%（图 6-20）。

图 6-20　2015—2019 年中部地区国家高新区高新技术产品出口情况

从技术服务出口情况来看，2015—2019 年，中部地区国家高新区技术服务出口规模实现快速增长，由 2015 年的 165.1 亿元增长到 2019 年的 501.2 亿元，增幅达 2 倍。中部地区国家高新区技术服务出口规模占国家高新区的比重不断上升，2019 年达到 19.6%，是 2015 年的 9 倍多，发展势头迅猛（图 6-21）。

图 6-21　2015—2019 年中部地区国家高新区技术服务出口情况

4. 实际利用外资占国家高新区近 1/4

从实际利用外资情况来看，2015—2019 年，中部地区国家高新区实际利用外资规模不断扩大，2019 年实际利用外资规模达到 949.9 亿元，较 2015 年增长 84.0%。中部地区国家高新区实际利用外资规模占国家高新区的比重稳步上升，由 2015 年的 18.9% 提升到 2019 年的 24.8%，提高了 5.9 个百分点，中部地区成为吸引外资的新热点（图 6-22）。

图 6-22　2015—2019 年中部地区国家高新区实际利用外资情况

从对境外直接投资情况来看，2015—2019 年，受国际投资环境的影响，中部地区国家高新区对境外直接投资额规模波动明显，2019 年增至 214.2 亿元。中部地区国家高新区对境外直接投资额占国家高新区的比重在 2017 年达到近年最高值 17.2%，2018 年大幅下降，2019 年略有回升，为 13.8%，但与 2017 年相比，仍相差 3.4 个百分点（图 6-23）。

图 6-23　2015—2019 年中部地区国家高新区对境外直接投资情况

从设立海外分支机构情况来看，2015—2019 年，中部地区国家高新区企业设立海外分支机构数量先增长后趋于稳定，2019 年为 1690 个，是 2015 年的 1.8 倍。2015—2018 年中部地区国家高新区企业设立海外分支机构数量占国家高新区的比重不断上升，2019 年出现较大幅下降，降至 18.7%，较 2018 年下降 5.7 个百分点（图 6-24）。

图 6-24　2015—2019 年中部地区国家高新区设立海外分支机构情况

（三）东北地区

2019 年东北地区留学归国人员、外籍常驻人员和引进外籍专家总量降至万人以下，占国家高新区国际化人才总数的比重不足 4%，人才国际化水平相对较低。研发机构数量、研发活动支出方面呈现增长趋势，企业创新的国际化水平有所提升。外贸发展相对平稳，出口总额呈现逐渐恢复趋势，出口结构不尽合理。实际利用外资及设立海外分支机构数量呈下滑趋势，2019 年占国家高新区比重达到历年低值，但境外直接投资规模有所回升，区内企业发展动力仍显不足。

1. 国际化人才总量降至万人以下

从留学归国人员情况来看，2015—2019 年，东北地区国家高新区留学归国人员数量总体呈下降趋势，2019 年为 6977 人，留学归国人员占本地区国家高新区企业从业人员的比重基本稳定在 0.8% 左右，留学归国人员占国家高新区留学归国人员数量的比重持续下降，由 2015 年的 8.2% 下降到 2019 年的 4.1%，下滑 4.1 个百分点（图 6-25）。

从外籍常驻人员情况来看，2015—2019 年，东北地区国家高新区外籍常驻人员数量总体呈现先增后降趋势，由 2015 年的 2184 人增长到 2018 年的 2635 人，增幅超过 20%；2019 年出现回落，降至 2388 人。外籍常驻人员占本地区国家高新区企业从业人员的比重在 0.1% ~ 0.3%，占国家高新区外籍常驻人员总量的比重出现波动，2019 年达到历年最低，为 3.06%（图 6-26）。

从引进外籍专家情况来看，2015—2019 年，东北地区国家高新区引进外籍专家数量持续降低，2019 年仅为 381 人，不足 2015 年的一半。2015—2018 年外籍专家数量占本地区国家高新区企业从业人员比重稳定在 0.07% 左右，2019 年出现明显下降，降至 0.04%。2015—2017 年引进外籍专家数量占国家高新区比重呈下降趋势，2018 年略有回升，2019 年下降近 2 个百分点，降至 2.32%，为历年最低（图 6-27）。

图 6-25　2015—2019 年东北地区国家高新区留学归国人员情况

图 6-26　2015—2019 年东北地区国家高新区外籍常驻人员情况

图 6-27　2015—2019 年东北地区国家高新区引进外籍专家情况

2. 企业创新国际化水平有所提升

从欧美日专利情况来看，东北地区国家高新区拥有欧美日专利数波动较大，2019 年为 968 件，欧美日专利数占国家高新区整体的比重波动下降至 1.0%。2015—2019 年东北地区国家高新区万人拥有欧美日专利数量实现稳步增长，由 2015 年的 3 件增至 2019 年的 10 件，但依然明显低于国家高新区平均水平，且差距呈拉大趋势，2019 年仅为国家高新区平均水平（45 件）的 22%（图 6-28）。

图 6-28　2015—2019 年东北地区国家高新区拥有欧美日专利情况

从外资研发机构数量情况来看，2019 年东北地区国家高新区外资研发机构数量为 43 个，是 2015 年（23 个）的近 2 倍，增长迅速。5 年间，东北地区国家高新区外资研发机构数占国家高新区整体的比重稳定在 1% 左右。从期末境外技术研发机构数量来看，2019 年期末拥有境外技术研发机构 48 个，占国家高新区的比重降至 2.6%，比 2015 年下降 1.9 个百分点，为历年最低（图 6-29）。

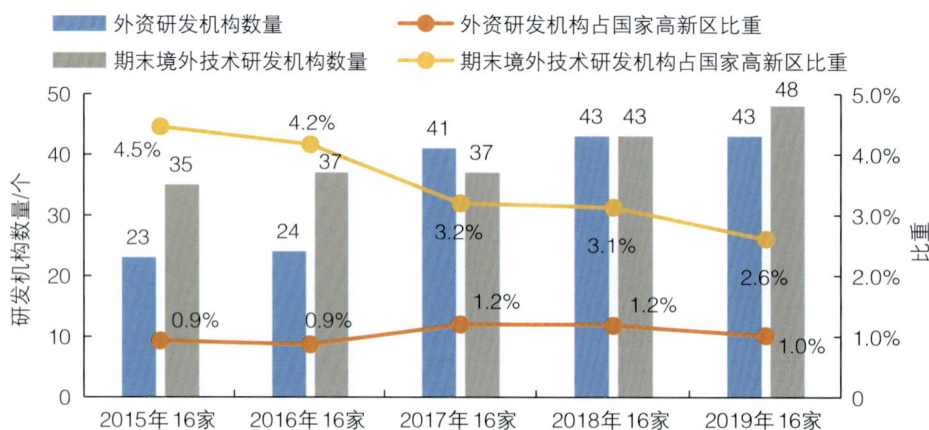

图 6-29　2015—2019 年东北地区国家高新区研发机构情况

从委托境外开展研发活动费用支出情况来看，2015—2019年，东北地区国家高新区企业委托境外开展研发活动费用支出持续增长，由2015年的2.4亿元增长至2018年5.0亿元，3年实现翻番，2019年增长迅猛，达到18.0亿元，是2018年的3.6倍，占国家高新区整体的比重达7.9%，为近5年最高值（图6-30）。

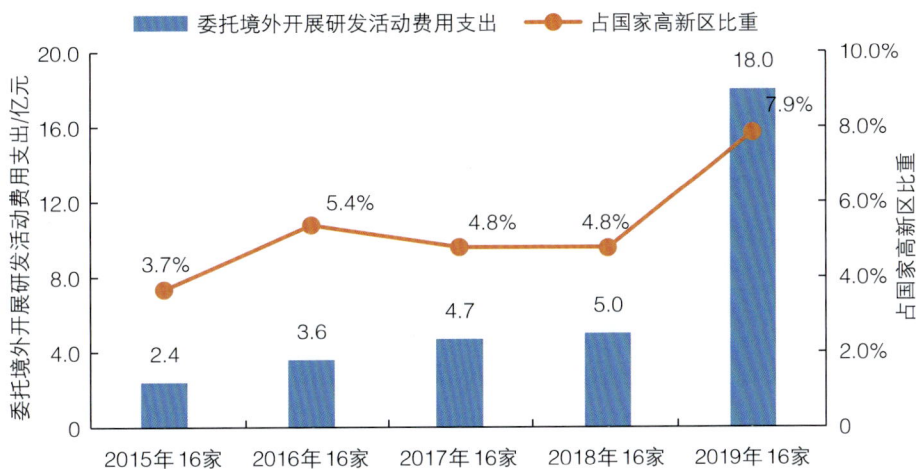

图6-30 2015—2019年东北地区国家高新区委托境外开展研发活动费用支出情况

3. 外贸发展总体相对平缓

从进出口情况来看，2019年，东北地区国家高新区出口总额为901.2亿元，与2015年相比，降幅超20%；占国家高新区出口总额的比重持续下降，由2015年的3.6%降至2019年的2.2%，下滑1.4个百分点。进口额逐渐恢复增长，2019年进口总额为533.3亿元，较2018年增长34.5%；占国家高新区进口总额的比重仅为1.8%，进口额占比明显低于出口额占比，但差距缩小（图6-31）。

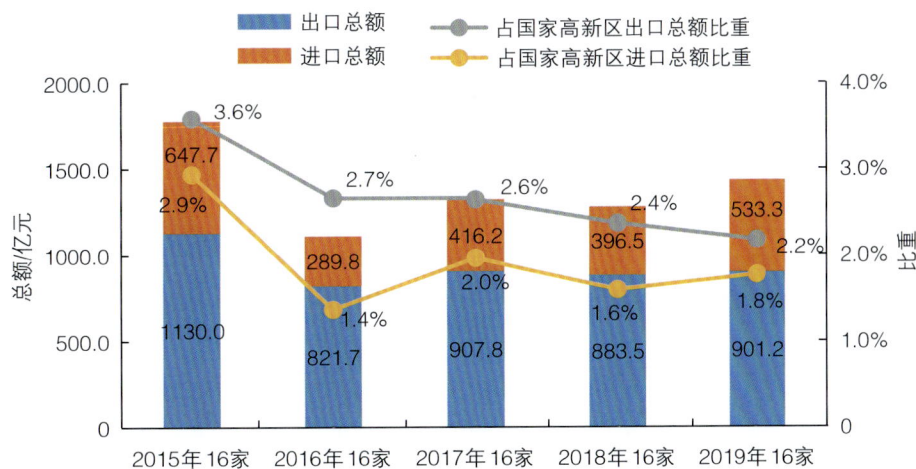

图6-31 2015—2019年东北地区国家高新区进出口总额情况

从高新技术产品出口情况来看，东北地区国家高新区高新技术产品出口呈现先降后增趋势，2019 年高新技术产品出口规模为 343.6 亿元，较 2018 年增长 4.7%；东北地区国家高新区高新技术产品出口占国家高新区比重为 1.5%，与 2018 年持平，较 2015 年下降 1.6 个百分点（图 6-32）。

图 6-32　2015—2019 年东北地区国家高新区高新技术产品出口情况

从技术服务出口情况来看，东北地区国家高新区技术服务出口整体呈现下滑趋势，2019 年技术服务出口略有恢复，为 104.4 亿元，较 2018 年增长 11.4%。东北地区国家高新区技术服务出口仅占国家高新区的 4.1%，较 2016 年下降一半，为历年最低（图 6-33）。

图 6-33　2015—2019 年东北地区国家高新区技术服务出口情况

4. 企业境外直接投资规模有所上升

从实际利用外资情况来看，2016—2019 年，东北地区国家高新区实际利用外资规模持续下滑，2019 年实际利用外资规模仅为 201.2 亿元，仅为 2016 年的 74.3%；占国家高新区的比重降至

5.3%，为历年最低值，与 2016 年相差 3.5 个百分点（图 6-34）。

图 6-34　2015—2019 年东北地区国家高新区实际利用外资情况

从企业境外直接投资情况来看，2015—2017 年，东北地区国家高新区企业对境外投资规模不断扩大，由 17.8 亿元增长至 40.1 亿元，实现翻番增长。2018 年同比下降 47.0%，降至 21.1 亿元，2019 年实现回升，达到 37.0 亿元。东北地区国家高新区企业对境外投资规模占国家高新区的比重波动下降，2018 年降至 1.6%，2019 年逐步回升到 2.4%（图 6-35）。

图 6-35　2015—2019 年东北地区国家高新区对境外直接投资情况

从企业设立海外分支机构情况来看，2015—2017 年，东北地区国家高新区企业海外分支机构（包括期末境外生产制造基地、期末境外技术研发机构、期末境外营销服务机构三类）数量不断增多，由 110 个增至 226 个，占国家高新区的比重由 2.0% 升至 3.3%。随后出现连续下降，2019年海外分支机构数量仅为 157 个，占国家高新区的比重降至 1.7%（图 6-36）。

图 6-36　2015—2019 年东北地区国家高新区设立海外分支机构情况

（四）西部地区

西部地区国家高新区外籍常驻人员近年呈现增长趋势，引进外籍专家规模占国家高新区整体的比重突破 20%，侧面反映出西部地区对国际化人才的吸引力整体上有所增强。国际化研发创新机构数量增长较快，但在专利产出方面发展相对薄弱。进出口总额快速增长，占国家高新区的比重提高，超过中部地区，仅次于东部地区，在国家高新区外贸中的地位稳步提高。实际利用外资规模、企业境外直接投资规模和设立海外分支机构数量不断增多，吸引外资和海外拓展能力持续增强。

1. 外籍专家数量占国家高新区的 1/5 以上

从留学归国人员情况来看，2015—2017 年，西部地区国家高新区留学归国人员数量逐渐下降，2018 年止跌回升，2019 年持续增长至 13 428 人。近年来，西部地区国家高新区留学归国人员占本地区国家高新区企业从业人员的比重稳定在 0.4% 左右，而西部地区国家高新区留学归国人员数占国家高新区整体的比重则呈现下降趋势，由 2015 年的 12.8% 降至 2019 年的 7.9%，下降近 5.0个百分点，西部地区国家高新区在吸纳留学归国人员方面的竞争力相对有所下降（图 6-37）。

从外籍常驻人员情况来看，2015—2019 年，西部地区国家高新区外籍常驻人员数量不断增多，2019 年达到 9839 人，与 2015 年相比增幅高达 50.7%。从人员占比情况来看，外籍常驻人员占本地区国家高新区企业从业人员的比重微升到 0.3% 左右，占国家高新区外籍常驻人员总数的比重上升到 12.6%，比 2015 年提高了 2.4 个百分点（图 6-38）。

从引进外籍专家情况来看，2015—2019 年，西部地区国家高新区引进外籍专家实现近千人增长规模，2019 年达到 3576 人。从人才占比来看，西部地区国家高新区引进外籍专家数占本地区国家高新区的比重稳定在 0.1% 左右，占国家高新区的比重由 2015 年的 18.9% 提高至 2019 年的 21.8%（图 6-39）。

图 6-37　2015—2019 年西部地区国家高新区留学归国人员情况

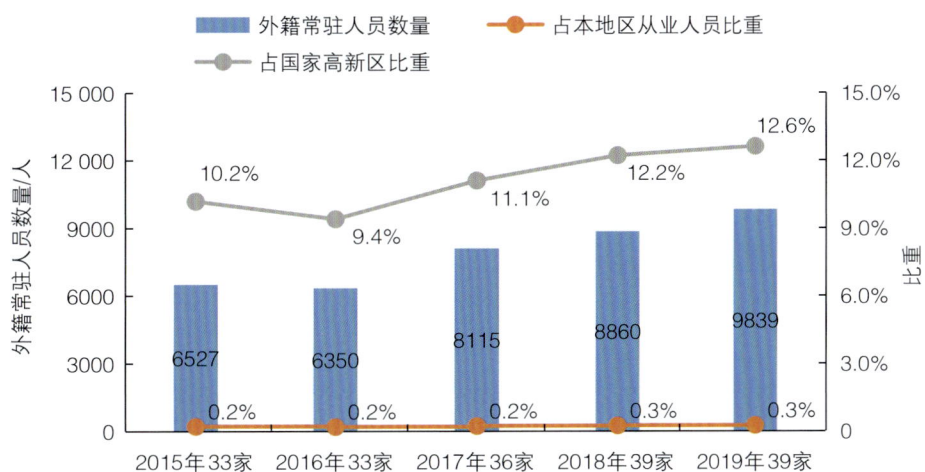

图 6-38　2015—2019 年西部地区国家高新区外籍常驻人员情况

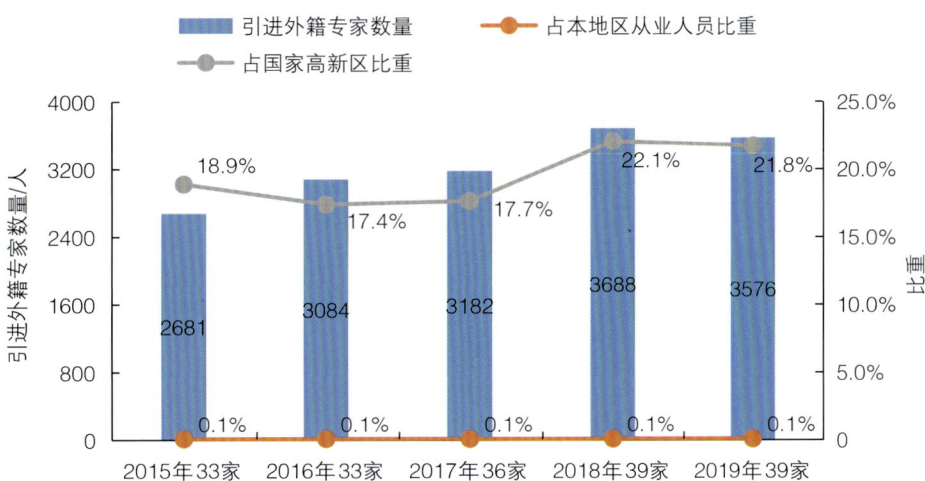

图 6-39　2015—2019 年西部地区国家高新区引进外籍专家情况

2. 国际化研发创新机构数量增长较快

从拥有欧美日专利数量来看，2015—2019 年，西部地区国家高新区企业拥有欧美日专利数量不断攀升，其中 2019 年拥有欧美日专利数量达 2409 件，是 2015 年的 2.7 倍。西部地区国家高新区企业拥有欧美日专利数量占国家高新区的比重波动下降，由 2015 年的 6.6% 降至 2019 年的 2.4%（图 6-40）。西部地区国家高新区万人拥有欧美日专利均低于国家高新区平均水平，且差距有拉大趋势，2019 年为 7 件，仅为国家高新区平均水平（45 件）的 15.6%。

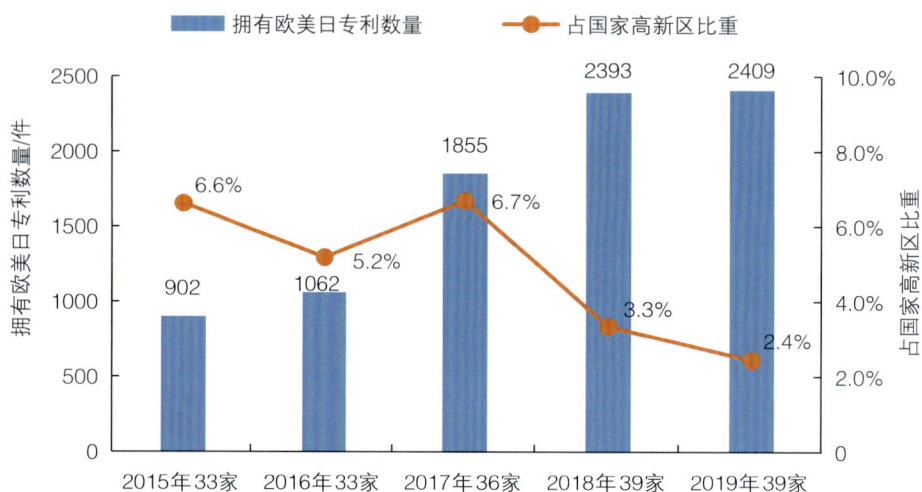

图 6-40　2015—2019 年西部地区国家高新区拥有欧美日专利情况

2015—2019 年，西部地区国家高新区外资研发机构和期末拥有境外研发机构数量持续增多。从外资研发机构情况来看，2019 年达到最高值 179 个，占国家高新区的比重小幅上升，2019 年达到 4.2%，比 2015 年高出 1.2 个百分点。从设立境外技术研发机构情况来看，2015—2019 年，机构数量实现翻番，由 2015 年的 59 个增长至 2019 年的 147 个，占国家高新区的比重呈现波动，2018 年高达 10.0%，2019 年下降至 8.0%（图 6-41）。

从委托境外开展研发活动费用支出情况来看，2015—2019 年，西部地区国家高新区委托境外开展研发活动支出不断减少，2019 年仅 2.8 亿元，不足 2015 年的四成。西部地区国家高新区委托境外开展研发活动费用支出占国家高新区的比重下降明显，由 2015 年的 11.2% 降至 2019 年的 1.2%，下降幅度高达 10.0 个百分点。西部地区国家高新区近年来开展境外研发活动的情况不容乐观，远低于同期国家高新区水平（图 6-42）。

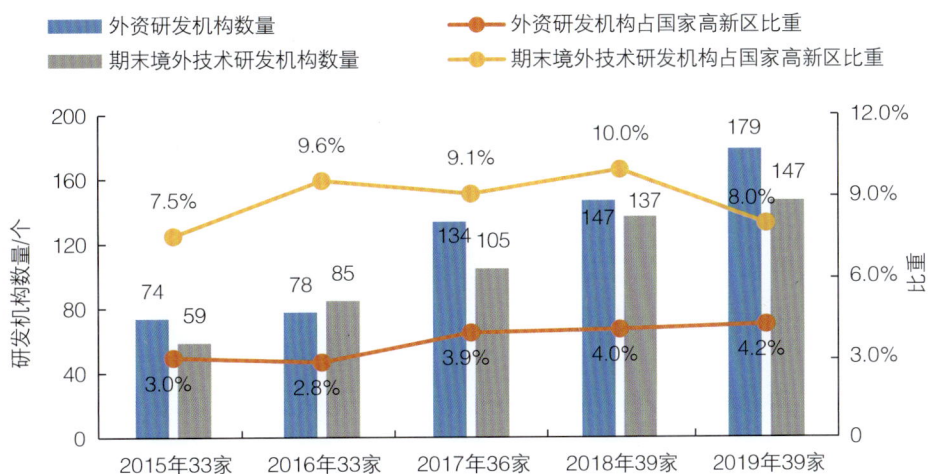

图 6-41　2015—2019 年西部地区国家高新区研发机构情况

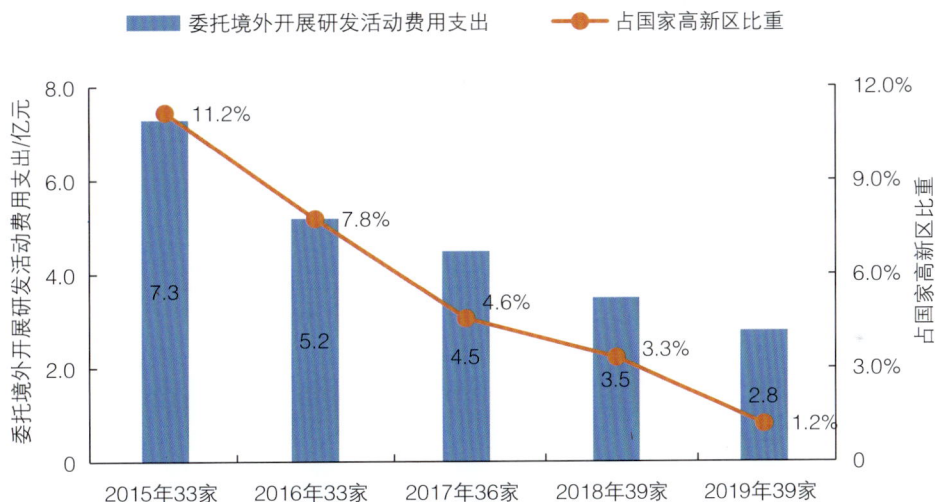

图 6-42　2015—2019 年西部地区国家高新区期末委托境外开展研发活动费用支出情况

3. 在国家高新区外贸中的地位稳步提高

从进出口情况看，2015—2019 年，西部地区国家高新区出口总额持续快速提高，2019 年达到 5922.2 亿元，比 2018 年增长 13.1%，是 2015 年的 2 倍以上。西部地区国家高新区出口总额占国家高新区的比重不断提升，由 2015 年的 9.0% 提高到 2019 年的 14.3%，提高了 5.3 个百分点。进口总额逐年增加，占国家高新区进口总额的比重不断提高，2019 年突破 5000 亿元，占比达到 17.1%。进口总额占国家高新区比重均高于出口总额占国家高新区比重，且差距有拉大趋势（图 6-43）。

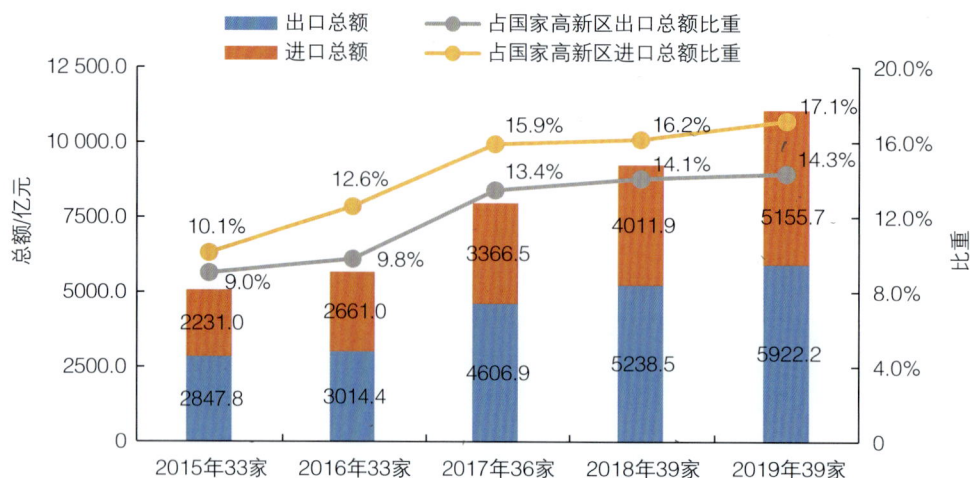

图 6-43　2015—2019 年西部地区国家高新区进出口总额情况

从高新技术产品出口情况来看，2015—2019 年，西部地区国家高新区高新技术产品出口规模不断扩大，2019 年上升至 3607.6 亿元，是 2015 年的 2 倍。西部地区国家高新区高新技术产品出口占国家高新区比重先较快增长后趋于稳定，2019 年为 15.3%，较 2015 年提高 4.2 个百分点（图6-44）。

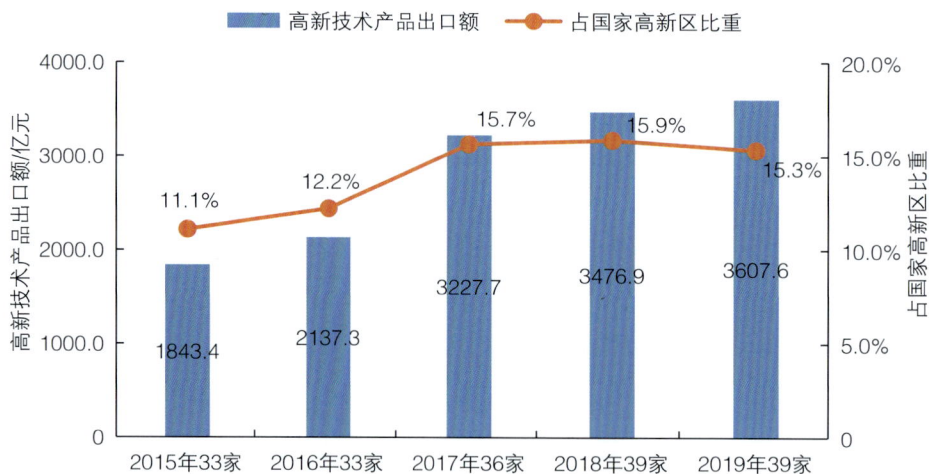

图 6-44　2015—2019 年西部地区国家高新区高新技术产品出口情况

从技术服务出口情况来看，2015—2019 年，西部地区国家高新区技术服务出口逐年攀升，2019 年达到 634.1 亿元，是 2015 年的 3.2 倍。西部地区国家高新区技术服务出口占国家高新区的比重连续 3 年突破 20.0%，2019 年已经接近 25.0%。西部地区国家高新区企业出口结构有所优化，技术服务出口发展良好（图 6-45）。

技术服务出口额　　●占国家高新区比重

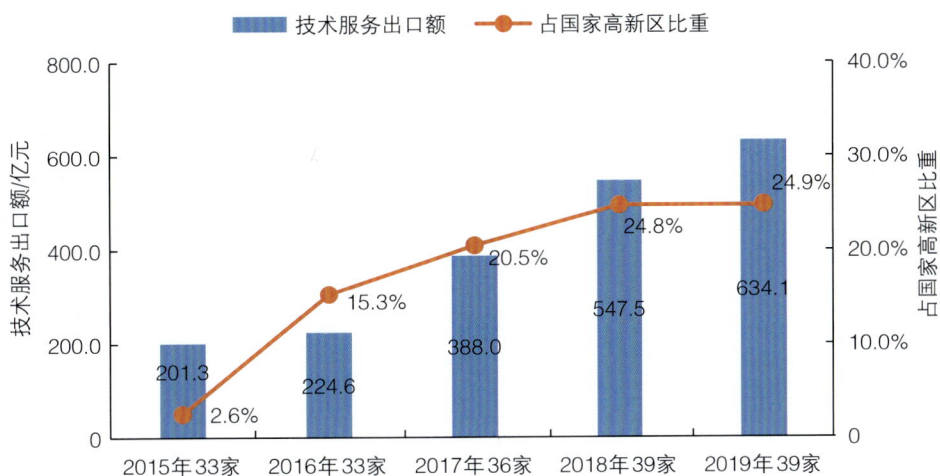

图 6-45　2015—2019 年西部地区国家高新区技术服务出口情况

4. 吸引外资和海外拓展能力不断增强

从实际利用外资情况来看，2015—2019 年，西部地区国家高新区吸引外资和海外拓展能力稳步增强，保持快速增长态势，2019 年达到 639.9 亿元，比 2015 年增长 93.8%，占国家高新区实际利用外资的比重持续提高到 16.7%（图 6-46）。

实际利用外资额　　●占国家高新区比重

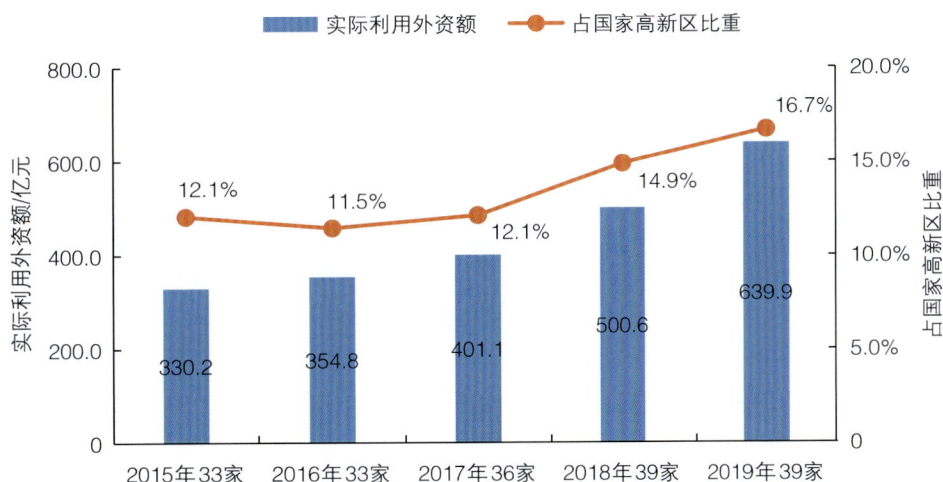

图 6-46　2015—2019 年西部地区国家高新区实际利用外资情况

从企业对境外直接投资额情况来看，2015—2019 年，西部地区对境外直接投资额不断增长，2019 年达到 222.1 亿元，比 2018 年增长 66.1%，是 2015 年的近 5 倍；占国家高新区企业对境外直接投资的比重达到 14.3%，较 2015 年提高 9.3 个百分点（图 6-47）。

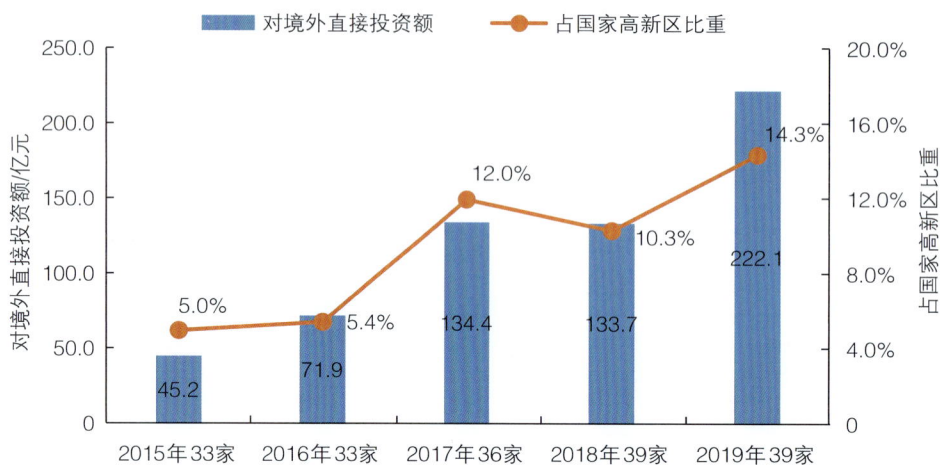

图 6-47　2015—2019 年西部地区国家高新区对境外直接投资情况

从设立海外分支机构情况来看，2015—2019 年，西部地区国家高新区设立海外分支机构（包括期末境外生产制造基地、期末境外技术研发机构、期末境外营销服务机构三类）数量实现超90.0% 的增长，2019 年达到 903 个，占国家高新区的比重为 10.0%（图 6-48）。

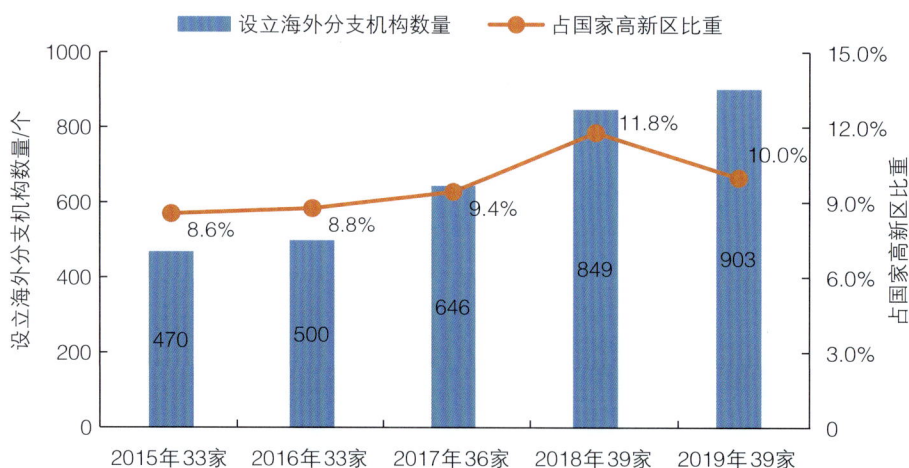

图 6-48　2015—2019 年西部地区国家高新区设立海外分支机构情况

二、重点区域国家高新区国际化

（一）京津冀地区

京津冀地区 [①] 留学归国人员保持稳定增长，占国家高新区整体的近三成，且人才高度集中在

----

① 京津冀地区包括北京市、天津市，以及河北省的保定、唐山、廊坊、石家庄、邯郸、秦皇岛、张家口、承德、沧州、邢台、衡水 11 个地级市，涉及中关村、天津滨海、石家庄、唐山、保定、承德和燕郊 7 个国家高新区。

中关村等国家高新区，对留学归国人员吸引力稳定且持续，但对外籍人员吸引力略有不足。欧美日专利拥有量及万人拥有欧美日专利数不断增长，创新产出效率高于国家高新区平均水平，期末境外技术研发机构和委托境外开展研发活动费用支出支持大幅降低后出现小幅回升，境外研发活动活跃度不够。出口增长乏力，占国家高新区的比重已经下降到 7%，落后于长三角地区和粤港澳大湾区，进口规模持续扩大，外贸水平有所提升。利用外资规模和对境外直接投资规模缩减，国际化双向投资动力有所减弱。

1. 集中了国家高新区三成的留学归国人员

从留学归国人员情况来看，2015—2019 年，京津冀地区国家高新区留学归国人员保持稳定增长态势，由 2015 年的 31 994 人增长至 2019 年的 49 798 人，实现近 1.8 万人的增长。留学归国人员占本地区国家高新区企业从业人员比重由 1.1% 提高到 1.5% 左右，占国家高新区留学归国人员总数的比重稳定在 25.0% 以上，2019 年达到 29.2%，集聚优势明显。留学归国人员分布极不均衡，仅中关村就集聚了京津冀地区国家高新区留学归国人员总数的 95.8%，其他国家高新区留学归国人员较少（图 6-49）。

图 6-49　2015—2019 年京津冀地区国家高新区留学归国人员情况

从外籍常驻人员情况来看，2015—2019 年，京津冀地区国家高新区外籍常驻人员数量整体呈减少趋势，由 2015 年的 11 845 人减少到 2019 年的 6982 人，总体减幅高达 41.1%。外籍常驻人员占本地区国家高新区企业从业人员的比重也呈下降趋势，由 2015 年的 0.4% 降至 2019 年的 0.2% 左右。京津冀地区国家高新区外籍常驻人员占国家高新区外籍常驻人员的比重大幅下滑，由 2015 年的 18.5% 降至 2019 年的 9.0%，下降了 9.5 个百分点（图 6-50）。

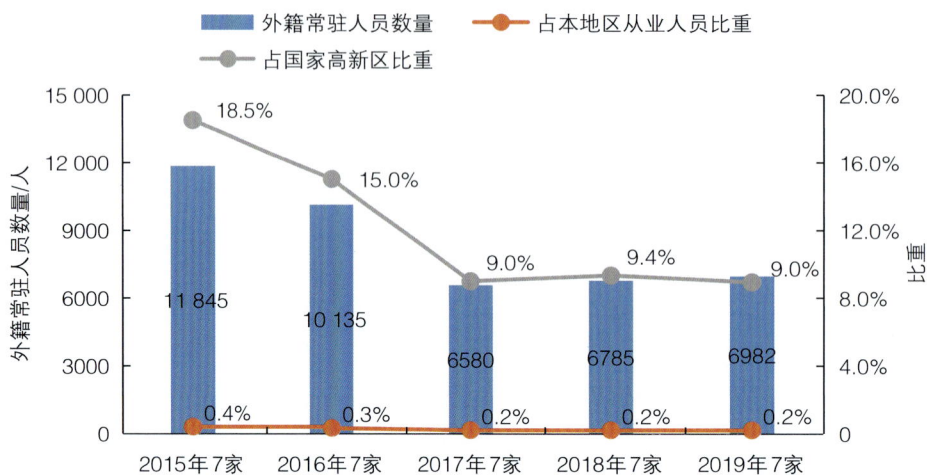

图 6-50　2015—2019 年京津冀地区国家高新区外籍常驻人员情况

从引进外籍专家情况来看，2015—2018 年，京津冀地区国家高新区引进外籍专家数量不断降低，但下降幅度逐渐减小，2019 年略有回升，为 1651 人。从占国家高新区比重情况来看，京津冀地区国家高新区引进外籍专家数占国家高新区整体的比重在 2015 年后出现大幅下降，2016—2019 年连续 4 年稳定在 10% 左右（图 6-51）。

图 6-51　2015—2019 年京津冀地区国家高新区引进外籍专家情况

2. 国际化创新拓展能力发展逐步回升

从拥有欧美日专利情况来看，2015—2019 年，京津冀地区国家高新区拥有欧美日专利数量由 2015 年的 3320 件增长至 2019 年的 16 167 件，实现了近 4 倍的增长，但占国家高新区的比重却出现下降趋势，2018 年与 2019 年连续两年国家高新区占比跌破 20%，2019 年降至 16.4%（图 6-52）。京津冀地区国家高新区万人拥有欧美日专利数不断增加，由 2015 年的 11 件增长至 2019 年的 47 件，略高于国家高新区平均水平（45 件）。

图 6-52　2015—2019 年京津冀地区国家高新区拥有欧美日专利情况

2015—2019 年，京津冀地区国家高新区外资研发机构和期末境外技术研发机构数量先降后维持基本稳定。从外资研发机构情况来看，2019 年数量为 376 个，较 2015 年下降 13.4%；占国家高新区的比重由 2015 年的 17.5% 下降到 2019 年的 8.9%，下降近一半。从期末境外技术研发机构情况来看，2019 年数量为 80 个，仅为 2015 年的 47.3%；占国家高新区的比重由 2015 年的 21.5% 下降到 2018 年的 4.3%，下降了 17.2 个百分点，期末境外技术研发机构数量不足 2015 年规模的一半（图 6-53）。

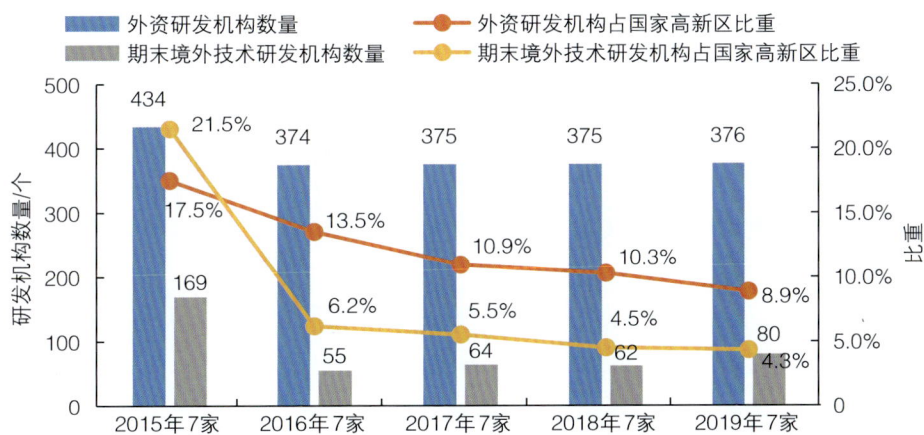

图 6-53　2015—2019 年京津冀地区国家高新区研发机构情况

从委托境外开展研发活动费用支出情况来看，2015—2019 年，京津冀地区国家高新区委托境外开展研发活动支出波动较大，先由 2015 年的 8.7 亿元增长至 2017 年的 15 亿元，在 2018 年又出现大幅下降，降至 10.8 亿元，2019 年出现较大幅度回升，增至 16.7 亿元。占国家高新区比重先小幅提升后连续下降，2019 年降至 7.3%，低于 2017 年 8 个百分点（图 6–54）。

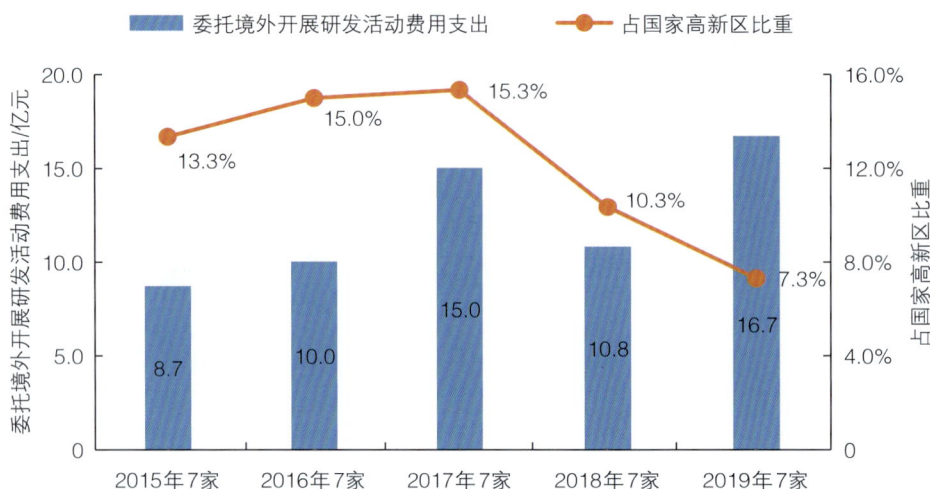

图 6–54　2015—2019 年京津冀地区国家高新区委托境外开展研发活动支出情况

3. 进口规模达到出口规模的近 1.5 倍

从进出口情况看，2015—2019 年，京津冀地区国家高新区进出口总额不断增长，2019 年出口总额为 3011.0 亿元，实现恢复性增长；进口总额为 4443.4 亿元，与 2015 年的 3905.4 亿元规模相比，增长了 13.8%，领先优势放大。进口总额占国家高新区进口总额的比重均高于同期出口总额占国家高新区出口总额的比重，但差距逐步缩小（图 6–55）。

图 6–55　2015—2019 年京津冀地区国家高新区进出口总额情况

从高新技术产品出口情况来看，2019 年，京津冀地区国家高新区高新技术产品出口出现较大幅下降，仅为 604.7 亿元，同比下降 24.7%。京津冀地区国家高新区高新技术产品出口占国家高新区的比重由 2015 年的 4.9% 下降至 2019 年的 2.6%，下降了 2.3 个百分点（图 6-56）。

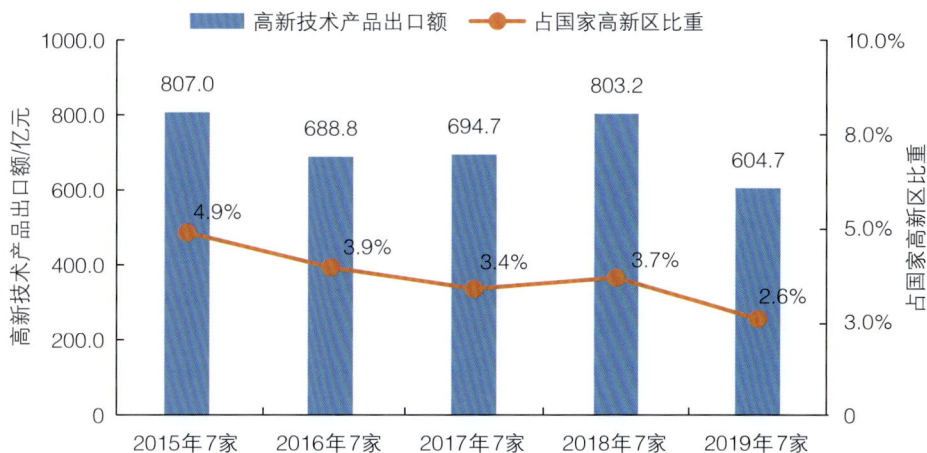

图 6-56 2015—2019 年京津冀地区国家高新区高新技术产品出口情况

从技术服务出口情况来看，2019 年，京津冀地区国家高新区技术服务出口规模接近 400 亿元，同比增长 22.2%。2015—2018 年京津冀地区国家高新区技术服务出口占国家高新区的比重呈现下降趋势，2019 年小幅回升，达到 15.6%，但与 2015 年相比仍降低了 8.9 个百分点（图 6-57）。

图 6-57 2015—2019 年京津冀地区国家高新区技术服务出口情况

4. 国际化双向投资有减弱趋势

从实际利用外资情况来看，2015—2019 年，京津冀地区国家高新区实际利用外资先升后降，其中 2015—2017 年实际利用外资持续增长，由 2015 年的 363.1 亿元增长至 2017 年的 505.9 亿元，2018 年出现急剧下降，同比下降近 47.4%，2019 年下降幅度降低，实际利用外资规模为 251.6 亿元。2015—2019 年京津冀地区国家高新区实际利用外资额占国家高新区的比重也呈现先升后降趋势，

2018 年、2019 年跌至 10% 以下，仅为 7.9%、6.6%（图 6-58）。

图 6-58　2015—2019 年京津冀地区国家高新区实际利用外资情况

从对境外直接投资额来看，2015—2019 年，京津冀地区国家高新区对境外直接投资额先升后降，2016 年达到近 5 年最大值，随之大幅下降，2019 年仅为 75.7 亿元，不足 2016 年的 1/4。2015—2017 年京津冀地区国家高新区对境外直接投资占国家高新区整体的比重基本稳定在 20.0% 以上，2018 年、2019 年急剧下降，降至 7.8%、4.9%（图 6-59）。

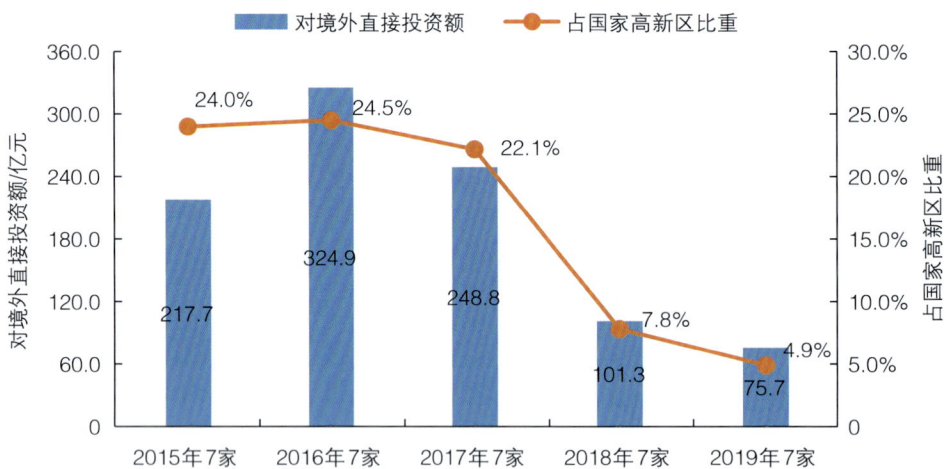

图 6-59　2015—2019 年京津冀地区国家高新区对境外直接投资额情况

从设立海外分支机构情况来看（包括期末境外生产制造基地、期末境外技术研发机构、期末境外营销服务机构三类），2015—2019 年，京津冀地区国家高新区设立海外分支机构呈波动态势，其中，2019 年京津冀国家高新区设立海外分支机构为 877 个，不足 2015 年设立海外分支机构数量的 60.0%；占国家高新区整体的比重跌至 10.0% 以下，仅为 9.7%，为近年来最低值（图 6-60）。

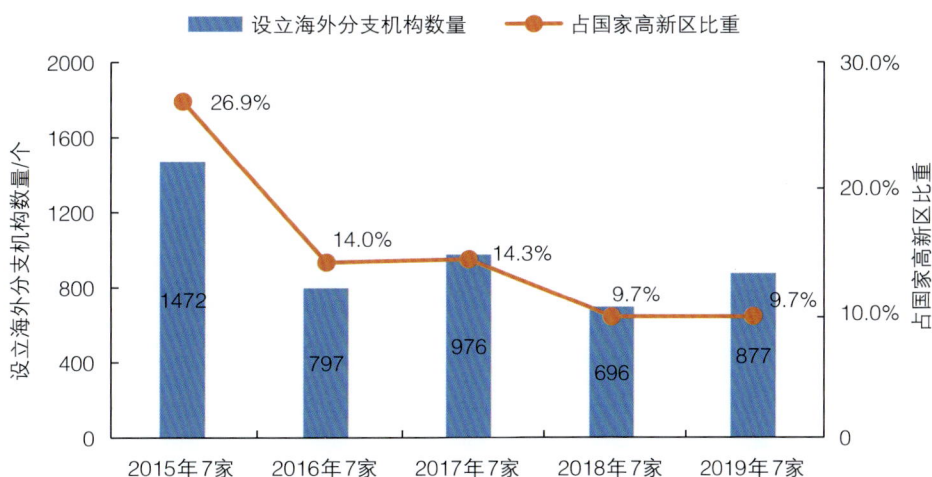

图 6-60　2015—2019 年京津冀地区国家高新区设立海外分支机构情况

（二）长三角地区

长三角地区 [①] 国家高新区留学归国人员规模出现回落，外籍常驻人员和引进外籍专家数量基本保持稳定，分别占到国家高新区整体比重的 35%、45% 和 35%，国际化人才吸聚能力较强。拥有欧美日专利数量占国家高新区整体的比重持续下降，万人拥有欧美日专利数连续两年低于国家高新区平均水平，创新产出效率有待提高。进出口总额出现回落，占国家高新区的比重为 28% 和 35%，但仍是我国外贸发展的重要增长极。实际利用外资和海外分支机构占国家高新区整体的三成，对境外直接投资额大幅下降，占比降至 25%，国际双向投资合作的活力亟须进一步激发。

1. 集中了国家高新区四成以上的外籍常驻人员

从留学归国人员情况看，2015—2018 年，长三角地区国家高新区留学归国人员由 33 070 人增长至 63 765 人，接近翻番，年均增长达 24.5%，但 2019 年人数降至 58 165 人。长三角地区国家高新区留学归国人员占本地区国家高新区企业从业人员的比重在 2015—2018 年持续上升，2019 年又下降至 1.1%；占国家高新区留学归国人员的比重在 2015—2018 年快速攀升，但在 2019 年骤降至 34.1%，较 2018 年下降 5.0 个百分点（图 6-61）。

---

① 本报告采用长三角地区中心区范围，共覆盖 27 个城市，包括上海市、江苏省 9 个城市、浙江省 9 个城市、安徽省 8 个城市，涉及上海张江、南京、无锡、江阴、常州、苏州工业园等 27 个国家高新区。

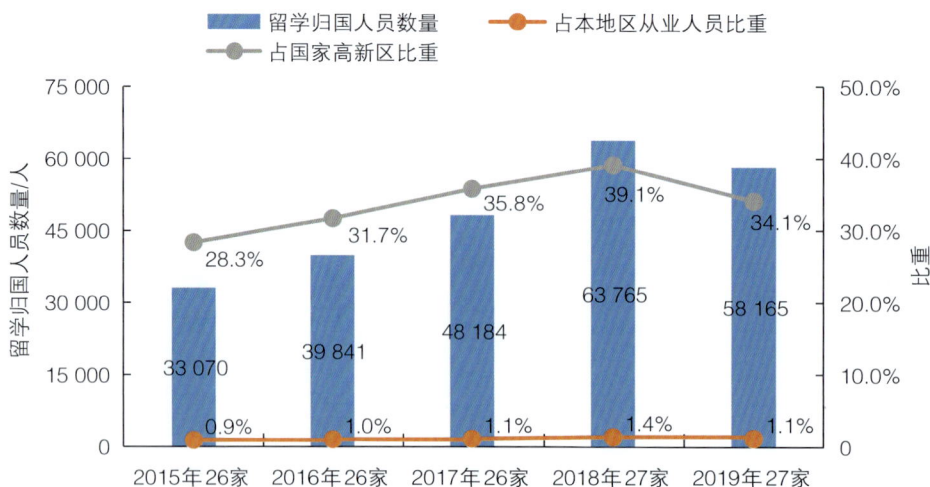

图 6-61　2015—2019 年长三角地区国家高新区留学归国人员情况

　　从外籍常驻人员情况来看，2015—2019 年，长三角地区国家高新区外籍常驻人员数量波动增长，2019 年为 34 391 人。外籍常驻人员占本地区国家高新区从业人员比重保持在 0.8% 左右，占国家高新区外籍常驻人员总数的比重在 2015—2017 年逐渐上升，由 43.8% 提高至 48.3%，随后出现下滑，2019 年降至 44.1%（图 6-62）。

图 6-62　2015—2019 年长三角地区国家高新区外籍常驻人员情况

　　从引进外籍专家情况来看，2017 年长三角地区国家高新区引进外籍专家数量达到近 5 年来最大值 7140 人，2018 年大幅下降，2019 年又增至 5724 人。长三角地区国家高新区引进外籍专家数占本地区从业人员规模保持在 0.1% ～ 0.2%，占国家高新区的比重先升后降，逐步趋稳，2019 年所占比重为 34.8%（图 6-63）。

图 6-63　2015—2019 年长三角地区国家高新区引进外籍专家情况

2. 国际化创新机构数量占国家高新区四成

从欧美日专利情况来看，2015—2019 年，长三角地区国家高新区拥有欧美专利数量逐年增长，2019 年达到 13 307 件，较 2015 年实现翻番。长三角地区国家高新区欧美日专利占国家高新区整体的比重持续下降，由 2015 年的 37.1% 下降至 2019 年的 13.5%，下降幅度超过 20 个百分点。万人拥有欧美日专利授权量在 2015—2017 年均领先国家高新区平均水平，但随后大幅下降，2019 年仅为 26 件，低于国家高新区平均水平 19 件，创新产出效率有待提高（图 6-64）。

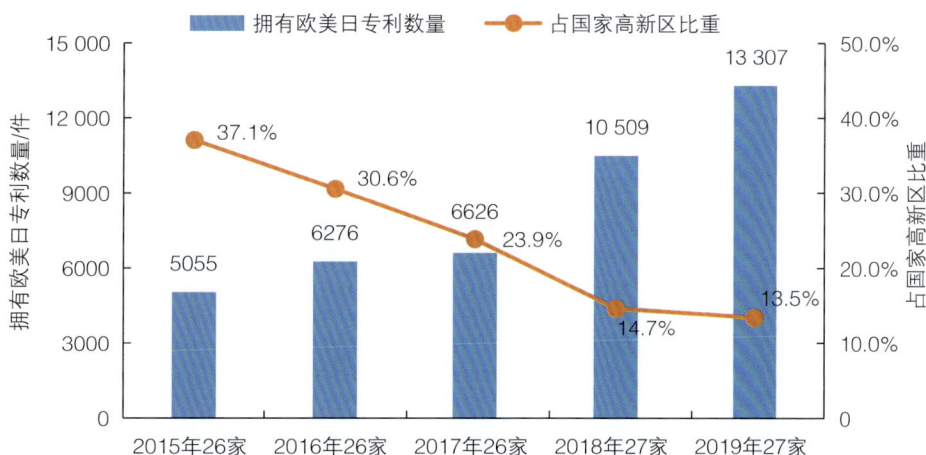

图 6-64　2015—2019 年长三角地区国家高新区拥有欧美日专利情况

2015—2019 年，长三角地区国家高新区外资研发机构和期末境外技术研发机构数量均呈增长趋势。从外资研发机构情况来看，由 2015 年的 1418 个增长至 2019 年的 1921 个，增长率达 35.5%；占国家高新区整体的比重持续下降，虽然下降幅度在不断收窄，2019 年所占比重仍低于

2015 年 11.9 个百分点。从设立境外技术研发机构情况来看，2019 年与 2015 年相比增长近 2 倍，由 267 个增长至 797 个，占国家高新区整体比重稳定在 40.0% 左右（图 6-65）。

图 6-65　2015—2019 年长三角地区国家高新区研发机构情况

从委托境外开展研发活动费用支出情况来看，2015—2019 年，长三角地区国家高新区委托境外开展研发活动费用支出波动明显，其中 2019 年为近 5 年来最大值，达到 46.4 亿元。从占国家高新区比重情况来看，长三角地区国家高新区委托境外开展研发活动费用支出占国家高新区整体的比重波动下降，且变化幅度较大，2019 年降至 20.3%（图 6-66）。

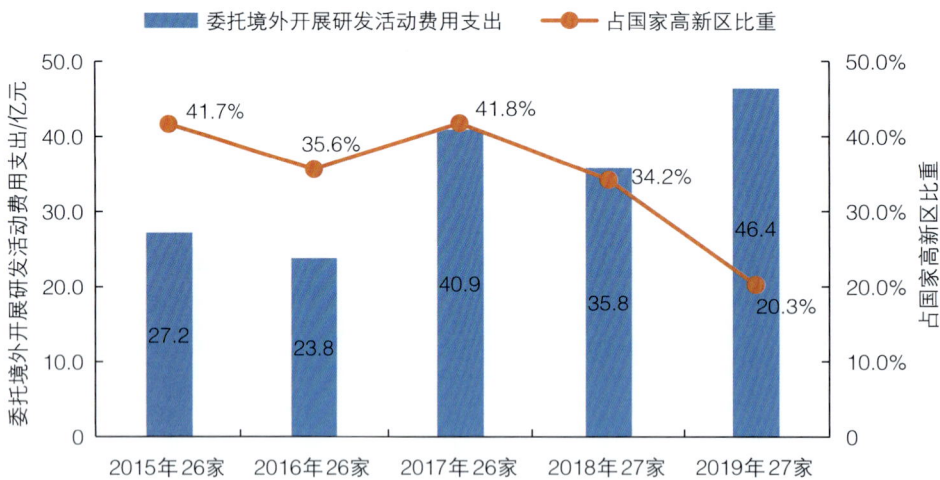

图 6-66　2015—2019 年长三角地区国家高新区委托境外开展研发活动费用支出情况

3. 外贸进出口总量占到国家高新区的 1/3

从进出口情况来看，2015—2019 年，长三角地区国家高新区出口总额持续稳定提高，由

2015 年的 10 245.4 亿元增长到 2019 年的 14 664.0 亿元；占国家高新区出口总额的比重基本保持上升趋势，2019 年相对 2018 年略微下降到 35.4%，但仍比 2015 年提高近 3.0 个百分点。进口规模基本稳定增长，2019 年进口总额突破 8000 亿元，达到 8464.1 亿元；占国家高新区进口比重基本稳定在 30% 左右，且均低于同期出口比重（图 6-67）。

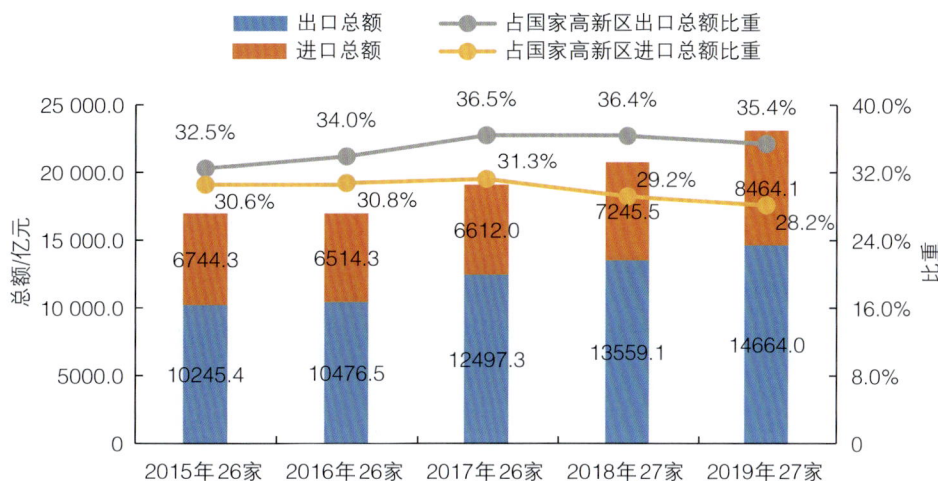

图 6-67　2015—2019 年长三角地区国家高新区进出口总额情况

从高新技术产品出口情况来看，2015—2019 年，长三角地区国家高新区高新技术产品出口规模不断扩大，连续 3 年保持在 7500 亿元以上，2019 年更是达到近 5 年来最高值，为 8409.4 亿元。长三角地区国家高新区高新技术产品出口占国家高新区整体的比重保持在 30.0% 以上，2017 年占比最高，2018 年和 2019 年略有下降，分别为 36.0% 和 35.8%（图 6-68）。

图 6-68　2015—2019 年长三角地区国家高新区高新技术产品出口情况

从技术服务出口情况来看，2015—2019 年，长三角地区国家高新区技术服务出口规模持续扩大，由 2015 年的 401.5 亿元增长至 2019 年的 776.4 亿元，增长近 375 亿元。长三角地区国家高新区技术服务出口占国家高新区整体的比重基本稳定保持在 30.0% 以上， 2019 年占比达到 30.4%，为近 5 年来最低（图 6-69）。

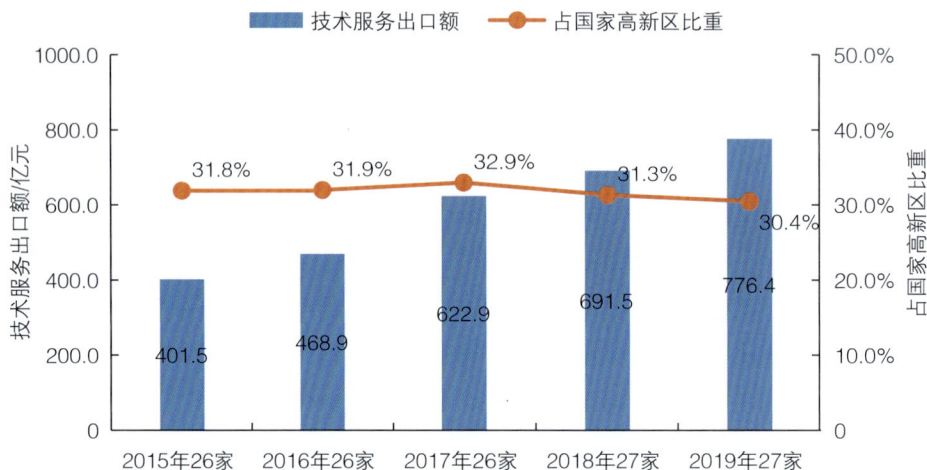

图 6-69　2015—2019 年长三角地区国家高新区技术服务出口情况

4. 对境外直接投资规模降至国家高新区的 1/4

从实际利用外资情况来看，2015—2019 年，长三角地区国家高新区实际利用外资规模逐年增多，2019 年达到 1167.7 亿元，与 2015 年相比，增长接近 50.0%。长三角地区国家高新区实际利用外资占国家高新区整体的比重波动上升，2018 年、2019 年连续两年占比突破 30%，达到 30.2%、30.5%（图 6-70）。

图 6-70　2015—2019 年长三角地区国家高新区实际利用外资情况

从对境外直接投资额情况来看，2015—2018 年，长三角地区国家高新区对境外直接投资额快速上升，2018 年达到 620.0 亿元，是 2015 年的 2.5 倍，但 2019 年急剧下降至 382.6 亿元，仅为 2018 年的 61.7%。长三角地区国家高新区对境外直接投资额占国家高新区整体的比重在 2018 年达到 47.8%，2019 年占比仅为 24.7%，比 2018 年降低了 23.1 个百分点。这表明长三角地区国家高新区企业近年来受国际经济影响，对境外直接投资信心大幅降低（图 6-71）。

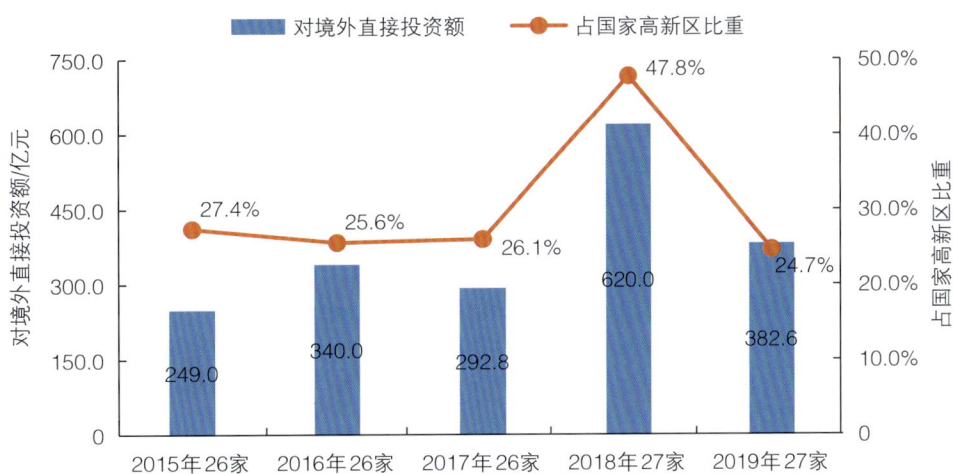

图 6-71 2015—2019 年长三角地区国家高新区对境外直接投资情况

从设立海外分支机构情况来看（包括期末境外生产制造基地、期末境外技术研发机构、期末境外营销服务机构三类），2015—2019 年长三角地区国家高新区设立海外分支机构数量和占国家高新区的比重均呈现持续上升趋势。截至 2019 年年底，长三角地区国家高新区海外分支机构数量达 3199 个，占国家高新区比重达 35.4%，数量比 2015 年多出 1.5 倍，占比提高了 12.1 个百分点（图 6-72）。

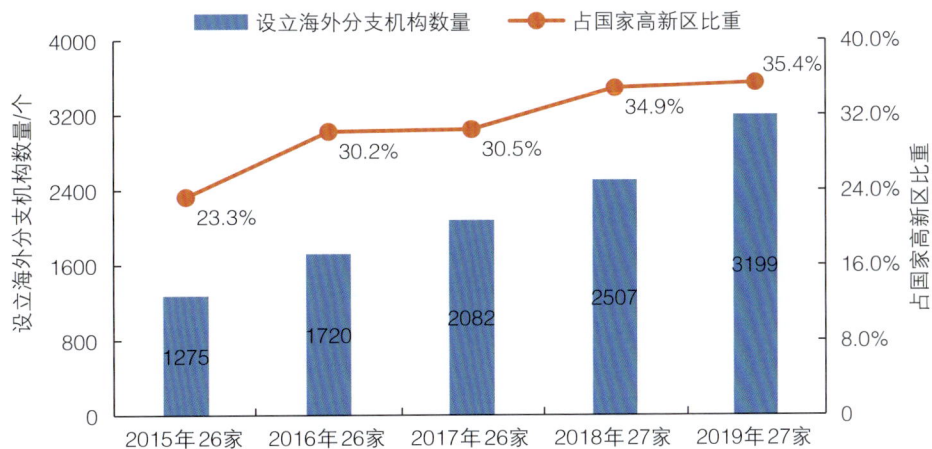

图 6-72 2015—2019 年长三角地区国家高新区设立海外分支机构情况

（三）粤港澳大湾区

粤港澳大湾区[①]国家高新区留学归国人员、外籍常驻人员和引进外籍专家数量增长强劲，总量逼近 3.2 万人，占国家高新区的比重均提高到 12% 左右，国际化人才集聚力较强。拥有欧美日专利数量占当年国家高新区整体比重的六成，万人拥有欧美日专利数量达到国家高新区平均水平的 4.5 倍，创新产出效率领先其他地区。进出口总额实现持续较快增长，占国家高新区的比重在23.0% 左右，贸易发展活力较强。对境外直接投资额和设立海外分支机构数量占国家高新区整体的比重在两成左右，且增幅明显，企业国际化发展进一步加强。

1. 各类国际化人才数量均实现明显增长

从留学归国人员情况看，2015—2019 年，粤港澳大湾区国家高新区留学归国人员数量由8510 人增长至 20 339 人，实现翻番。粤港澳大湾区国家高新区留学归国人员占本地区国家高新区企业从业人员的比重基本稳定在 0.6% 左右，变化不大；占国家高新区留学归国人员总数的比重持续上扬，由 2015 年的 7.3% 增长至 2019 年的 11.9%，提高了 4.6 个百分点（图 6-73）。

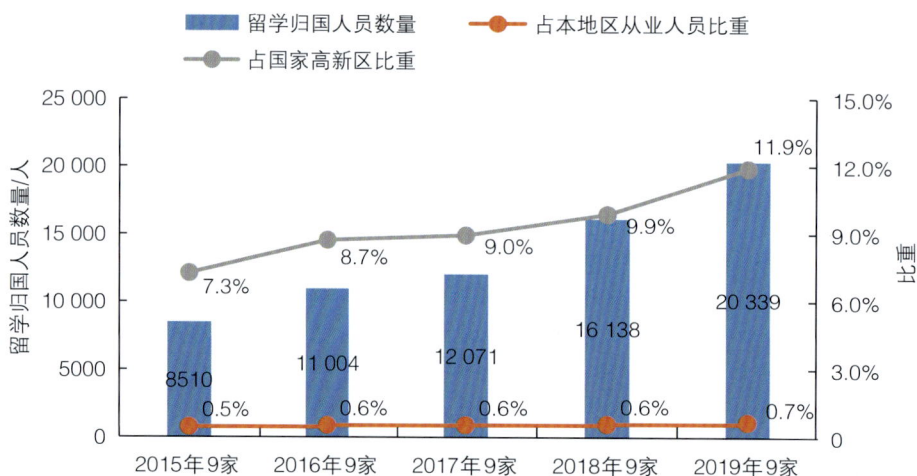

图 6-73　2015—2019 年粤港澳大湾区国家高新区留学归国人员情况

从外籍常驻人员来看，2015—2019 年，粤港澳大湾区国家高新区外籍常驻人员数量呈现波动式增长，5 年累计增加 4036 人，总体增幅超过 76.0%，其中 2019 年同比增长 25.2%。粤港澳大湾区国家高新区外籍常驻人员占本地区国家高新区企业从业人员的比重保持在 0.3% 左右，占国家高新区外籍常驻人员总数的比重整体上不断提升，由 2015 年的 8.3% 提高至 2019 的 12.0%，增长势头较为强劲（图 6-74）。

---

① 粤港澳大湾区：本报告不涉及香港和澳门地区，包括广东省的广州、深圳、珠海、佛山、中山、东莞、惠州、江门、肇庆 9 个城市，涉及广州、珠海、深圳、佛山、江门、肇庆、惠州、东莞和中山 9 个国家高新区。

图 6-74 2015—2019 年粤港澳大湾区国家高新区外籍常驻人员情况

从引进外籍专家情况来看,2015—2019 年,粤港澳大湾区国家高新区引进外籍专家不断增多,截至 2019 年年底,引进外籍专家达到 2222 人,是 2015 年的 3.4 倍。粤港澳大湾区国家高新区引进外籍专家占本地区企业从业人员比重稳定在 0.1%,占国家高新区整体的比重持续上升,连续 3 年所占比重实现 10% 以上,2019 年达到 13.5%,较 2015 年提高近 9 个百分点(图 6-75)。

图 6-75 2015—2019 年粤港澳大湾区国家高新区引进外籍专家情况

2. 创新产出效率是国家高新区平均水平的 4.5 倍

从欧美日专利情况来看,2015—2019 年,粤港澳大湾区国家高新区拥有欧美日专利数量呈跨越式增长趋势,由 2015 年的 1794 件增长至 2019 年的 59 462 件,实现了 32 倍增长。其中 2019 年深圳高新区拥有欧美日专利 52 441 件,占到当年粤港澳大湾区国家高新区九成左右。粤港澳大湾区国家高新区拥有欧美日专利数量占国家高新区整体的比重持续上升,2019 年占比突破

60.0%，较 2015 年提高 47.0 个百分点。万人拥有欧美日专利数一直领先国家高新区平均水平，
2019 年万人拥有欧美日专利数为 202 件，是当年国家高新区平均水平的 4.5 倍（图 6-76）。

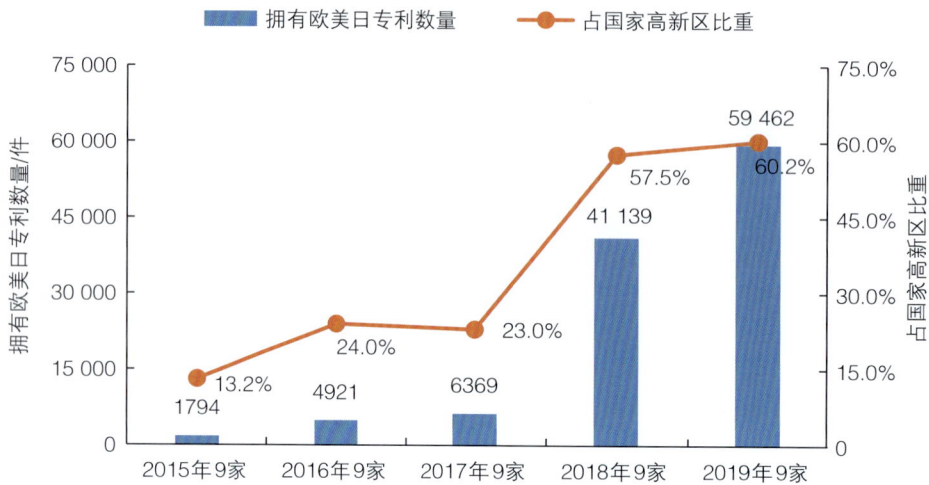

图 6-76　2015—2019 年粤港澳大湾区国家高新区拥有欧美日专利情况

从外资研发机构数量来看，2015—2019 年，粤港澳大湾区国家高新区外资研发机构数量不
断增多，2019 年共有外资研发机构 1077 个，是 2015 年的 3 倍，占国家高新区整体的比重超过
1/4。从期末境外技术研发机构来看，截至 2019 年年底共设立期末境外技术研发机构 275 个，占
国家高新区整体的比重达到 14.9%（图 6-77）。

图 6-77　2015—2019 年粤港澳大湾区国家高新区研发机构情况

从委托境外开展研发活动费用支出情况来看，2015—2019 年，粤港澳大湾区国家高新区委
托境外开展研发活动费用支出不断攀升，尤其是 2019 年，达到 114.7 亿元，是 2018 年的 4.8 倍，

占国家高新区整体的比重突破 50.0%（图 6-78）。深圳和东莞高新区委托境外开展研发活动费用支出分别达到 80.0 亿元、29.3 亿元，占据绝对领先位置。

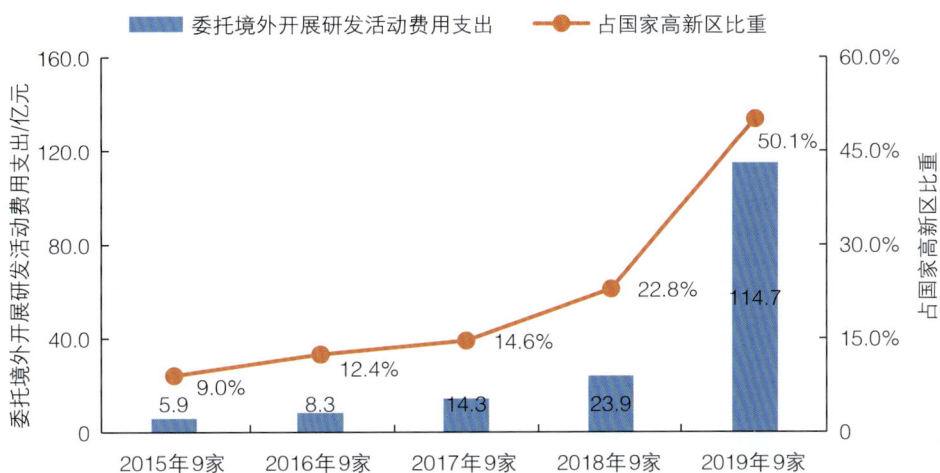

图 6-78 2015—2019 年粤港澳大湾区国家高新区委托境外开展研发活动费用支出情况

3. 外贸进出口总量占国家高新区两成

从进出口情况来看，2015—2019 年，粤港澳大湾区国家高新区出口总额稳步增长，由 5565.0 亿元扩张到 9089.9 亿元，占国家高新区出口总额的比重呈现上升趋势，2019 年为 22.0%，比 2015 年提高了 4.3 个百分点。进口总额规模持续扩大，2019 年已达 7235.1 亿元，同比增长 52.9%，占国家高新区进口总额比重不断上升，2019 年达到 24.1%，与 2015 年相比增长了 7.8 个百分点。此时，进口总额占国家高新区的比重反超出口总额占国家高新区的比重（图 6-79）。

图 6-79 2015—2019 年粤港澳大湾区国家高新区进出口总额情况

从高新技术产品出口情况来看，2015—2019 年，粤港澳大湾区国家高新区高新技术产品出口整体呈增长趋势，2019 年达到 5678.2 亿元，同比增长 14.7%，是 2015 年的 1.4 倍；占国家高新区整体的比重均超 20.0%，2017 年出现下降后持续回升，2019 年所占比重升至 24.1%，但仍低于 2015 年 1.1 个百分点（图 6-80）。

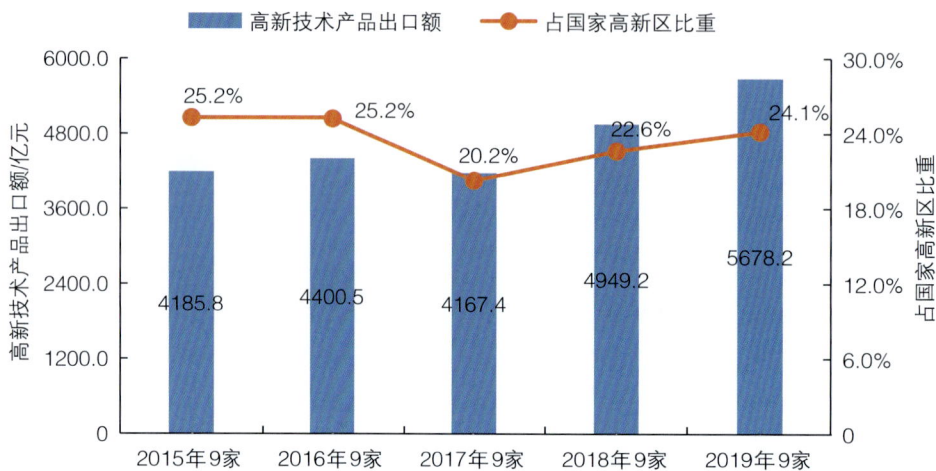

图 6-80　2015—2019 年粤港澳大湾区国家高新区高新技术产品出口情况

从技术服务出口情况来看，2015—2019 年，粤港澳大湾区国家高新区技术服务出口规模呈现增长趋势，2019 年达到 239.9 亿元，同比增长 28.7%，是 2015 年的 2.2 倍。2015—2017 年占国家高新区比重呈现下降趋势，2018 年和 2019 年出现回升，2019 年升至 9.4%，为近 5 年来最大值，高于 2015 年 0.8 个百分点（图 6-81）。

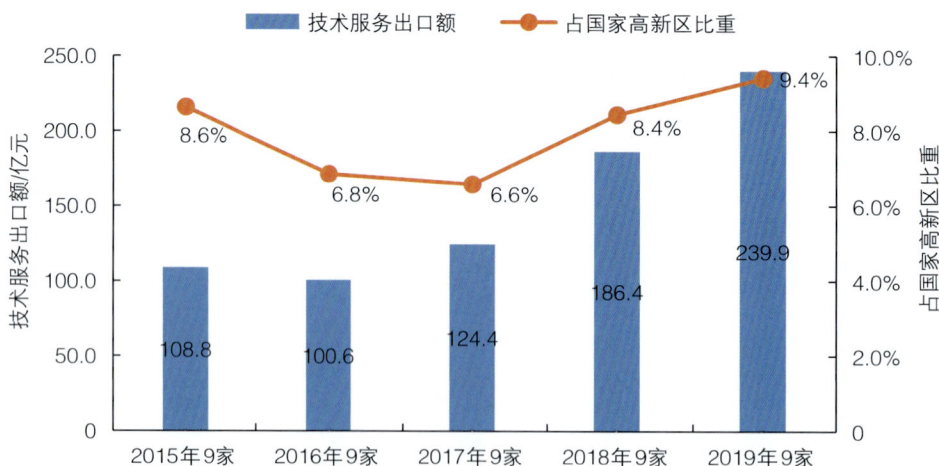

图 6-81　2015—2019 年粤港澳大湾区国家高新区技术服务出口情况

4. 境内外双向投资拓展能力显著增强

从实际利用外资情况来看，2015—2019 年粤港澳大湾区国家高新区实际利用外资规模波动明显，2019 年达到 354.3 亿元，同比增长 26.9%，是 2015 年的 1.4 倍。粤港澳大湾区国家高新区实际利用外资额占国家高新区整体的比重变化与实际利用外资规模变化保持一致，2019 年所占比重为 9.3%，低于 2016 年（近 5 年占比最高）1.1 个百分点（图 6-82）。

图 6-82　2015—2019 年粤港澳大湾区国家高新区实际利用外资情况

从对境外直接投资情况来看，2019 年，粤港澳大湾区国家高新区对境外直接投资额为 427.3 亿元，是 2015 年规模的 2.5 倍，其中深圳高新区以 288.7 亿元规模占据绝对优势。粤港澳大湾区国家高新区对境外直接投资额占国家高新区整体的比重大幅提升，2019 年达到 27.6%，与 2018 年相比，增长了 16.3 个百分点（图 6-83）。

图 6-83　2015—2019 年粤港澳大湾区国家高新区对境外直接投资额情况

从设立海外分支机构情况来看（包括期末境外生产制造基地、期末境外技术研发机构、期末境外营销服务机构 3 类），2019 年粤港澳大湾区国家高新区设立海外分支机构 1803 个，与 2018 年相比增长近千个（961 个），增长率达 114.1%。占国家高新区整体的比重保持在 10.0% 以上，2019 年所占比重最高，达到 20.0%（图 6-84）。

图 6-84　2015—2019 年粤港澳大湾区国家高新区设立海外分支机构情况

三、自创区^①国际化

目前，我国共有国家自创区 21 家，涵盖国家高新区 61 家。2015 年年底，自创区有 11 家，包括中关村、武汉东湖、上海张江、深圳、苏南、长株潭、天津滨海、成都、西安、杭州和珠三角自创区，涵盖国家高新区 30 家；2016 年年底，自创区增至 17 家，增加了郑洛新、山东半岛、沈大、福厦泉、合芜蚌和重庆 6 家自创区，合计涵盖国家高新区 47 家；2017 年无新增；2018 年，增加宁波温州和兰白 2 家自创区，自创区增至 20 家，共涵盖国家高新区 54 家；2019 年新增南昌、新余、景德镇、鹰潭、抚州、吉安、赣州 7 家国家高新区为自创区（本报告统称为江西自创区）。至此，自创区增至 21 家，涵盖国家高新区 61 家（图 6-85）。

---

① 本报告中自创区数据实为自创区中涉及的国家高新区数据。

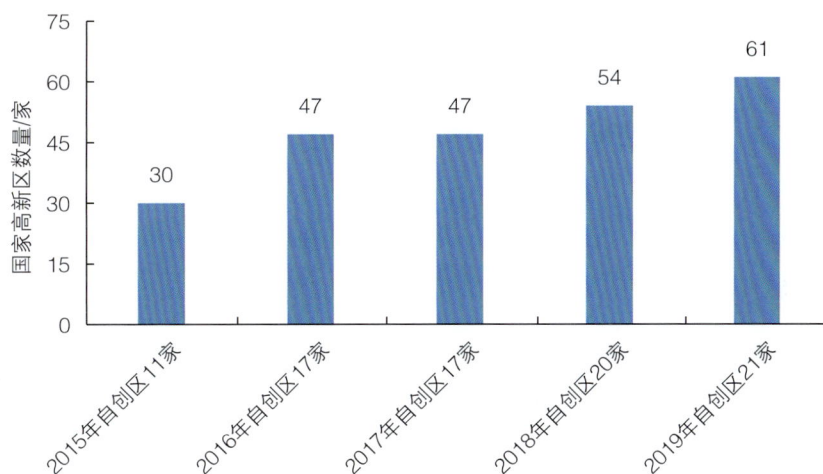

图 6-85 2015—2019 年自创区涵盖国家高新区情况

（一）人才国际化

1. 中关村自创区对留学归国人员吸引力突出

从留学归国人员情况来看，2015—2019 年，自创区留学归国人员数量逐年快速增长，由 2015 年的 102 860 人扩大到 2019 年的 157 180 人，年均增长 11.2%。留学归国人员占自创区企业从业人员的比重在 2019 年升至 1.0% 左右，占国家高新区的比重也持续上升，2019 年占比达到 92.0%（图 6-86）。

图 6-86 2015—2019 年自创区留学归国人员情况

2019 年留学归国人员数量超 5000 人规模的自创区共计 8 个，其中中关村、上海张江、苏南、深圳和合芜蚌自创区留学归国人员规模均超万人，占国家高新区整体的比重超六成（63.5%）。中关村自创区以绝对优势领先其他自创区，留学归国人数达到 47 452 人，占国家高新区总留学归国人口数量的 27.8%（图 6-87）。

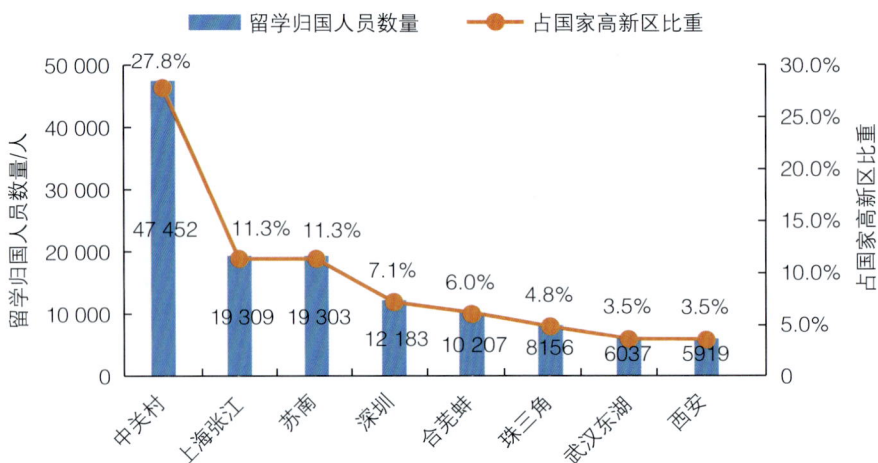

图 6-87　2019 年留学归国人员超 5000 人自创区情况

2. 苏南自创区集中了国家高新区近 1/4 外籍人员

从外籍常驻人员情况来看，2015—2019 年，自创区外籍常驻人员整体呈现增长趋势，由 2015 年的 56 070 人增长至 2019 年的 67 275 人。外籍常驻人员占自创区企业从业人员的比重基本维持在 0.5% 左右，占国家高新区外籍常驻人员总数的比重总体有所下降，2018 年为近 5 年来最低，2019 年略有回升，为 86.3%（图 6-88）。

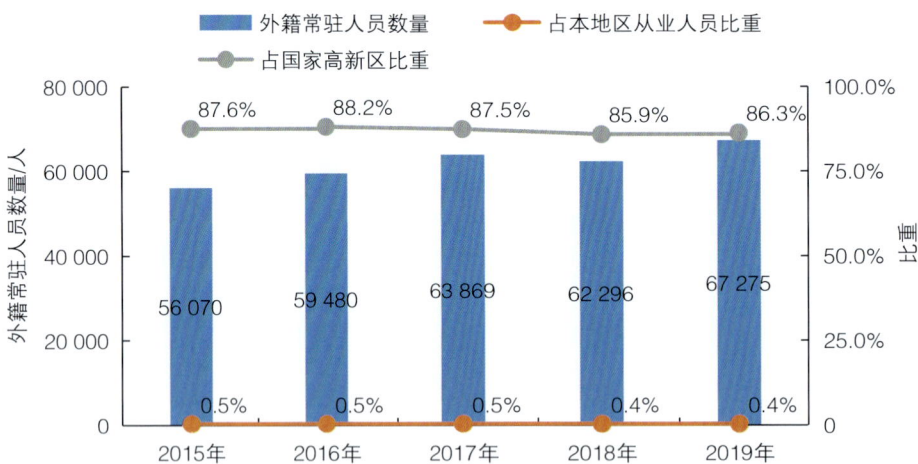

图 6-88　2015—2019 年自创区外籍常驻人员情况

2019 年外籍常驻人员数量排名前 10 位自创区共有外籍常驻人员 58 647 人，占国家高新区外籍常驻人员总数的 75.3%。排名第 1 位的是苏南自创区，外籍常驻人员达到近 1.8 万人，占比为

22.5%，远领先于排名第 2 位的上海张江自创区；中关村自创区以 5503 人规模排在第 5 位，山东半岛以 1457 人规模排在第 10 位（图 6-89）。

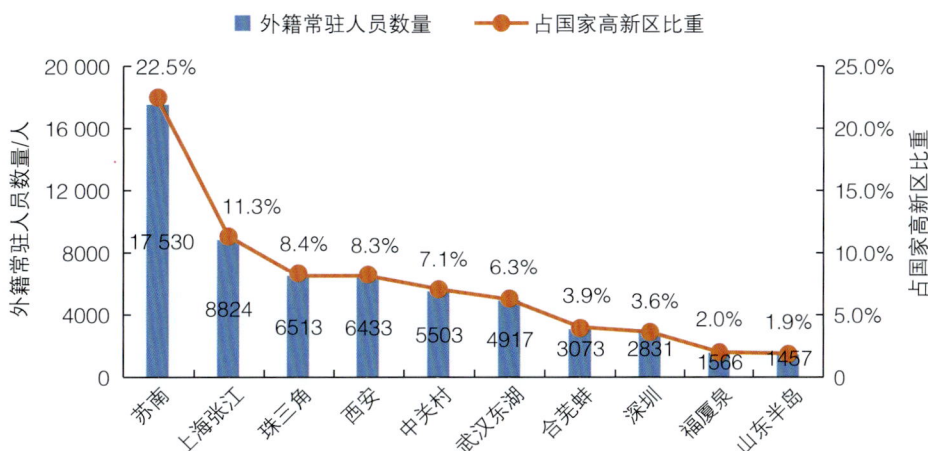

图 6-89　2019 年外籍常驻人员数量排名前 10 位的自创区情况

3. 西安和苏南两大自创区外籍专家数量优势明显

从引进外籍专家情况来看，2015—2017 年，自创区引进外籍专家数量不断增多，2018 年引进外籍专家人数出现减少，2019 年出现回升，增至 14 290 人。引进外籍专家占本地区企业从业人员比重稳定在 0.1%，占国家高新区总体比重均保持在 80.0% 以上，2019 年达到 87.0%，但与 2015 年相比，仍低 2.1 个百分点（图 6-90）。

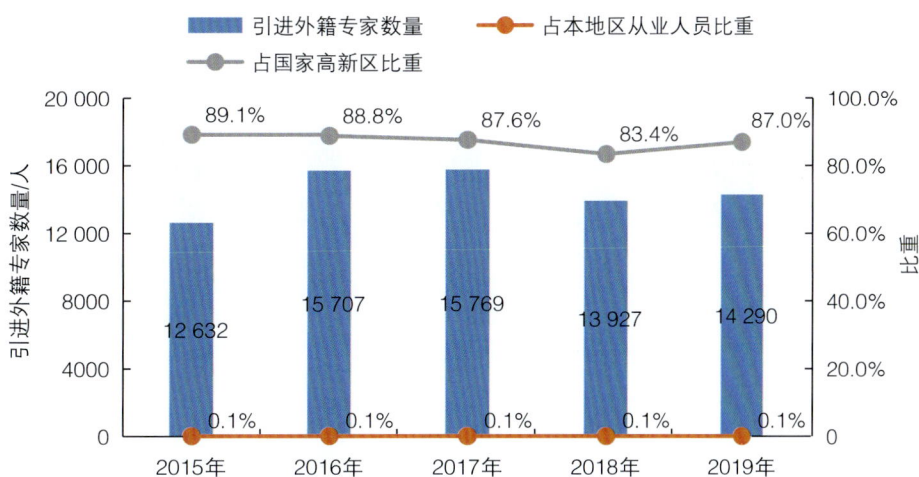

图 6-90　2015—2019 年自创区引进外籍专家情况

2019 年，西安、苏南、上海张江、中关村、深圳和珠三角 6 家自创区引进外籍专家数量均超过千人,西安和苏南自创区分别排在第1、第2位,引进外籍专家分别达到2654人和2396人(图6-91)。

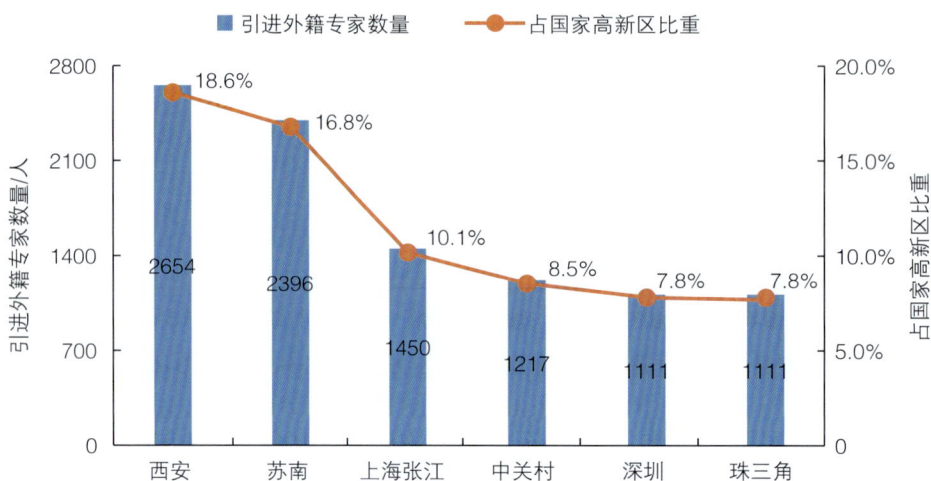

图6-91 2019年引进外籍专家超1000人的自创区情况

(二)创新国际化

1.深圳自创区拥有国家高新区一半以上的欧美日专利

从欧美日专利情况来看,2015—2019年,自创区拥有欧美日专利数量呈增长趋势,由2015年的12 967件增至2019年的96 433件,年均增长65.1%。拥有欧美日专利数占国家高新区总体的比重均保持在95.0%以上,其中2019年达到最大值,为97.6%(图6-92)。自创区万人拥有欧美日专利数量均高于国家高新区平均水平,2019年达到60件,比国家高新区平均水平(45件)高出15件。

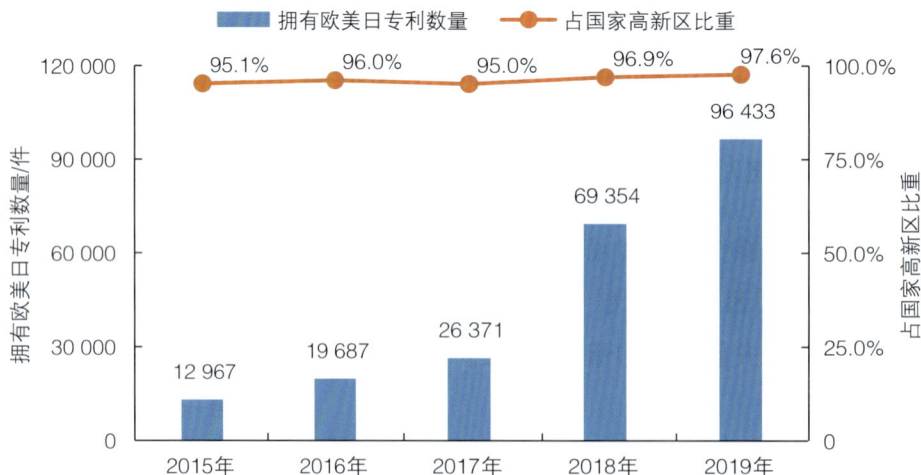

图6-92 2015—2019年自创区拥有欧美日专利情况

2019 年拥有欧美日专利数量超 1000 件的自创区共计 9 家，深圳自创区排在首位，拥有欧美日专利数达到 52 441 件，是排在第 2 位的中关村自创区的 3.4 倍，占国家高新区总体的比重过半，达到 53.1%，创新产出效率远领先于其他自创区（图 6-93）。

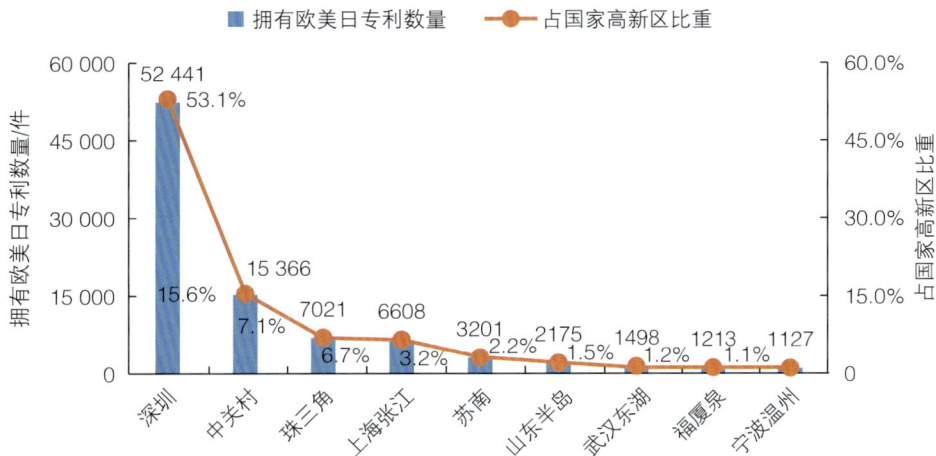

图 6-93　2019 年拥有欧美日专利 1000 件以上的自创区情况

2. 苏南自创区外资研发机构数量占国家高新区总体近三成

从外资研发机构情况来看，2015—2019 年，自创区外资研发机构数量不断增长，由 2015 年的 2271 个增长至 2019 年的 3775 个，年均增长 13.5%。2015—2019 年自创区外资研发机构数占国家高新区总体的比重均在 90.0% 左右，2019 年为 89.0%，较 2015 年下降 2.5 个百分点（图 6-94）。

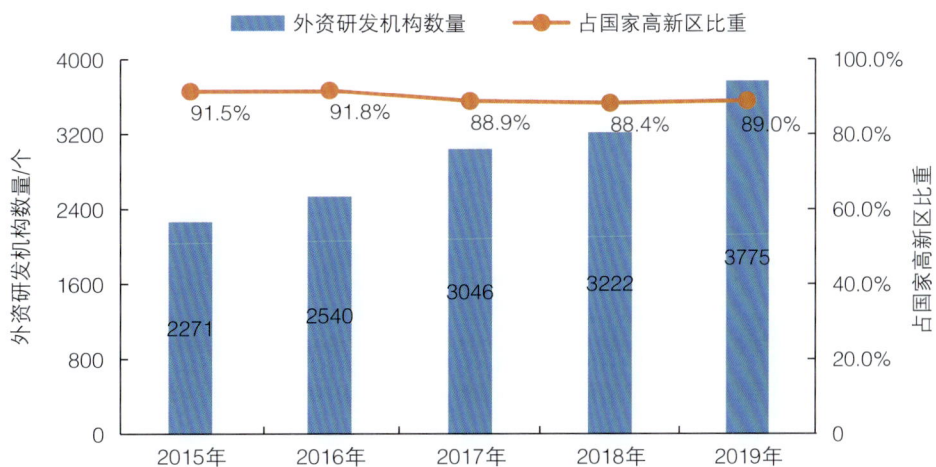

图 6-94　2015—2019 年自创区外资研发机构情况

2019 年外资研发机构数量在 100 个以上的自创区有 7 个，苏南、珠三角和中关村自创区排在前 3 位，苏南设立外资研发机构最多，达到 1154 家，高于珠三角自创区和中关村自创区外资研发机构之和。苏南自创区设立外资研发机构数占国家高新区总体的比重为 27.2%，接近三成（图 6-95）。

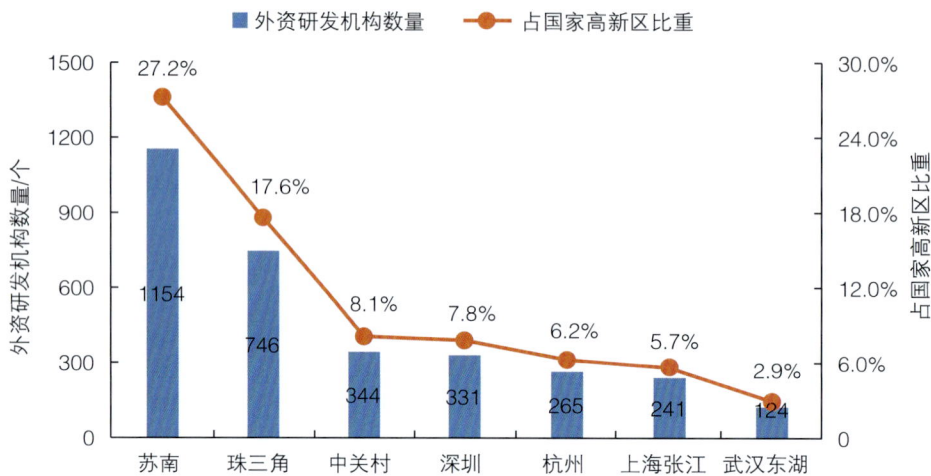

图 6-95　2019 年外资研发机构在 100 个以上的自创区情况

3.苏南自创区境外技术研发机构数量领先优势突出

从期末境外技术研发机构情况来看，2015—2019 年，自创区期末境外技术研发机构数量不断增多，2019 年有 1537 个，年均增长 22.0%。2015—2017 年期末境外技术研发机构占国家高新区总体的比重不断下降，2018 年止跌回升，2019 年达到 83.4%（图 6-96）。

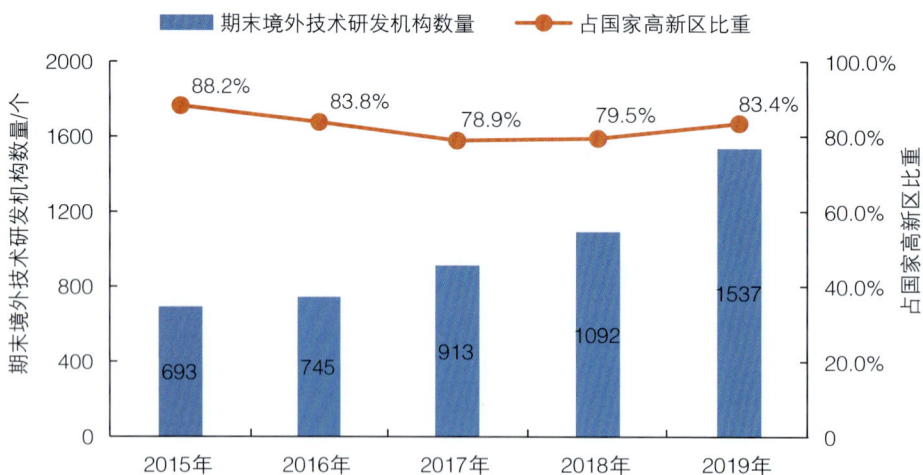

图 6-96　2015—2019 年自创区期末境外技术研发机构情况

2019 年期末境外技术研发机构排名前 5 位的自创区，分别是苏南、珠三角、上海张江、山东半岛和合芜蚌自创区。苏南自创区排在第 1 位，期末境外技术研发机构有 388 个，是排在第 2 位的珠三角自创区的 1.7 倍，领先优势较为明显（图 6-97）。

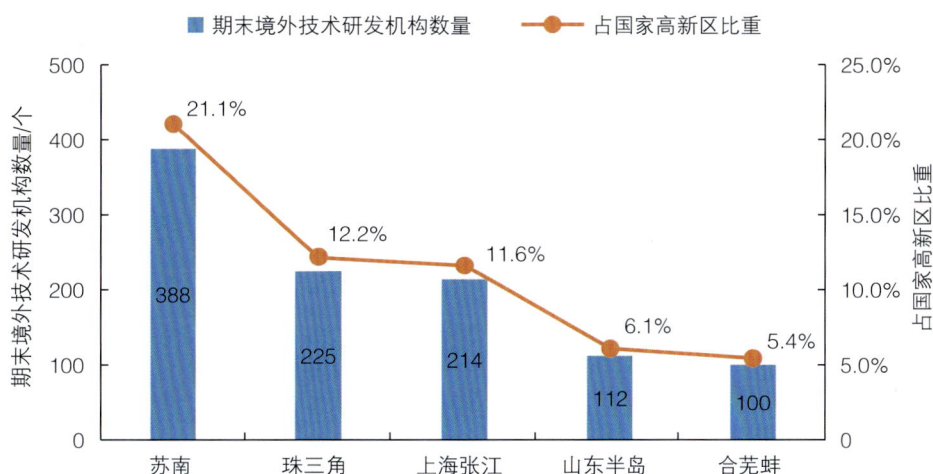

图 6-97　2019 年期末境外技术研发机构数量排名前 5 位的自创区情况

4. 6 个自创区委托境外开展研发活动费用支出超过 10 亿元

从委托境外开展研发活动费用支出情况来看，2015—2019 年，自创区委托境外开展研发活动费用支出不断增多，其中 2019 年大幅增长，规模接近 200 亿元，与 2018 年相比实现翻番；占国家高新区总体的比重有所波动，2017 年为 5 年最高值，2018 年出现下降，2019 年实现回升，达到 87.1%（图 6-98）。

图 6-98　2015—2019 年自创区委托境外开展研发活动费用支出情况

2019 年深圳自创区委托境外开展研发活动费用支出 80.0 亿元规模，排在各自创区第 1 位，占国家高新区总体的比重达到 40.1%，与珠三角自创区、上海张江 3 个自创区合计占国家高新区总体比重的近七成（68.6%）（图 6-99）。

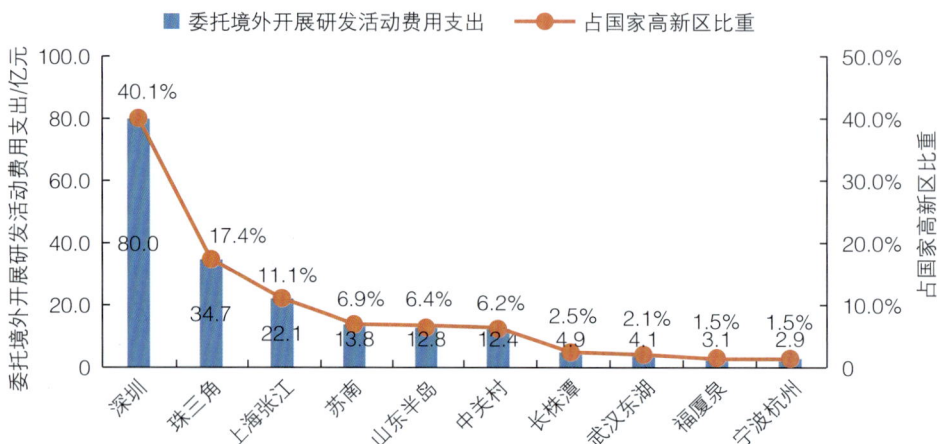

图 6-99　2019 年委托境外开展研发活动费用支出排名前 10 位的自创区情况

（三）贸易国际化

1. 自创区对外贸易规模占国家高新区总体九成左右

从进出口情况来看，2015—2019 年，自创区进出口规模不断扩大，2019 年进出口总额达到 63 776.5 亿元，占国家高新区总体进出口总额的 89.3%。其中，进口额为 27 791.5 亿元，占国家高新区总体进口总额的 92.4%；出口额为 35 985.0 亿元，占国家高新区总体出口总额的 87.0%（图 6-100）。

图 6-100　2015—2019 年自创区进出口情况

2019年进出口总额排名前5位的自创区分别是苏南、珠三角、中关村、深圳和上海张江。其中，苏南自创区进、出口额分别为5335.9元、7651.8亿元，分别占国家高新区总体进、出口总额的17.7%、18.5%。珠三角自创区进、出口额分别占国家高新区总体进、出口总额的17.0%、14.2%（图6-101）。

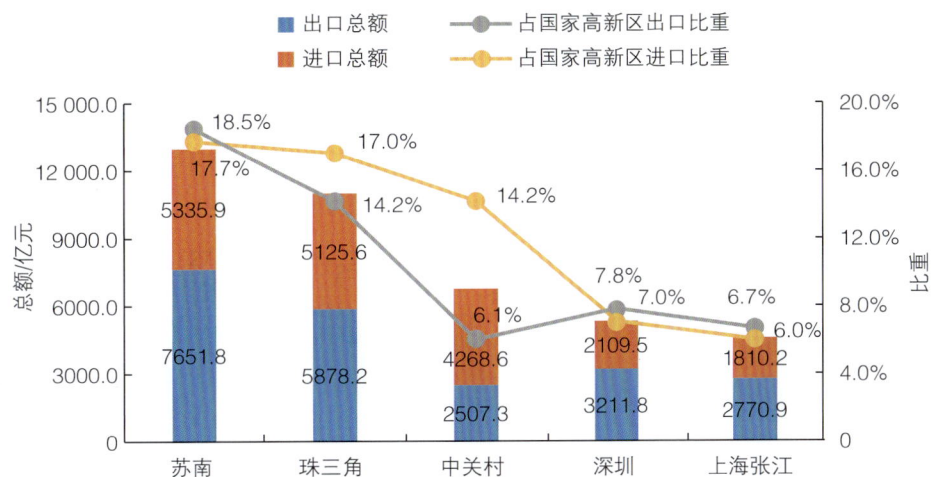

图6-101 2019年进出口总额排名前5位自创区进出口情况

2. 苏南和珠三角自创区高新技术产品出口规模最大

从高新技术产品出口情况来看，2015—2019年，自创区高新技术产品出口规模不断扩大，2019年突破20 000亿元，达到20 751.4亿元，年均增长8.8%。自创区高新技术产品出口规模占国家高新区总体的比重变化不明显，其中2019年为88.2%，比2015年降低1.2个百分点（图6-102）。

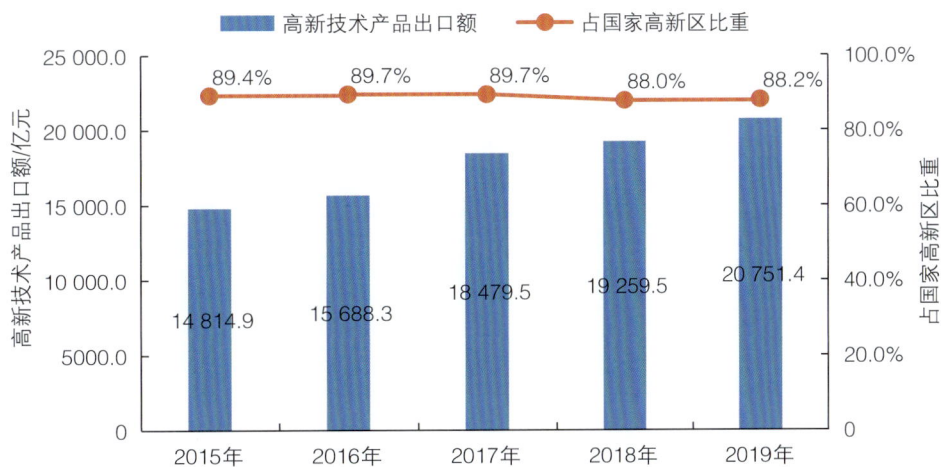

图6-102 2015—2019年自创区高新技术产品出口情况

2019 年高新技术产品出口规模超 1000 亿元的自创区共有 7 个，高新技术产品出口规模总量达到 15 155.3 亿元，占国家高新区总体比重为 64.4%。苏南自创区居第 1 位，高新技术产品出口规模达到 4137.4 亿元，占比为 17.6%。珠三角自创区高新技术产品出口规模达到 3861.5 亿元，占比为 16.4%（图 6-103）。

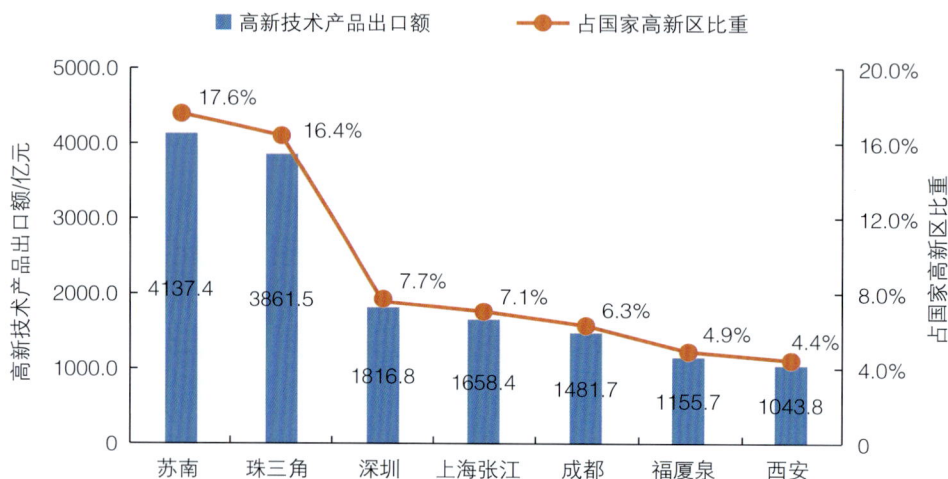

图 6-103 2019 年高新技术产品出口规模超 1000 亿元的自创区情况

3. 8 个自创区技术服务出口超过百亿元

从技术服务出口情况来看，2015—2019 年，自创区技术服务出口规模不断扩大，由 2015 年的 1222.3 亿元增至 2019 年的 2433.8 亿元，年均增长 18.8%。自创区技术服务出口规模占国家高新区总体比重保持在 95.0% 左右，是国家高新区技术服务出口的核心区域（图 6-104）。

图 6-104 2015—2019 年自创区技术服务出口情况

2019 年技术服务出口规模超 100 亿元的自创区共有 8 个，合计技术服务出口额为 1988.2 亿元，占国家高新区总体的比重为 78.0%。中关村自创区和成都自创区分别排在第 1、第 2 位，技术服务出口规模均突破 300 亿元，分别为 381.4 亿元和 359.6 亿元，两者之和占国家高新区整体比重近三成（图 6-105）。

图 6-105　2019 年技术服务出口规模超 100 亿元自创区情况

（四）企业国际化

1. 苏南自创区实际利用外资规模高居榜首

从实际利用外资情况来看，2015—2019 年，自创区实际利用外资规模整体呈增长趋势，由 2015 年的 1940.7 亿元上升至 2019 年的 2914.2 亿元。从占国家高新区总体的比重来看，均保持在 70% 以上，2019 年为历年最大值，为 76.1%（图 6-106）。

图 6-106　2015—2019 年自创区实际利用外资情况

2019 年，实际利用外资规模超 100 亿元的自创区共计 13 个，实际利用外资合计 2595.1 亿元，占国家高新区总体的比重为 89.0%。其中，苏南自创区排在首位，实际利用外资规模为 542.4 亿元，占国家高新区总体的比重达到 18.6%（图 6-107）。

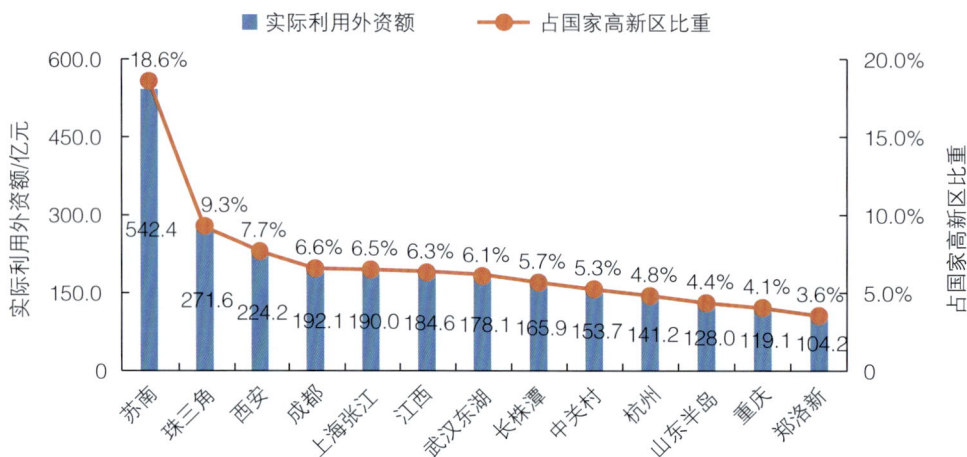

图 6-107　2019 年实际利用外资超 100 亿元规模自创区情况

2. 深圳自创区对境外直接投资额大幅领先

从企业对境外直接投资情况来看，自创区企业对境外直接投资额波动增长，2019 年为 1337.7 亿元，与 2015 年相比，增加近 500 亿元规模；占国家高新区总体的比重先降后增，2019 年为 86.4%，较 2015 年降低 6.4 个百分点（图 6-108）。

图 6-108　2015—2019 年自创区企业对境外直接投资情况

2019 年，对境外直接投资额排名前五的自创区分别是深圳、苏南、山东半岛、珠三角和郑洛新自创区，合计对境外直接投资额规模达 849.6 亿元，占国家高新区总体的比重为 54.8%。深圳自创区排在首位，对境外直接投资规模达到 288.7 亿元，占比为 18.6%，领先第 2 位苏南自创区 100 多亿元规模和 7.2 个百分点（图 6-109）。

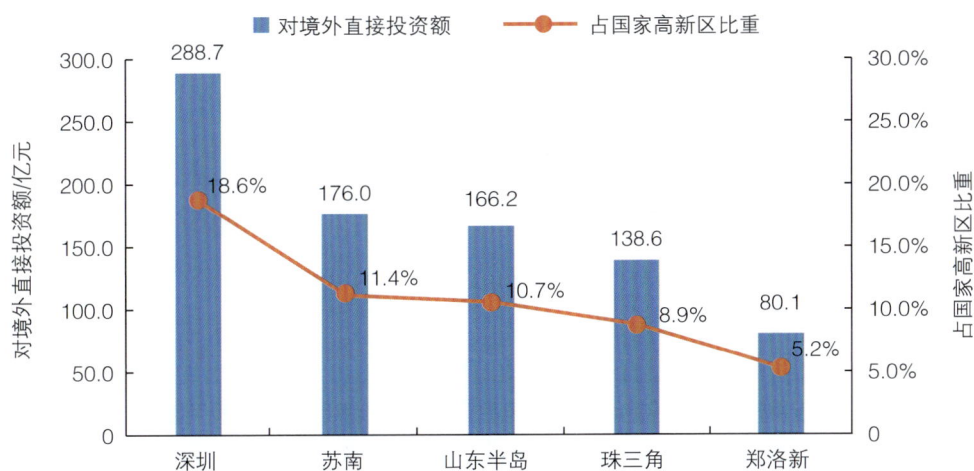

图 6-109　2019 年对境外直接投资额排名前五的自创区情况

3. 苏南自创区设立海外分支机构超国家高新区总体的 1/5

从设立海外分支机构情况来看（包括期末境外生产制造基地、期末境外技术研发机构、期末境外营销服务机构 3 类），2015—2019 年，自创区设立海外分支机构数量不断增多，由 2015 年的 4095 个增至 2019 年的 7132 个，年均增长率为 14.9%。从国家高新区总体占比来看，自创区设立海外分支机构数占国家高新区总体的比重保持在 70% 以上，2019 年占比达到近 5 年最高，为 79.0%（图 6-110）。

图 6-110　2015—2019 年自创区设立海外分支机构情况

2019 年，设立海外分支机构超 200 个的自创区共有 12 个，合计设立海外分支机构 6313 个，占国家高新区总体的比重达到 69.9%。排在首位的是苏南自创区，设立海外分支机构 1697 个，占国家高新区总体的比重为 18.8%，较第 2 位的深圳自创区领先 5.1 个百分点，领先优势明显（图 6-111）。

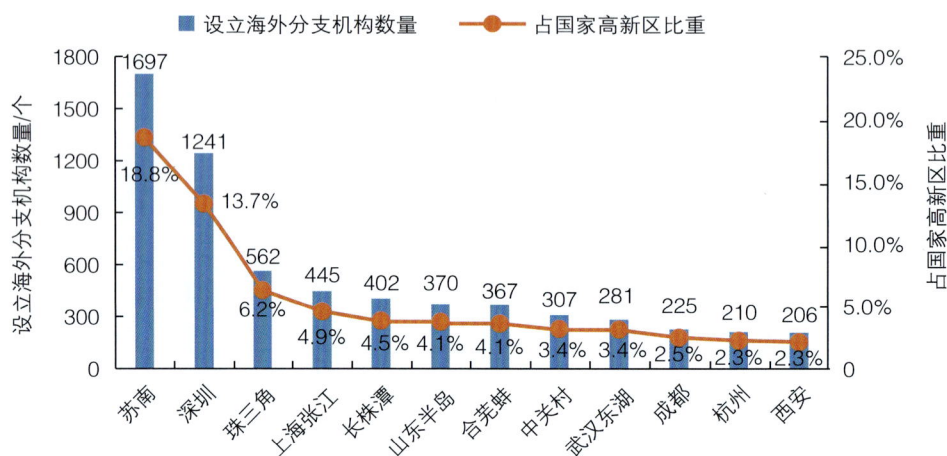

图 6-111　2019 年设立海外分支机构超 200 个的自创区情况

中国国家高新区开放创新发展报告2020

开放创新

第七章

发展的典型案例

一、中外合作园区案例

近年来，随着世界各国与我国深度合作意愿的不断增强，中外合作产业园建设成为国家高新区深入推进改革开放创新的重要探索。一方面，随着开放的不断深化，国家之间进一步的经贸往来需要更高层次的承载平台。我国同以色列、韩国、日本、德国等国家签订合作协议，推进中外合作产业园建设。另一方面，在国际产业转移新趋势下，中外合作产业园建设是实现国际产能对接的有效途径。一批以成本优势为竞争力的产业将加速转移，中外合作产业园成为最佳承接平台。目前，多数中外合作园区正处于规划编制、基础设施建设、部分项目入驻的阶段，阶段性成果显著，逐渐成为区域创新发展的新示范和我国对外合作的新亮点。

（一）中以常州创新园："共建计划"加码国际化发展

中以常州创新园是目前国内首个由中以两国政府共建的创新示范园区，于 2015 年 1 月成立。园区历经 5 年多的发展，取得显著成效，在全国中以合作领域内保持合作机制领先、合作模式领先、合作成果领先"三个领先"。

企业集聚成效明显。目前，园区已集聚以色列独资及中以合作企业 90 家，促成中以科技合作项目 24 项，涵盖了生命科学、现代农业、智能制造、新材料等诸多新经济领域；并建成了以色列江苏创新中心、中以国际技术转移投资中心等一批创新平台及载体。先后被科技部认定为"国家医疗器械国际创新园"，被发展改革委认定为"中以高技术产业合作重点区域"。

"共建计划"加码园区国际交流。现阶段，中以常州创新园深入推进实施"共建计划"2.0 版。目前，共有 20 家以色列企业正式申报共建计划，其中 MediTouch、BioFishincy、Coreborn、Israelistep、VideoAccess 5 家企业已通过审核并落户园区。

专栏 7-1：中以常州创新园"共建计划"成果展示

（1）以色列 MediTouch 康复设备公司

全球首家自主可穿戴康复设备公司，通过其专利传感设备及定制的软件系统，帮助患者进行主动式康复训练。目前，公司已在国内外拥有 3 项专利，并获得美国 FDA、欧洲 CE 和中国 CFDA 认证。

2017 年，公司通过以色列创新署审核，作为首个"中以常州创新园共建计划"项目落户园区，并投资设立了迈拓（常州）医疗科技有限公司，开展国内运营业务。2018 年，公司与常州市钱璟康复股份有限公司达成合作，共同进行国内业务拓展。公司联合以色列本古里安大学，与常州第一人民医院共建"中以运动康复实验室"项目。该项目致力于进一步拓展康复诊疗技术，培养专业技术人才，打造具有影响力和知名度的康复治疗专业平台，提升我国康复医学的学术水平，推动常州地区康复事业的发展。

（2）以色列 Exalenz 呼气测定设备公司

长期专注于幽门螺旋杆菌呼气检测系统研发和制造。代表性产品 BreathID® 呼气测定分析仪是全球唯一同时获得 FDA、CFDA 和 CE 批准的同类型医疗设备，在全球注册专利 41 项。相对于传统的普通光谱技术，Exalenz 应用前沿的"冷激光"技术，使检测过程自动化，20 分钟可出结果。2018 年，公司全球销售金额达到 1500 万美元。

2019 年 7 月，公司通过以色列创新署审核，作为"中以常州创新园共建计划"项目落户园区。同年 10 月，在园区全资设立的江苏埃伦斯医疗器械有限公司正式投入运营。下一步，公司将与常州市第一人民医院开展合作，计划在常州建立精准幽门螺旋杆菌检测及治疗中心，继续开展相关合作。

（3）以色列 BioFishency 水产科技公司

长期专注于人工水产养殖技术的研发和系统集成。公司专门研发生产具有成本效益、易于使用的水处理系统，用于陆地水产养殖。公司 2018 年全球销售额超过 130 万美元，已在中国、印度、欧洲、巴西等地注册专利。

2018 年 8 月，公司通过以色列创新署审核，作为"中以常州创新园共建计划"项目落户园区。其在园区设立的全资子公司清益水产科技（常州）有限公司已投入运营，积极开拓国内市场。

（二）中韩（惠州）产业园：国际要素吸聚能力持续增强

中韩（惠州）产业园是经国务院批复同意设立的国内 3 个中韩产业园之一，也是目前广东省唯一经国务院批准的中外合作共建产业园。园区正在大力引进和培育符合惠州与韩国未来产业发展方向的新产业、新业态，做大做强做优电子信息、石油化工两大核心支柱产业，加快构建"2+2+N"现代产业新体系。其中，仲恺高新区高端产业合作区组团着力打造电子信息产业集群，以"光电、电子信息、智能终端、节能环保、半导体、人工智能、激光、大数据与物联网"等为主要产业方向。

落实系列优惠政策吸引韩企落户。近年来，惠州专门出台了支持韩资企业落户的"十三条"等系列政策措施。例如，对中韩（惠州）产业园内现有韩资企业，投资设立年实际外资金额超过 2000 万美元的新项目，最高奖励 2000 万元；对投资超过 10 亿元以上的韩资企业，可采取"一项目一议"的方式给予特别扶持。近年来，惠韩经贸往来实现快速发展，截至 2019 年 7 月，惠州共审批韩资企业 261 家。

以大型项目引进带动园区发展水平提升。据统计，截至 2019 年年底，中韩（惠州）产业园起步区共引进各类项目 30 项，计划总投资超过 170 亿元。其中，外资项目 7 项（韩资 3 家），投资 10 亿元及以上的项目 5 项，完成供地项目 15 项，其中，大韩无极变速器研发生产项目由惠州市大韩高新科技有限公司投资建设。该公司由两家实力雄厚的中韩企业组成，主要研发、制造及销售凸轮形式无极变速器，拥有 16 个国家和地区专利 32 件，是世界上首个开发出凸轮形式无极变速器的企业，凸轮形式无极变速器也属于国家优先发展行业。

（三）中德工业服务区：打造中德合作高端服务平台

2011 年，佛山市提出在佛山新城建设中德工业服务区，2012 年 5 月，中德工业服务区被广东省委、省政府列为省重点建设的六大重大合作平台之一，并在 2012 年 8 月，作为中德两国面向未来的合作项目，写入中德两国签署的《关于进一步促进双向投资的联合声明》，由此跻身国家级合作层面。2014 年 4 月，佛山新城（中德工业服务区）成为首批中欧城镇化合作示范区，推动形成以先进制造业（以智能制造为方向）、现代服务业（以会展业为核心）、战略性新兴产业（以生物医药产业为代表）为支撑的产业发展体系。中德工业服务区致力于建设以智能制造为方向的先进制造业和以生物医药产业为代表的战略性新兴产业。

打造中欧城镇化合作示范区。2012 年，中国与欧盟委员会签订《中欧城镇化伙伴关系共同宣言》，中欧城镇化交流合作长效机制正式建立。中德工业服务区在低碳生态、"海绵城市"、绿色建筑、智慧城市、综合管廊、城市交通等方面率先探索、率先突破，并获得首届"中欧绿色和智慧城市奖"的最高奖项——中欧绿色和智慧城市卓越奖。

搭建中欧企业高端服务平台。2015 年，园区正式启用中欧中心，打造中德工业服务区最高端的中欧企业服务平台。目前，园区已经集聚上百家企业，涵盖智能制造、生物医药、研发设计、科技及环保服务等领域，包括德国欧司朗亚太区总部、德国安联财险佛山分公司、瑞曼迪斯工业服务国际有限公司、德国史太白技术转移中心、德国 F+U 教育集团及全球四大机器人制造商——德国库卡集团等一批德国（欧洲）知名企业。中欧中心深入探索中欧国际产学研合作，发展成为中欧（中德）技术和市场对接的重要连接点。

（四）中国（四川）日本合作产业园：创造中日合作典范

2018 年 5 月，四川省与日中经济协会签署《深化中日地域经济交流合作备忘录》，双方将共建中国（四川）日本合作产业园，将在高端制造、航空、物流、康养、文创、金融基金等领域达成务实性合作。产业园以"中日经济合作平台、中日智能制造创新高地、中日现代服务典范城市"为总体定位，整体构建"四园区六平台"。其中，"四园区"为建设现代服务业聚集区、智能制造聚集区、现代物流聚集区及临空现代服务聚集区。"六平台"为国际合作服务平台、创新创意孵化平台、科技成果转化平台、科技研讨交流平台、高端人才交流平台及创新科技推介平台。

多片布局，促进产业细分领域合作。产业园规划选址为成都高新南区和成都天府国际空港新城，其中高新南区作为起步先行区域，将依托日本繁荣的动漫游戏等内容产业，进行动漫产品 IP 开发。另外，依托日本信息技术发展水平，发展智能信息技术、生产管理软件及智能工厂技术。空港新城片区作为产业园主体，将重点发展现代物流、新经济、航空服务、机器人、新材料等产业，而超高清视频正是该园区重点发展的细分产业之一。

引入日资机构先进理念，启动大项目开发合作。成都高新区主动寻求日资财团、开发商、建筑商等各类日资机构参与，引进日本成熟模式、先进理念和开发经验。在商务片区开发建设方面，考虑与日企联合开发建设，重点引入金融、商社等现代服务业日资企业，引进日资酒店、文创、餐饮相关项目。在动漫主题乐园开发方面，结合动漫游戏产业人才、项目基础，拟引入日本知名动漫 IP，通过合资成立开发公司 + 运营公司的模式打造动漫主题乐园。此外，还有作为片区级 TOD 站点的陆肖站 TOD 项目，基于日企丰富的 TOD 站点开发经验，引入日本知名开发企业联合开发。

（五）石家庄中澳火炬创新园：搭建中澳高精尖科技发展桥梁

2018 年 9 月 17 日，"中澳创新中心人才及项目推介会"在石家庄国际人才城成功举办，石家庄高新区"中澳火炬创新园"揭牌成立，园区致力于推动双方不断深化合作，转化技术成果，真正地促成中澳双方的共同发展。

搭建中澳火炬创新园——中澳项目创新中心服务平台。中澳项目创新中心为石家庄高新区吸引并筛选澳洲企业入驻国家高新区，将澳大利亚知名院校（新南威尔士大学、昆士兰大学等）、科研院所、企业研究中心科技成果、专家人才转移转化到石家庄高新区。针对企业科技攻关难题，提供专属定制服务，精准满足企业需求，同时为入驻企业和机构提供具备澳洲标准的专业会员服务。此外，该中心还定期举办法律讲座、创业导师讲座、商务社交活动、商业洽谈会议、产品会展，助力会员拓宽商业脉络和销售渠道。

二、国家高新区外资企业发展案例

国家高新区发展 30 多年来，一大批外资企业纷至沓来，在为国家高新区带来国际资本、先进理念、国际元素的同时，也积极利用国内人才资源、市场资源，实现了自身业务的良性发展，形成多元共赢局面。

（一）微软：形成了较大的创新外溢效应

自 1992 年在北京设立代表处至今，微软已深植中国 20 余年。今天，微软已经成为在华最大的外商投资企业之一。这得益于微软不断倾听并适应中国市场的本土化需求，并深度参与中国信息化发展。通过与中国产业合作伙伴携手创新，微软让越来越多的技术、产品和服务得以在中国落地生根，目前，微软在中国已经拥有超过 17 000 家合作伙伴。

拥有较高的研发孵化服务水平。中国是世界上唯一拥有两家微软加速器的国家，分别位于北京和上海。位于北京的微软亚洲研究院成为微软在美国以外规模最大、布局最完整的研发基地。微软加速器·上海于 2017 年 1 月正式启动，迄今已累计为 43 家创业企业成功加速，校友企业总估值超过 556 亿元，23 家估值 1 亿～10 亿元，19 家估值 10 亿～50 亿元，1 家估值 50 亿～100 亿元，在 4～6 个月的加速期，企业估值增长平均超过 300%。

帮助并孵化中国新兴企业。微软在中国推进了一系列扶植创新的"Spark"计划，包括创建并支持新的 IT 企业和业务模式，以及针对大学生的"点亮梦想"计划。微软还推出"新创企业扶植计划"，通过向初创企业提供运营资金，帮助其更好地使用云计算平台进行快速发展。通过该计划，已经有将近几百家初创软件企业获得了微软全系列软件、技术、资金支持及全球知名度。启动"中小企业云腾计划"，推进中小企业信息化发展。启动微软公司在中国的首个创业加速器——云加速器，深度融入中国的创业生态链。

支持青年人才及高端人才培育。打造微软社区青年中心，微软与共青团中央、中国青年创业就业基金会在促进青年就业方面开展合作，投入价值 4300 万美元的产品和资金，在全国 11 个省市建立 100 多个培训中心，为当地青年提供系统化的信息技术培训，在 3 年内预计有 860 万名青年受益。推出"微软创新杯"，此为目前全球规模最大、影响最广的学生科技大赛，自 2004 年开展以来，超过 208 000 名中国学生参与"微软创新杯"项目，超过 12 个中国团队在赛后创立了自己的公司。推出微软亚洲研究院"长城计划"资助研究项目，与一流大学共同建立的联合实验室数量超过 500 个，发表 1000 多项合著出版物，培训了 1000 多名博士研究生。

（二）ABB：中国为其最主要的生产研发基地

ABB 致力于在华发展，1992 年在厦门投资建立了第一家合资企业，1994 年将中国总部迁至北京，并于 1995 年正式注册了投资性控股公司——ABB（中国）有限公司。经过多年的快速发展，ABB 在中国已拥有研发、制造、销售和工程服务等全方位的业务活动，44 家本地企业、近 2 万名员工遍及 130 余个城市。ABB 在中国累计投资额约 170 亿元，在华超过 90% 的销售收入来源于本土制造的产品、系统和服务。中国是 ABB 全球最主要的研发基地、最主要的生产基地，同时也是最主要的市场，中国在 ABB 有非常重要的地位。

促进全球技术创新研发合作。2015 年设立 ABB 中国研究院，在北京和上海两地设有电力电子实验室、材料与绝缘实验室、加工实验室、环境实验室及机电一体实验室，专注于电力与自动化领域的新能源并网、户外绝缘、小型零件装配等方面技术研究工作。目前，研究院已累计申请国际专利近 200 项，在机械、控制、材料和电力电子等领域的基础科研创新方面发挥着领头羊作用。

ABB 中国研究院的研发工作还包括与清华大学、浙江大学、西安交通大学、华中科技大学和华南理工大学在内的中国高校开展密切合作。目前，ABB 在华拥有 2000 余名研发专家致力于本土创新。2019 年 11 月，ABB 开放创新中心在深圳盛大启幕，该中心定位于全球协作和创新，将重点开发包括人工智能、云服务、网络安全、智能建筑等核心领域的业务。

加速布局中国工业市场。据 ABB 2018 年第三季度财报显示，亚洲、中东及非洲区订单总额增长 4%（按美元计价下降 1%），中国、印度、越南和埃及订单表现强劲。其中，中国订单额增长 13%（按美元计价增长 15%），赢得领先地位。ABB 加速布局，不断扩大公司产能，斥资 20 亿元，建设 ABB 全球规模最大的中低压开关柜与断路器制造基地——厦门工业中心；在上海投资 1.5 亿美元（约 10 亿元），建设全球最大最先进的机器人超级工厂。同时，ABB 也为国内的汽车整车厂、零部件提供了冲压自动化、动力总成、涂装自动化等多套系统解决方案，为铸造、金属加工工业提供了完善的服务。

（三）西门子：中国成为其第二大海外市场

西门子见证了中国国家高新区在过去几十年间的深刻变革，在实现公司快速发展的同时，也为中国经济发展做出了重要贡献。在中国，西门子开发最具发展潜力的产品和解决方案，重点研发领域包括大数据分析和人工智能、工业物联网、网络信息安全、仿真与"数字化双胞胎"和自主机器人等。

在中国拥有广泛的市场布局和合作机构。西门子在中国拥有超过 33 000 名员工，是中国最大的外商投资企业之一。西门子（中国）有限公司拥有 67 个分公司和联络处。截至 2019 财年，西门子已与中国能建、中国电建、中国石油、中国石化、中国建材和中集来福士等上百家中国企业在超过 100 个国家和地区的市场探索业务机会，足迹遍及六大洲。

立足中国、面向全球引领开放创新。西门子设立 21 个研发中心，拥有超 5000 名研发和工程人员，拥有 13 200 项有效专利及专利申请。同时，西门子与教育部合作，共同培养面向未来的数字化人才。公司还与大学和职业学校合作建立实验室，开展教师培训，编写工程教材和设立奖学金。截至 2019 财年，西门子在中国与 90 多所高校和科研机构开展了 770 多个研发合作项目。通过举办 13 届"西门子杯"中国智能制造挑战赛，西门子已经培养了近 50 000 名创新型工程人才。

（四）三星：不断追加在华尖端产业投资

三星初入中国市场时，其产业布局多以组装业为主，且大多分布在东部沿海。经过多年发展，三星逐步进行产业升级，从劳动密集型产业逐步向核心技术产业发展，并从沿海地区深入内陆。公开数据显示，截至 2018 年年底，三星在华累计投资达 349 亿美元，其中一半以上投资于高科技领域。目前，从 5G 技术、人工智能、物联网到柔性屏、8K 电视，再到新能源汽车动力电池，三星在前沿科技领域始终保持领先优势，同时不断追加在中国的尖端产业投资。

加速构建本土产业链。三星把研发"满足中国消费者需求"的技术和产品作为目标，完成了从设计、研发、采购、生产到销售、售后服务的完整的本地化产业链体系，实现了与中国市场的深度融合。目前，三星在华除了大众所熟知的手机相关研发、生产、销售、服务企业之外，还设有半导体、液晶面板、汽车电池等重量级高科技行业生产和配套企业，其中，三星分别在苏州和西安等地投资 LCD、半导体、动力电池产业。

不断推进产业高端化多元化升级。三星加快对半导体、液晶面板、电动汽车电池等技术密集型产业投资，谋求高端化、多元化发展。2011 年，三星在中国投资的第一条高世代液晶面板生产线在江苏苏州开工，这是国内首个外商投资控股的高世代液晶面板生产项目。2012 年，三星在西安投资 100 亿美元引入了高端 V−Nand 存储芯片项目，成为当时我国最大的电子产业外商投资项目。2014 年，三星 SDI 在陕西西安投资建立汽车动力电池工厂。2018 年 3 月，三星在西安再一次投入 70 亿美元启动二期半导体项目，以应对全球 IT 市场对高端闪存芯片产品的巨大需求。2018 年 4 月，三星 SDI 在天津投资 8 亿美元，启动圆形电池项目。

（五）丰田：秉承"中国最重要"发展理念

丰田如今已在中国 8 个省和直辖市设立了 9 家独资公司、15 家合资公司和 4 家代表处，并在天津、广州、成都、长春合资建立了 6 个整车工厂和 4 个发动机工厂，有 40 000 余名中国员工在生产、销售和售后服务等领域为中国的汽车工业和汽车市场的发展贡献力量。2019 年，丰田在中国市场销量达到 162 万辆，同比增长 9%，为历史销售最好成绩。

中国市场地位进一步提高。2019 年年底，丰田汽车官方宣布，从 2020 年 1 月 1 日起，公司计划实施新的组织架构，将亚洲地区拆分为"中国业务"和"亚洲业务"，使双方独立存在。由于中国市场在电动化、智能化、信息化、共享化方面有着天然优势，未来，中国市场将成为丰田汽车向"移动出行服务供应商"转型的重要阵营。

紧抓中国新能源市场发展机遇。丰田与宁德时代汽车在新能源动力电池的稳定供给和发展进化领域建立了全面合作伙伴关系。丰田分别与一汽集团、广汽集团签订了深化合作的协议，进一步深化开展涵盖新能源车、节能车及智能网联等领域的技术合作。丰田与比亚迪就联合开发纯电动汽车达成协议，将设立研发合资公司。

中国国家高新区开放创新发展报告2020

附　表

附表1　2019年国家高新区申请PCT国际专利50强

排名	国家高新区名称	申请 PCT 国际专利 / 件
1	深圳高新技术产业开发区	10 617
2	中关村科技园区	4963
3	武汉东湖新技术开发区	1830
4	上海张江高新技术产业开发区	1165
5	苏州工业园区	1059
6	青岛高新技术产业开发区	769
7	广州高新技术产业开发区	769
8	南京高新技术产业开发区	505
9	珠海高新技术产业开发区	431
10	潍坊高新技术产业开发区	353
11	宁波高新技术产业开发区	327
12	佛山高新技术产业开发区	327
13	合肥高新技术产业开发区	298
14	成都高新技术产业开发区	296
15	杭州高新技术产业开发区	234
16	苏州高新技术产业开发区	215
17	济南高新技术产业开发区	213
18	惠州仲恺高新技术产业开发区	203
19	西安高新技术产业开发区	170
20	无锡高新技术产业开发区	147
21	株洲高新技术产业开发区	143
22	连云港高新技术产业开发区	126
23	昆山高新技术产业开发区	111
24	南昌高新技术产业开发区	111
25	厦门火炬高技术产业开发区	108
26	长沙高新技术产业开发区	99
27	烟台高新技术产业开发区	98
28	东莞松山湖高新技术产业开发区	80
29	武进高新技术产业开发区	74
30	保定高新技术产业开发区	58
31	中山高新技术产业开发区	55
32	南通高新技术产业开发区	53
33	泉州高新技术产业开发区	53

排名	国家高新区名称	申请 PCT 国际专利／件
34	威海火炬高技术产业开发区	51
35	江阴高新技术产业开发区	46
36	徐州高新技术产业开发区	46
37	萧山临江高新技术产业开发区	41
38	郑州高新技术产业开发区	39
39	平顶山高新技术产业开发区	39
40	安康高新技术产业开发区	39
41	大连高新技术产业园区	38
42	桂林高新技术产业开发区	38
43	孝感高新技术产业开发区	36
44	常州高新技术产业开发区	28
45	石家庄高新技术产业开发区	26
46	江门高新技术产业开发区	26
47	重庆高新技术产业开发区	25
48	上海紫竹高新技术产业开发区	24
49	柳州高新技术产业开发区	21
50	璧山高新技术产业开发区	21

附表2　2019年国家高新区拥有欧美日专利20强

排名	国家高新区名称	拥有欧美日专利／件
1	深圳高新技术产业开发区	52 441
2	中关村科技园区	15 366
3	上海张江高新技术产业开发区	6608
4	东莞松山湖高新技术产业开发区	4503
5	苏州工业园区	1512
6	武汉东湖新技术开发区	1498
7	青岛高新技术产业开发区	1238
8	宁波高新技术产业开发区	1098
9	厦门火炬高技术产业开发区	1095
10	成都高新技术产业开发区	934
11	广州高新技术产业开发区	861
12	杭州高新技术产业开发区	777
13	合肥高新技术产业开发区	750

续表

排名	国家高新区名称	拥有欧美日专利／件
14	西安高新技术产业开发区	720
15	南京高新技术产业开发区	593
16	天津滨海高新技术产业开发区	526
17	珠海高新技术产业开发区	526
18	佛山高新技术产业开发区	472
19	沈阳高新技术产业开发区	469
20	长沙高新技术产业开发区	399

附表3　2019年国家高新区委托境外开展研发活动费用支出20强

排名	国家高新区名称	委托境外开展研发活动费用支出／亿元
1	深圳高新技术产业开发区	80.0
2	东莞松山湖高新技术产业开发区	29.3
3	上海张江高新技术产业开发区	22.1
4	长春高新技术产业开发区	17.2
5	中关村科技园区	12.4
6	无锡高新技术产业开发区	1.5
7	潍坊高新技术产业开发区	5.7
8	青岛高新技术产业开发区	5.0
9	苏州工业园区	4.5
10	杭州高新技术产业开发区	1.5
11	武汉东湖新技术开发区	4.1
12	常熟高新技术产业开发区	3.4
13	长沙高新技术产业开发区	3.4
14	常州高新技术产业开发区	3.1
15	南京高新技术产业开发区	3.1
16	厦门火炬高技术产业开发区	3.0
17	宁波高新技术产业开发区	2.9
18	保定高新技术产业开发区	2.8
19	郑州高新技术产业开发区	2.7
20	广州高新技术产业开发区	2.3

附表4 2019年国家高新区留学归国人员数量50强

排名	国家高新区名称	留学归国人员数量 / 人
1	中关村科技园区	47 452
2	上海张江高新技术产业开发区	19 309
3	深圳高新技术产业开发区	12 183
4	苏州工业园区	10 712
5	合肥高新技术产业开发区	9983
6	武汉东湖新技术开发区	6037
7	西安高新技术产业开发区	5919
8	成都高新技术产业开发区	3928
9	广州高新技术产业开发区	3899
10	杭州高新技术产业开发区	3772
11	大连高新技术产业园区	3540
12	南京高新技术产业开发区	2960
13	佛山高新技术产业开发区	2322
14	长沙高新技术产业开发区	2083
15	南昌高新技术产业开发区	1814
16	宁波高新技术产业开发区	1808
17	常州高新技术产业开发区	1698
18	长春高新技术产业开发区	1679
19	厦门火炬高技术产业开发区	1338
20	苏州高新技术产业开发区	1293
21	无锡高新技术产业开发区	1273
22	天津滨海高新技术产业开发区	991
23	上海紫竹高新技术产业开发区	939
24	济南高新技术产业开发区	907
25	威海火炬高技术产业开发区	805
26	青岛高新技术产业开发区	785
27	温州高新技术产业开发区	719
28	东莞松山湖高新技术产业开发区	629
29	珠海高新技术产业开发区	617
30	石家庄高新技术产业开发区	614
31	沈阳高新技术产业开发区	558
32	郑州高新技术产业开发区	554
33	烟台高新技术产业开发区	551

续表

排名	国家高新区名称	留学归国人员数量／人
34	益阳高新技术产业开发区	542
35	保定高新技术产业开发区	512
36	新余高新技术产业开发区	464
37	萧山临江高新技术产业开发区	449
38	江阴高新技术产业开发区	448
39	南通高新技术产业开发区	440
40	武进高新技术产业开发区	426
41	重庆高新技术产业开发区	416
42	昆山高新技术产业开发区	386
43	焦作高新技术产业开发区	379
44	襄阳高新技术产业开发区	369
45	福州高新技术产业开发区	339
46	株洲高新技术产业开发区	329
47	兰州高新技术产业开发区	329
48	鞍山高新技术产业开发区	317
49	潍坊高新技术产业开发区	316
50	扬州高新技术产业开发区	313

附表5　2019年国家高新区外籍常驻人员数量50强

排名	国家高新区名称	外籍常驻人员数量／人
1	苏州工业园区	9987
2	上海张江高新技术产业开发区	8824
3	西安高新技术产业开发区	6433
4	中关村科技园区	5503
5	武汉东湖新技术开发区	4917
6	合肥高新技术产业开发区	2940
7	深圳高新技术产业开发区	2831
8	襄阳高新技术产业开发区	2502
9	广州高新技术产业开发区	2466
10	无锡高新技术产业开发区	2077
11	苏州高新技术产业开发区	1614
12	常州高新技术产业开发区	1418
13	宁波高新技术产业开发区	1416

排名	国家高新区名称	外籍常驻人员数量／人
14	佛山高新技术产业开发区	1273
15	厦门火炬高技术产业开发区	1261
16	成都高新技术产业开发区	1152
17	中山高新技术产业开发区	1091
18	昆山高新技术产业开发区	1030
19	杭州高新技术产业开发区	930
20	长沙高新技术产业开发区	913
21	大连高新技术产业园区	886
22	长春高新技术产业开发区	882
23	惠州仲恺高新技术产业开发区	764
24	南京高新技术产业开发区	751
25	常熟高新技术产业开发区	722
26	上海紫竹高新技术产业开发区	654
27	威海火炬高技术产业开发区	649
28	天津滨海高新技术产业开发区	581
29	珠海高新技术产业开发区	516
30	保定高新技术产业开发区	502
31	萧山临江高新技术产业开发区	413
32	莆田高新技术产业开发区	375
33	重庆高新技术产业开发区	374
34	武进高新技术产业开发区	329
35	南昌高新技术产业开发区	320
36	济南高新技术产业开发区	300
37	江阴高新技术产业开发区	279
38	吉安高新技术产业开发区	268
39	新余高新技术产业开发区	239
40	嘉兴秀洲高新技术产业开发区	235
41	淮安高新技术产业开发区	206
42	璧山高新技术产业开发区	205
43	益阳高新技术产业开发区	192
44	大庆高新技术产业开发区	185
45	福州高新技术产业开发区	181
46	燕郊高新技术产业开发区	180
47	潍坊高新技术产业开发区	175

排名	国家高新区名称	外籍常驻人员数量／人
48	乌鲁木齐高新技术产业开发区	174
49	江门高新技术产业开发区	172
50	南宁高新技术产业开发区	166

附表6　2019年国家高新区引进外籍专家数量50强

排名	国家高新区名称	引进外籍专家数量／人
1	西安高新技术产业开发区	2654
2	上海张江高新技术产业开发区	1450
3	中关村科技园区	1217
4	深圳高新技术产业开发区	1111
5	苏州工业园区	1034
6	长沙高新技术产业开发区	681
7	杭州高新技术产业开发区	582
8	佛山高新技术产业开发区	379
9	合肥高新技术产业开发区	346
10	广州高新技术产业开发区	332
11	无锡高新技术产业开发区	320
12	成都高新技术产业开发区	313
13	宁波高新技术产业开发区	299
14	南京高新技术产业开发区	244
15	常州高新技术产业开发区	242
16	厦门火炬高技术产业开发区	211
17	莆田高新技术产业开发区	210
18	大连高新技术产业园区	202
19	昆山高新技术产业开发区	180
20	苏州高新技术产业开发区	165
21	天津滨海高新技术产业开发区	164
22	武汉东湖新技术开发区	163
23	昌吉高新技术产业开发区	155
24	珠海高新技术产业开发区	152
25	保定高新技术产业开发区	150
26	南昌高新技术产业开发区	149
27	常熟高新技术产业开发区	141

排名	国家高新区名称	引进外籍专家数量／人
28	青岛高新技术产业开发区	134
29	江阴高新技术产业开发区	110
30	新余高新技术产业开发区	91
31	威海火炬高技术产业开发区	91
32	泰州医药高新技术产业开发区	88
33	潍坊高新技术产业开发区	84
34	襄阳高新技术产业开发区	80
35	南通高新技术产业开发区	74
36	中山高新技术产业开发区	73
37	东莞松山湖高新技术产业开发区	72
38	济宁高新技术产业开发区	71
39	济南高新技术产业开发区	67
40	武进高新技术产业开发区	66
41	石家庄高新技术产业开发区	65
42	惠州仲恺高新技术产业开发区	61
43	芜湖高新技术产业开发区	57
44	上海紫竹高新技术产业开发区	56
45	扬州高新技术产业开发区	52
46	宜昌高新技术产业开发区	51
47	吉安高新技术产业开发区	47
48	宝鸡高新技术产业开发区	47
49	萧山临江高新技术产业开发区	46
50	绵阳高新技术产业开发区	46

附表7　2019年国家高新区外资研发机构数量30强

排名	国家高新区名称	外资研发机构数量／个
1	苏州工业园区	608
2	广州高新技术产业开发区	354
3	中关村科技园区	344
4	深圳高新技术产业开发区	331
5	上海张江高新技术产业开发区	241
6	杭州高新技术产业开发区	225
7	惠州仲恺高新技术产业开发区	184

排名	国家高新区名称	外资研发机构数量／个
8	南京高新技术产业开发区	172
9	无锡高新技术产业开发区	143
10	武汉东湖新技术开发区	124
11	苏州高新技术产业开发区	92
12	昆山高新技术产业开发区	61
13	嘉兴秀洲高新技术产业开发区	60
14	厦门火炬高技术产业开发区	58
15	西安高新技术产业开发区	55
16	江门高新技术产业开发区	52
17	中山高新技术产业开发区	51
18	郑州高新技术产业开发区	50
19	合肥高新技术产业开发区	47
20	佛山高新技术产业开发区	47
21	成都高新技术产业开发区	46
22	珠海高新技术产业开发区	44
23	萧山临江高新技术产业开发区	40
24	长沙高新技术产业开发区	40
25	武进高新技术产业开发区	39
26	宁波高新技术产业开发区	37
27	常州高新技术产业开发区	34
28	荆门高新技术产业开发区	32
29	福州高新技术产业开发区	30
30	济南高新技术产业开发区	26

附表8　2019年国家高新区企业设立境外研发机构数量20强

排名	国家高新区名城	企业设立境外研发机构数量／个
1	苏州工业园区	242
2	上海张江高新技术产业开发区	214
3	深圳高新技术产业开发区	124
4	武汉东湖新技术开发区	91
5	合肥高新技术产业开发区	88
6	西安高新技术产业开发区	54
7	广州高新技术产业开发区	50

排名	国家高新区名城	企业设立境外研发机构数量／个
8	南京高新技术产业开发区	46
9	佛山高新技术产业开发区	40
10	郑州高新技术产业开发区	36
11	惠州仲恺高新技术产业开发区	33
12	中关村科技园区	30
13	苏州高新技术产业开发区	30
14	长沙高新技术产业开发区	27
15	青岛高新技术产业开发区	25
16	荆门高新技术产业开发区	25
17	济南高新技术产业开发区	24
18	杭州高新技术产业开发区	22
19	潍坊高新技术产业开发区	22
20	宁波高新技术产业开发区	21

附表9　2019年国家高新区进出口总额50强

排名	国家高新区名称	进出口总额／亿元
1	中关村科技园区	6775.9
2	深圳高新技术产业开发区	5321.2
3	上海张江高新技术产业开发区	4581.1
4	成都高新技术产业开发区	3936.0
5	苏州工业园区	3847.9
6	广州高新技术产业开发区	3063.3
7	东莞松山湖高新技术产业开发区	2837.9
8	无锡高新技术产业开发区	2804.8
9	苏州高新技术产业开发区	2580.6
10	西安高新技术产业开发区	2550.1
11	厦门火炬高技术产业开发区	2364.7
12	重庆高新技术产业开发区	1833.8
13	武汉东湖新技术开发区	1617.5
14	惠州仲恺高新技术产业开发区	1605.3
15	南京高新技术产业开发区	1380.9
16	宁波高新技术产业开发区	1084.8
17	中山高新技术产业开发区	1050.8

续表

排名	国家高新区名称	进出口总额/亿元
18	合肥高新技术产业开发区	1041.7
19	珠海高新技术产业开发区	1022.1
20	昆山高新技术产业开发区	888.9
21	佛山高新技术产业开发区	871.8
22	济南高新技术产业开发区	826.0
23	大连高新技术产业园区	814.1
24	长沙高新技术产业开发区	672.8
25	青岛高新技术产业开发区	664.4
26	杭州高新技术产业开发区	663.9
27	常州高新技术产业开发区	611.6
28	南宁高新技术产业开发区	593.8
29	萧山临江高新技术产业开发区	582.8
30	潍坊高新技术产业开发区	549.1
31	南昌高新技术产业开发区	507.1
32	江阴高新技术产业开发区	506.7
33	天津滨海高新技术产业开发区	484.0
34	江门高新技术产业开发区	470.5
35	常熟高新技术产业开发区	424.8
36	吉安高新技术产业开发区	393.8
37	南通高新技术产业开发区	381.5
38	威海火炬高技术产业开发区	367.9
39	绵阳高新技术产业开发区	333.8
40	昆明高新技术产业开发区	294.7
41	武进高新技术产业开发区	290.5
42	北海高新技术产业开发区	255.4
43	济宁高新技术产业开发区	236.0
44	淄博高新技术产业开发区	214.9
45	嘉兴秀洲高新技术产业开发区	214.6
46	郑州高新技术产业开发区	205.1
47	绍兴高新技术产业开发区	176.5
48	湘潭高新技术产业开发区	174.0
49	漳州高新技术产业开发区	170.4
50	铜陵狮子山高新技术产业开发区	168.2

附表10　2019年国家高新区高新技术产品出口额50强

排名	国家高新区名称	高新技术产品出口额／亿元
1	深圳高新技术产业开发区	1816.8
2	上海张江高新技术产业开发区	1658.4
3	成都高新技术产业开发区	1481.7
4	东莞松山湖高新技术产业开发区	1291.7
5	苏州工业园区	1267.2
6	厦门火炬高技术产业开发区	1044.9
7	西安高新技术产业开发区	1043.8
8	苏州高新技术产业开发区	835.2
9	无锡高新技术产业开发区	678.5
10	宁波高新技术产业开发区	609.5
11	南京高新技术产业开发区	563.0
12	合肥高新技术产业开发区	559.1
13	珠海高新技术产业开发区	557.2
14	武汉东湖新技术开发区	530.7
15	惠州仲恺高新技术产业开发区	472.8
16	中山高新技术产业开发区	435.0
17	佛山高新技术产业开发区	433.6
18	杭州高新技术产业开发区	415.5
19	广州高新技术产业开发区	411.1
20	青岛高新技术产业开发区	392.0
21	中关村科技园区	391.6
22	长沙高新技术产业开发区	350.4
23	昆山高新技术产业开发区	318.1
24	济南高新技术产业开发区	283.3
25	吉安高新技术产业开发区	220.1
26	江门高新技术产业开发区	213.0
27	南宁高新技术产业开发区	195.9
28	江阴高新技术产业开发区	181.7
29	萧山临江高新技术产业开发区	176.0
30	常州高新技术产业开发区	175.5
31	重庆高新技术产业开发区	173.9
32	南通高新技术产业开发区	164.7
33	南昌高新技术产业开发区	159.9

续表

排名	国家高新区名称	高新技术产品出口额／亿元
34	绵阳高新技术产业开发区	142.1
35	威海火炬高技术产业开发区	134.8
36	天津滨海高新技术产业开发区	117.5
37	大连高新技术产业园区	111.3
38	芜湖高新技术产业开发区	110.1
39	常熟高新技术产业开发区	110.0
40	淄博高新技术产业开发区	107.9
41	绍兴高新技术产业开发区	101.5
42	株洲高新技术产业开发区	98.5
43	宜昌高新技术产业开发区	93.9
44	郑州高新技术产业开发区	93.4
45	北海高新技术产业开发区	91.4
46	莫干山高新技术产业开发区	89.1
47	嘉兴秀洲高新技术产业开发区	86.5
48	福州高新技术产业开发区	77.7
49	武进高新技术产业开发区	77.3
50	温州高新技术产业开发区	76.5

附表11 2019年国家高新区技术服务出口额20强

排名	国家高新区名称	技术服务出口额／亿元
1	中关村科技园区	381.4
2	成都高新技术产业开发区	359.6
3	西安高新技术产业开发区	255.4
4	上海张江高新技术产业开发区	227.1
5	武汉东湖新技术开发区	200.4
6	合肥高新技术产业开发区	200.3
7	苏州工业园区	111.3
8	大连高新技术产业园区	87.7
9	惠州仲恺高新技术产业开发区	78.3
10	深圳高新技术产业开发区	70.8
11	杭州高新技术产业开发区	64.0
12	青岛高新技术产业开发区	61.7
13	广州高新技术产业开发区	57.3

排名	国家高新区名称	技术服务出口额／亿元
14	南京高新技术产业开发区	36.9
15	上海紫竹高新技术产业开发区	36.2
16	长沙高新技术产业开发区	35.1
17	湘潭高新技术产业开发区	34.1
18	佛山高新技术产业开发区	24.5
19	宁波高新技术产业开发区	21.0
20	常熟高新技术产业开发区	16.2

附表12　2019年国家高新区实际利用外资20强

排名	国家高新区名称	实际利用外资／亿元
1	西安高新技术产业开发区	224.2
2	成都高新技术产业开发区	192.1
3	上海张江高新技术产业开发区	190.0
4	武汉东湖新技术开发区	178.1
5	广州高新技术产业开发区	157.4
6	南京高新技术产业开发区	154.9
7	中关村科技园区	153.7
8	长春高新技术产业开发区	130.6
9	重庆高新技术产业开发区	119.1
10	长沙高新技术产业开发区	107.3
11	济宁高新技术产业开发区	100.6
12	无锡高新技术产业开发区	96.4
13	深圳高新技术产业开发区	82.7
14	萧山临江高新技术产业开发区	81.1
15	南昌高新技术产业开发区	73.1
16	鹰潭高新技术产业开发区	69.3
17	苏州工业园区	67.8
18	郑州高新技术产业开发区	66.0
19	杭州高新技术产业开发区	60.0
20	江阴高新技术产业开发区	56.0

附表13　2019年国家高新区企业对境外直接投资额20强

排名	国家高新区名称	企业对境外直接投资额／亿元
1	深圳高新技术产业开发区	288.7
2	苏州工业园区	128.7
3	济南高新技术产业开发区	124.6
4	惠州仲恺高新技术产业开发区	99.2
5	洛阳高新技术产业开发区	67.6
6	成都高新技术产业开发区	66.0
7	宁波高新技术产业开发区	64.1
8	中关村科技园区	61.8
9	呼和浩特金山高新技术产业开发区	45.6
10	上海张江高新技术产业开发区	44.3
11	西安高新技术产业开发区	38.4
12	济宁高新技术产业开发区	33.8
13	武汉东湖新技术开发区	30.5
14	杭州高新技术产业开发区	29.2
15	长沙高新技术产业开发区	26.1
16	合肥高新技术产业开发区	25.5
17	柳州高新技术产业开发区	23.0
18	白银高新技术产业开发区	23.0
19	威海火炬高技术产业开发区	20.5
20	南昌高新技术产业开发区	16.2

附表14　2019年国家高新区企业境外上市数量25强

排名	国家高新区名称	企业境外上市数量／家
1	中关村科技园区	87
2	深圳高新技术产业开发区	33
3	西安高新技术产业开发区	30
4	上海张江高新技术产业开发区	24
5	珠海高新技术产业开发区	16
6	佛山高新技术产业开发区	15
7	长沙高新技术产业开发区	11
8	苏州工业园区	10
9	宁波高新技术产业开发区	10
10	南京高新技术产业开发区	9

排名	国家高新区名称	企业境外上市数量/家
11	杭州高新技术产业开发区	9
12	天津滨海高新技术产业开发区	8
13	武汉东湖新技术开发区	8
14	泉州高新技术产业开发区	7
15	广州高新技术产业开发区	7
16	贵阳高新技术产业开发区	7
17	石家庄高新技术产业开发区	5
18	无锡高新技术产业开发区	5
19	苏州高新技术产业开发区	5
20	蚌埠高新技术产业开发区	5
21	淄博高新技术产业开发区	5
22	株洲高新技术产业开发区	5
23	惠州仲恺高新技术产业开发区	5
24	南宁高新技术产业开发区	5
25	成都高新技术产业开发区	5

中国国家高新区开放创新发展报告2020

附　录

一、国家高新区分类说明

国家高新区分类说明如附表1-1所示。

附表1-1　国家高新区分类

区域	省（区、市）	国家高新区	园区类型		升级年份
东北部地区（16家）	辽宁（8家）	沈阳	其他园区	国家自主创新示范区园区	1991年
		大连	创新型特色园区	国家自主创新示范区园区	1991年
		鞍山	其他园区	非国家自主创新示范区园区	1992年
		本溪	其他园区	非国家自主创新示范区园区	2012年
		锦州	其他园区	非国家自主创新示范区园区	2015年
		营口	其他园区	非国家自主创新示范区园区	2010年
		阜新	其他园区	非国家自主创新示范区园区	2013年
		辽阳	其他园区	非国家自主创新示范区园区	2010年
	吉林（5家）	长春	创新型科技园区	非国家自主创新示范区园区	1991年
		长春净月	其他园区	非国家自主创新示范区园区	2012年
		吉林	其他园区	非国家自主创新示范区园区	1992年
		通化	其他园区	非国家自主创新示范区园区	2013年
		延吉	其他园区	非国家自主创新示范区园区	2010年
	黑龙江（3家）	哈尔滨	其他园区	非国家自主创新示范区园区	1991年
		齐齐哈尔	其他园区	非国家自主创新示范区园区	2010年
		大庆	创新型科技园区	非国家自主创新示范区园区	1992年
东部地区（70家）	北京（1家）	中关村	世界一流高科技园区	国家自主创新示范区园区	1988年
	天津（1家）	天津	创新型科技园区	国家自主创新示范区园区	1991年
	河北（5家）	石家庄	创新型特色园区	非国家自主创新示范区园区	1991年
		唐山	其他园区	非国家自主创新示范区园区	2010年
		保定	创新型特色园区	非国家自主创新示范区园区	1992年
		承德	其他园区	非国家自主创新示范区园区	2012年
		燕郊	其他园区	非国家自主创新示范区园区	2010年
	上海（2家）	上海张江	世界一流高科技园区	国家自主创新示范区园区	1992年
		上海紫竹	其他园区	非国家自主创新示范区园区	2011年

区域	省（区、市）	国家高新区	园区类型		升级年份
东部地区（70家）	江苏（18家）	南京	创新型特色园区	国家自主创新示范区园区	1991 年
		无锡	创新型科技园区	国家自主创新示范区园区	1992 年
		江阴	创新型特色园区	国家自主创新示范区园区	2011 年
		徐州	其他园区	非国家自主创新示范区园区	2012 年
		常州	创新型科技园区	国家自主创新示范区园区	1992 年
		武进	创新型特色园区	国家自主创新示范区园区	2012 年
		苏州	创新型科技园区	国家自主创新示范区园区	1992 年
		昆山	创新型特色园区	国家自主创新示范区园区	2010 年
		苏州工业园	世界一流高科技园区	国家自主创新示范区园区	2006 年
		常熟	创新型特色园区	非国家自主创新示范区园区	2015 年
		南通	其他园区	非国家自主创新示范区园区	2013 年
		连云港	其他园区	非国家自主创新示范区园区	2015 年
		淮安	其他园区	非国家自主创新示范区园区	2017 年
		盐城	其他园区	非国家自主创新示范区园区	2015 年
		扬州	其他园区	非国家自主创新示范区园区	2015 年
		镇江	其他园区	国家自主创新示范区园区	2014 年
		泰州	创新型特色园区	非国家自主创新示范区园区	2009 年
		宿迁	其他园区	非国家自主创新示范区园区	2017 年
	浙江（8家）	杭州	世界一流高科技园区	国家自主创新示范区园区	1991 年
		萧山	其他园区	国家自主创新示范区园区	2015 年
		宁波	创新型科技园区	国家自主创新示范区园区	2007 年
		温州	其他园区	国家自主创新示范区园区	2012 年
		嘉兴	其他园区	非国家自主创新示范区园区	2015 年
		湖州莫干山	其他园区	非国家自主创新示范区园区	2015 年
		绍兴	其他园区	非国家自主创新示范区园区	2010 年
		衢州	其他园区	非国家自主创新示范区园区	2013 年
	福建（7家）	福州	其他园区	国家自主创新示范区园区	1991 年
		厦门	创新型科技园区	国家自主创新示范区园区	1991 年
		莆田	其他园区	非国家自主创新示范区园区	2012 年
		三明	其他园区	非国家自主创新示范区园区	2015 年
		泉州	其他园区	国家自主创新示范区园区	2010 年
		漳州	其他园区	非国家自主创新示范区园区	2013 年

区域	省（区、市）	国家高新区	园区类型		升级年份
东部地区（70家）	福建（7家）	龙岩	其他园区	非国家自主创新示范区园区	2015 年
	山东（13家）	济南	创新型科技园区	国家自主创新示范区园区	1991 年
		青岛	创新型科技园区	国家自主创新示范区园区	1992 年
		淄博	创新型科技园区	国家自主创新示范区园区	1992 年
		枣庄	其他园区	非国家自主创新示范区园区	2015 年
		黄河三角洲	其他园区	非国家自主创新示范区园区	2015 年
		烟台	创新型特色园区	国家自主创新示范区园区	2010 年
		潍坊	创新型科技园区	国家自主创新示范区园区	1992 年
		济宁	其他园区	非国家自主创新示范区园区	2010 年
		泰安	其他园区	非国家自主创新示范区园区	2012 年
		威海	创新型科技园区	国家自主创新示范区园区	1991 年
		莱芜	其他园区	非国家自主创新示范区园区	2015 年
		临沂	其他园区	非国家自主创新示范区园区	2011 年
		德州	其他园区	非国家自主创新示范区园区	2015 年
	广东（14家）	广州	世界一流高科技园区	国家自主创新示范区园区	1991 年
		深圳	世界一流高科技园区	国家自主创新示范区园区	1991 年
		珠海	其他园区	国家自主创新示范区园区	1992 年
		汕头	其他园区	非国家自主创新示范区园区	2017 年
		佛山	创新型特色园区	国家自主创新示范区园区	1992 年
		江门	创新型特色园区	国家自主创新示范区园区	2010 年
		湛江	其他园区	非国家自主创新示范区园区	2018 年
		茂名	其他园区	非国家自主创新示范区园区	2018 年
		肇庆	其他园区	国家自主创新示范区园区	2010 年
		惠州	创新型特色园区	国家自主创新示范区园区	1992 年
		源城	其他园区	非国家自主创新示范区园区	2015 年
		清远	其他园区	非国家自主创新示范区园区	2015 年
		东莞	其他园区	国家自主创新示范区园区	2010 年
		中山	创新型科技园区	国家自主创新示范区园区	1992 年
	海南（1家）	海口	其他园区	非国家自主创新示范区园区	1991 年

续表

区域	省（区、市）	国家高新区	园区类型		升级年份
西部地区（39家）	内蒙古（3家）	呼和浩特	其他园区	非国家自主创新示范区园区	2013 年
		包头	创新型特色园区	非国家自主创新示范区园区	1992 年
		鄂尔多斯	其他园区	非国家自主创新示范区园区	2017 年
	广西（4家）	南宁	创新型特色园区	非国家自主创新示范区园区	1992 年
		柳州	创新型特色园区	非国家自主创新示范区园区	2010 年
		桂林	创新型特色园区	非国家自主创新示范区园区	1991 年
		北海	其他园区	非国家自主创新示范区园区	2015 年
	重庆（4家）	重庆	其他园区	国家自主创新示范区园区	1991 年
		璧山	其他园区	非国家自主创新示范区园区	2015 年
		荣昌	其他园区	非国家自主创新示范区园区	2018 年
		永川	其他园区	非国家自主创新示范区园区	2018 年
	四川（8家）	成都	世界一流高科技园区	国家自主创新示范区园区	1991 年
		自贡	其他园区	非国家自主创新示范区园区	2011 年
		攀枝花	其他园区	非国家自主创新示范区园区	2015 年
		泸州	创新型特色园区	非国家自主创新示范区园区	2015 年
		德阳	其他园区	非国家自主创新示范区园区	2015 年
		绵阳	其他园区	非国家自主创新示范区园区	1992 年
		内江	其他园区	非国家自主创新示范区园区	2017 年
		乐山	其他园区	非国家自主创新示范区园区	2012 年
	贵州（2家）	贵阳	其他园区	非国家自主创新示范区园区	1992 年
		安顺	其他园区	非国家自主创新示范区园区	2017 年
	云南（3家）	昆明	创新型特色园区	非国家自主创新示范区园区	1992 年
		玉溪	其他园区	非国家自主创新示范区园区	2012 年
		楚雄	其他园区	非国家自主创新示范区园区	2018 年
	陕西（7家）	西安	世界一流高科技园区	国家自主创新示范区园区	1991 年
		宝鸡	创新型科技园区	非国家自主创新示范区园区	1992 年
		杨凌	其他园区	非国家自主创新示范区园区	1997 年
		咸阳	其他园区	非国家自主创新示范区园区	2012 年
		渭南	其他园区	非国家自主创新示范区园区	2010 年
		榆林	其他园区	非国家自主创新示范区园区	2012 年
		安康	创新型特色园区	非国家自主创新示范区园区	2015 年

续表

区域	省（区、市）	国家高新区	园区类型		升级年份
西部地区（39家）	甘肃（2家）	兰州	其他园区	国家自主创新示范区园区	1991年
		白银	其他园区	国家自主创新示范区园区	2010年
	青海（1家）	青海	其他园区	非国家自主创新示范区园区	2010年
	宁夏（2家）	银川	其他园区	非国家自主创新示范区园区	2010年
		石嘴山	其他园区	非国家自主创新示范区园区	2013年
	新疆（3家）	乌鲁木齐	创新型特色园区	国家自主创新示范区园区	1992年
		昌吉	其他园区	国家自主创新示范区园区	2010年
		石河子	其他园区	国家自主创新示范区园区	2013年
中部地区（44家）	山西（2家）	太原	其他园区	非国家自主创新示范区园区	1991年
		长治	其他园区	非国家自主创新示范区园区	2015年
	安徽（6家）	合肥	世界一流高科技园区	国家自主创新示范区园区	1991年
		芜湖	其他园区	国家自主创新示范区园区	2010年
		蚌埠	创新型特色园区	国家自主创新示范区园区	2010年
		淮南	其他园区	非国家自主创新示范区园区	2018年
		马鞍山	其他园区	非国家自主创新示范区园区	2012年
		铜陵狮子山	其他园区	非国家自主创新示范区园区	2017年
	江西（9家）	南昌	其他园区	非国家自主创新示范区园区	1991年
		景德镇	其他园区	非国家自主创新示范区园区	2010年
		九江共青城	其他园区	非国家自主创新示范区园区	2018年
		新余	其他园区	非国家自主创新示范区园区	2010年
		鹰潭	其他园区	非国家自主创新示范区园区	2012年
		赣州	其他园区	非国家自主创新示范区园区	2015年
		吉安	其他园区	非国家自主创新示范区园区	2015年
		宜春丰城	其他园区	非国家自主创新示范区园区	2018年
		抚州	其他园区	非国家自主创新示范区园区	2015年
	河南（7家）	郑州	创新型科技园区	国家自主创新示范区园区	1991年
		洛阳	创新型科技园区	国家自主创新示范区园区	1992年
		平顶山	其他园区	非国家自主创新示范区园区	2015年
		安阳	创新型特色园区	非国家自主创新示范区园区	2010年
		新乡	其他园区	国家自主创新示范区园区	2012年
		焦作	其他园区	非国家自主创新示范区园区	2015年
		南阳	其他园区	非国家自主创新示范区园区	2010年

区域	省（区、市）	国家高新区	园区类型		升级年份
中部地区（44家）	湖北（12家）	武汉	世界一流高科技园区	国家自主创新示范区园区	1991年
		黄石大冶湖	其他园区	非国家自主创新示范区园区	2018年
		宜昌	创新型特色园区	非国家自主创新示范区园区	2010年
		襄阳	创新型特色园区	非国家自主创新示范区园区	1992年
		荆门	创新型特色园区	非国家自主创新示范区园区	2013年
		孝感	其他园区	非国家自主创新示范区园区	2012年
		荆州	其他园区	非国家自主创新示范区园区	2018年
		黄冈	其他园区	非国家自主创新示范区园区	2017年
		咸宁	其他园区	非国家自主创新示范区园区	2017年
		随州	其他园区	非国家自主创新示范区园区	2015年
		仙桃	其他园区	非国家自主创新示范区园区	2015年
		潜江	其他园区	非国家自主创新示范区园区	2018年
	湖南（8家）	长沙	创新型科技园区	国家自主创新示范区园区	1991年
		株洲	创新型特色园区	国家自主创新示范区园区	1992年
		湘潭	创新型特色园区	国家自主创新示范区园区	2009年
		衡阳	其他园区	非国家自主创新示范区园区	2012年
		常德	其他园区	非国家自主创新示范区园区	2017年
		益阳	其他园区	非国家自主创新示范区园区	2011年
		郴州	其他园区	非国家自主创新示范区园区	2015年
		怀化	其他园区	非国家自主创新示范区园区	2018年

为方便读者查阅及对照表格中内容进行补充解释，此处对报告中设计的各类别、各区域国家高新区群体的划分做统一说明。

1. 四大地区国家高新区

东北部地区（16家）：沈阳、大连、鞍山、营口、辽阳、本溪、阜新、长春、吉林、延吉、长春净月、通化、哈尔滨、大庆、齐齐哈尔、锦州。

东部地区（70家）：中关村、天津、石家庄、保定、唐山、燕郊、承德、上海张江、上海紫竹、南京、常州、无锡、苏州、苏州工业园、泰州、昆山、江阴、武进、徐州、南通、镇江、杭州、宁波、绍兴、温州、衢州、福州、厦门、泉州、莆田、漳州、济南、青岛、淄博、潍坊、威海、莱芜、济宁、烟台、临沂、泰安、广州、深圳、珠海、惠州、中山、佛山、肇庆、江门、东莞、海口、盐城、萧山、龙岩、三明、枣庄、源城、连云港、清远、嘉兴、常熟、扬州、湖州莫干山、德州、黄河三角洲、淮安、宿迁、汕头、湛江、茂名。

西部地区（39家）：包头、呼和浩特、南宁、桂林、柳州、重庆、成都、绵阳、自贡、乐山、贵阳、昆明、玉溪、西安、宝鸡、杨凌、渭南、咸阳、榆林、兰州、白银、青海、银川、石嘴山、乌鲁木齐、昌吉、石河子、北海、泸州、德阳、安康、璧山、攀枝花、鄂尔多斯、内江、安顺、荣昌、永川、楚雄。

中部地区（44家）：武汉、襄阳、宜昌、孝感、荆门、长沙、株洲、湘潭、益阳、衡阳、合肥、蚌埠、芜湖、马鞍山、郑州、洛阳、安阳、南阳、新乡、南昌、景德镇、新余、鹰潭、太原、抚州、平顶山、郴州、吉安、赣州、仙桃、随州、焦作、长治、铜陵狮子山、黄冈、咸宁、常德、淮南、九江共青城、宜春丰城、黄石大冶湖、荆州、潜江、怀化。

2. 三类园区和非三类园区（其他园区）

三类园区是指科技部分类指导的世界一流高科技园区、创新型科技园区和创新型特色园区。

世界一流高科技园区（10家）：分别是中关村、成都、上海张江、深圳、武汉、西安、合肥、广州、杭州和苏州工业园。

创新型科技园区有（18家）：分别是宝鸡、常州、大庆、济南、洛阳、宁波、青岛、厦门、苏州、天津、威海、潍坊、无锡、长春、长沙、郑州、中山、淄博。

创新型特色园区（28家）：分别是石家庄、保定、包头、大连、南京、江阴、武进、蚌埠、烟台、安阳、襄阳、宜昌、株洲、湘潭、惠州、江门、南宁、桂林、柳州、昆明、乌鲁木齐、荆门、泸州、佛山、昆山、常熟、泰州和安康。

非三类园区（其他园区）是指除了以上三类园区以外的其他国家高新区。

3. 国家自主创新示范区园区和非国家自主创新示范区园区

国家自主创新示范区是指经中华人民共和国国务院批准，在推进自主创新和高技术产业发展方面先行先试、探索经验、做出示范的区域。科技部指出，建设国家自主创新示范区在进一步完善科技创新的体制机制，加快发展战略性新兴产业，推进创新驱动发展，加快转变经济发展方式等方面将发挥重要的引领、辐射、带动作用。

国家自主创新示范区园区（简称"自创区"）是指2019年国家自主创新示范区涵盖的国家高新区，包括中关村、天津、沈阳、大连、上海张江、南京、无锡、江阴、常州、武进、苏州、昆山、镇江、杭州、萧山、合肥、芜湖、蚌埠、福州、厦门、泉州、济南、青岛、淄博、烟台、潍坊、威海、郑州、洛阳、新乡、武汉、长沙、株洲、湘潭、广州、深圳、珠海、佛山、江门、肇庆、惠州、东莞、中山、重庆、成都、西安、苏州工业园、宁波、温州、兰州、白银、乌鲁木齐、昌吉、石河子、南昌、新余、景德镇、鹰潭、抚州、吉安、赣州国家高新区，共计61家。

非国家自主创新示范区园区（简称"非自创区园区"）是指2019年纳入国家自主创新示范

区之外的国家高新区，共计 108 家。

二、数据来源及指标解释

本报告中的研究对象选取截至 2019 年年底全部 169 家国家高新区，报告涉及数据均来源于经国家统计局批准、火炬中心组织实施的国家高新区年度统计调查数据。

1. 科技活动经费

指报告期内企业用于开展科技活动的费用合计，包括人员人工费用、直接投入费用、折旧费用与长期待摊费用、无形资产摊销费用、设计费用、装备调试费用与试验费用、委托外部研究开发费用及其他费用。

2. 当年申请 PCT 国际专利数

指报告期内企业作为第一申请人提出的 PCT 国际专利数。根据 PCT 的规定，专利申请人可以通过 PCT 途径递交国际专利申请，向多个国家申请专利。专利申请人只能通过 PCT 申请专利，不能直接通过 PCT 得到专利。要想获得某个国家的专利，专利申请人需履行进入该国家的手续，由该国的专利局对该专利申请进行审查，符合该国专利法规定的，授予专利权。

3. 拥有欧美日专利

指在报告期末，企业作为第一专利人拥有的、针对同一项专利，分别获得欧洲、美国、日本知识产权行政部门授权且在有效期内的专利件数。同一专利获得三方授权按 1 件计。

4. 境外注册商标

指在报告期内，企业作为第一商标注册人拥有的、经国外或港澳台商标行政部门核准注册且在有效期内的商标件数。

5. 创制国际标准

即当年形成国际标准，指报告期内企业主导制定形成的国际标准数。国际标准是指国际标准化组织（ISO）、国际电工委员会（IEC）和国际电信联盟（ITU）制定的标准，以及国际标准化组织确认并公布的其他国际组织制定的标准。国际标准在世界范围内统一使用。

6. 认定登记的技术合同项数

指报告期内企业在科技部门和商务部门进行认定和登记的技术合同数量。技术合同的类型包括 4 类：技术开发、技术转让、技术咨询和技术服务。技术合同的类型不包括获得国家级和省级各类支持计划所签订的合同。

7. 认定登记的技术合同成交金额

指报告期内企业签订成立的技术合同成交项目的总金额。

8. 引进境外技术经费支出

指报告期内企业用于购买国外或港澳台技术的费用支出，包括产品设计、工艺流程、图纸、配方、专利等技术资料的费用支出，以及购买设备、仪器、样机和样件等的费用支出。

9. 当年企业 R&D 人员全时当量

企业 R&D 人员全时当量由参加 R&D 项目人员直接花费在 R&D 活动上的工作时间折合为人员的全时当量，该指标反映企业创新人力资源的直接投入强度。

10. 留学归国人员

指从业人员中出国学习，取得学位的归国人员。

11. 外籍常驻人员

指企业从业人员中在大陆连续居住半年以上的外籍人员数。

12. 引进外籍专家

指企业引进的在企业从事专业技术、管理、教学、科研等工作的外籍专业技术人员，可以是掌握领先技术的高端专家、企业高管，也可以是有专门技能的专业技术人员。

13. 高新技术企业

指经各地方高新技术企业认定管理机构认定，获得高新技术企业证书，且证书于报告期年底尚在有效期内的企业。

14. 实际利用外资金额

指批准的合同利用外资金额的实际执行数，外国投资者根据批准外商投资企业的合同（章程）的规定，实际缴付的出资额和企业投资总额内外国投资者以自己的境外自由资金实际直接向企业提供的贷款。

15. 对境外直接投资额

指境内投资主体在报告期内直接向其境外企业实现的实际投资额，包括股本投资部分、利润再投资部分及与公司之间债务交易有关的其他投资部分。

16. 当年在境外设立分支机构数量

指报告期内当年企业在国外或港澳台自办（或与外单位合办）的营销服务机构、研究开发机构和生产制造基地的总数。

17. 企业海外上市融资股本

主要指截至当年存有的股本，不是指融资量，统计前提是海外上市资产的所有权归属于填报企业。

18. 外资研发机构

指外商以独资、合资或合作等方式设立的科研开发实体，是从事自然科学及其相关科技领域的研究开发和试验发展（包括为研发活动服务的中间实验）的机构，包括外商以合资、合作、独资形式设立的具有独立法人地位的研发公司，也包括外商在投资企业内部设立的研发中心。

19. 留学生创业园

作为科技企业服务器的组织部分，留学生创业园是以服务于留学回国人员创业为主的公益型科技服务机构。留学生创业园，通过各部门的政策鼓励与扶植，为留学人员回国创业开辟了"绿色通道"，引进学有成就的海外留学生回国创业。